百年的沉思

——回顧二十世紀主導人類發展的文化觀念

辛旗　著

◀ 二十世紀來臨的那一年，奧地利醫生佛洛伊德，出版了《夢的解析》。書中闡示的理論超出了心理學的範疇，爲商業資本主義解釋人性惡的一面鳴鑼開道，以後消費和享受人生成爲人生觀不可或缺的一部分。

▼ 一九〇七年畢卡索完成了油畫《亞威農的少女》。這幅色彩變形、生氣蓬勃的作品推動了藝術革命，摒棄了傳統的繪畫規則，突破了古典主義的束縛，爲後來的抽象派藝術奠定了基礎，反映出世紀風行的藝術理念。

▲ 二十世紀的二〇年代機械工業的發展達到極致，汽車開始改變人們的生活方式和處事觀念，一九一四年美國的T型福特車售價是二百六十五美元。人類的生活節奏開始伴隨著汽車、火車和飛機的引擎。

◀ 二十世紀是科學萬能的世紀，科學家是人類生活方式的創造者和觀念的導師。愛因斯坦寫出一套方程式，把以往人們對宇宙本質的基本假設都推翻了。他的相對論把時間、空間、物質和能，以難以想像的方式連結起來，用數學的語言吶喊著萬物一體的信念。

▲ 中國人民透過革命學會了自己掌握命運途徑，辛亥革命推翻帝制後，經歷戰亂及共禦外侮，民族認同和國家認同的意識逐漸形成，中華民族在古老的土地上開始學會如何面對外面的世界。圖爲「七七事變」時，護守盧溝橋的中國士兵。

▼ 法西斯的文化觀念：純粹、威嚴，符合希臘數學的黃金分割和戲劇的三一律，用所謂的「高貴的雅利安人種」去推行普世的哲學理念，那就是奉行尼采的「超人可以拯救世界」。圖爲希特勒和建築師司比爾共同設計的德國人民大會堂。

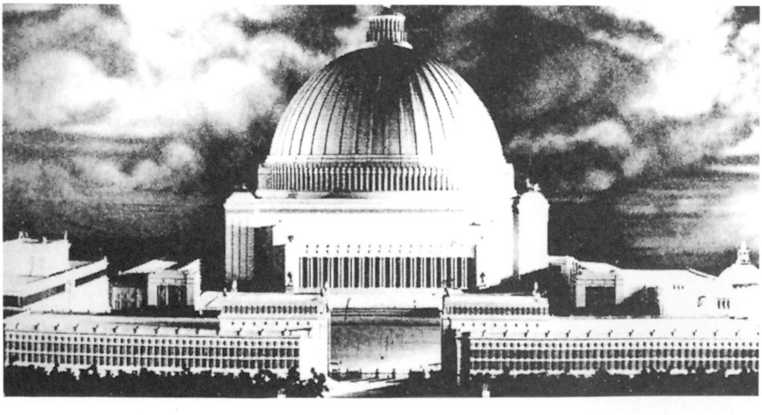

▲ 商業金融資本的橫行帶來商業文化的氾濫，無論何時何地，只要沾了商業資本的邊，就有這些聲色俱佳的娛樂形式，稱之爲藝術或大眾文化，電影、電視、戲劇、廣告推波助瀾。

▼ 我們經歷了東西方文化的碰撞，殖民時代的終結、民主化潮流的興起，什麼樣的世界秩序將要呈現？是重複「森林法則」、「弱肉強食」，還是要公平、合理、走向「世界大同」？

◀ 人類用戰爭在自然環境上製造了潰瘍面——飛機轟炸後的彈坑。二十世紀幾乎被兩次熱戰、一次冷戰、無數次局部戰爭和恐怖活動所左右。和平只是部分時間和部分地區人民享受的天賜。

◀ 我們怎樣去看世界和自然，在環境遭到極大破壞的二十世紀裡，人類看到的世界與數十個世紀中看到的世界大爲不同，我們的心中永遠有一個世界的影子，那是人類追求的清靜、自由的世界。

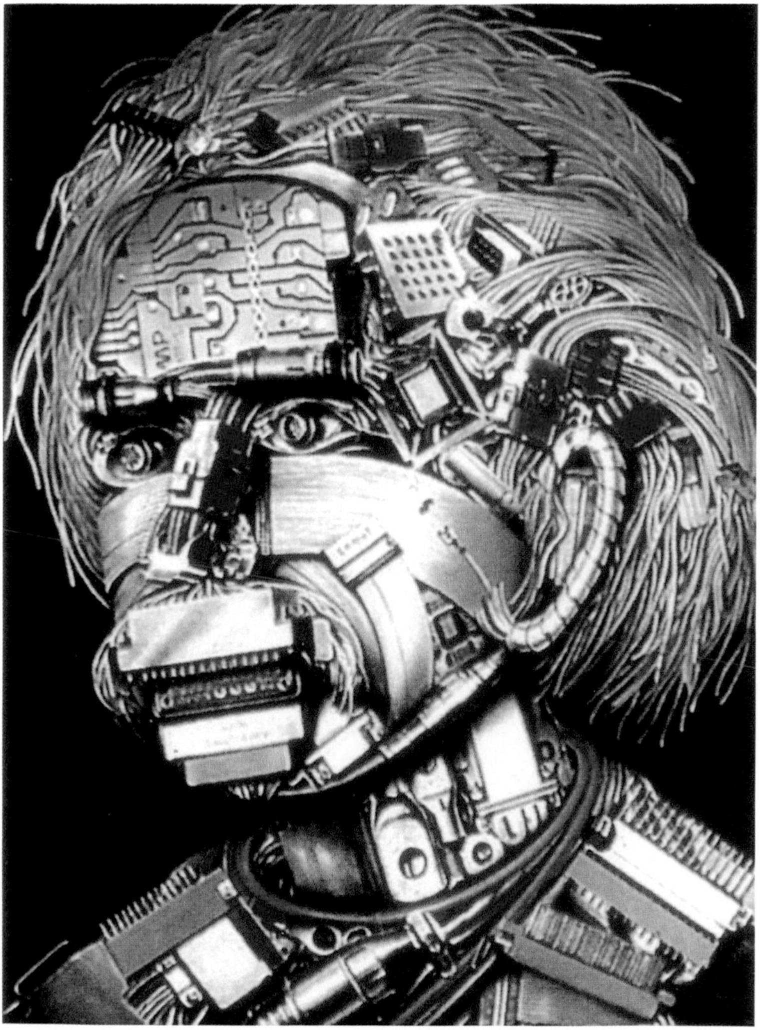

▲巴黎廣告收藏館中最矚目的地方掛著這樣的畫像，辛德馬克用電腦晶片和配件組合成科學巨人的頭像，人類在數位化時代是否思維和觀念也會這樣地喪失靈性和血肉？

◀ 二十世紀的人類推著輪環沿著一條看似光明的大道前行，前方不遠處的陰影好似是全球性問題的來臨：人口爆炸、污染、貧富不均、戰爭、疾病、難民潮、毒品、武器擴散和不公正的國際秩序。

▼ 傳眞機、衛星通訊和國際網路都發揮了跨國界的聯繫作用，從而使傳統國家、民族、宗教、文化的歷史和自然爲之改觀，「地球村」在個人電腦、快捷交通和世界「大流通」的推動下呼之欲出。

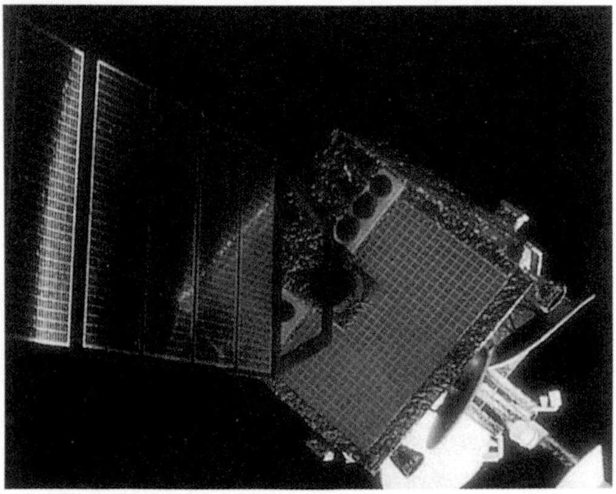

序 中華文明與世界潮流

兩千多年來，中華文明曾經以儒學爲主流，產生過自己的深邃和燦爛，又以中華各民族宗教文化的傳播、滲透和各支流多態呈現，顯示了其博大精深。這種深邃、燦爛、複雜、豐富的文明，都產生於以農業爲主的東亞大陸；在一個很長的歷史時期裡，它們又維繫了農業東亞的政治秩序及社會文化發展。從上古到近代，中華文化源遠流長而成爲一種古老的文明，到十九世紀，西方文明拍岸而來，這種古老的文明便面對著另一種非常陌生的文明了。

在十九世紀，中國人稱西方爲「泰西」，西方人稱中國及其近鄰爲「遠東」。泰西和遠東，都表達了一種遙遠感；既存在著空間上的距離，也顯示了文化上的差異。然而，藉助於工業革命之後所獲得的物質力量，西方人能夠跨越遙遠，把自己的文明帶到東方。在這個過程裡，英國人的艦隊打開了中國的門戶，美國人的艦隊打開了日本的藩籬，東西文明的交往，是以衝撞和衝突爲起點的。而後，是古老的東方在形勢的壓力下奮起直追，開始走向現代化。半個多世紀裡，中國人從洋務運動以「借法自強」，帶著被侵略的創痛，接受了一部分西方文明。隨後由洋務而維新，由維新而革命，在變法圖強的宗旨下接受了越來越多的西方文明。與之相伴的，則是傳統文化的黯淡和褪色。十九世紀六〇年代首開洋務的那一代人心懷「中體西用」，他們接受西方文明，而意在取新保舊。但時至二十世紀前期，歐風美雨咄咄東來，中國所長成的另一代人中，又出現了「全盤西化」的議題和追求。這種變化，眞實地記錄了中華民族在走向現代化的時候，所經過的心路歷程。其中包含著在侵略者壓力下產生的苦痛，以及由苦痛產生的急迫，由急迫產生的偏斜。

西方人最先完成工業革命，並在工業革命引發的社會變遷中實現現代化，因此，從十九世紀中葉開始的一百多年裡，現代化與西方文明常常糾纏在一起，不容易剝離；由此產生了西方人的歐洲中心主義，也使東方人產生了把現代化等於西方化的錯覺。東西方文明的交會在最初百年中顯示出來的是，西方文明的優勢和東方文明的弱勢。然而，時至二十世紀後半期，現代化已經延伸到世界的許多地區，現代化帶著西方文明的有益成分，融入了本土文化之中，現代化的鬚根紮入了各異的民族和社會，現代化呈現出前所未有的多樣化。二十世紀七〇年代以後，工業東亞的興起，正是出現在這個過程中引人矚目的現象。它們的存在與發展促成了中國人對「全盤西化」論的反思，也促成了西方人對歐洲中心主義的反思；世界所拓展開來的，是文化交流中的一個理性的時代。西方文明和東方文明因而能夠從優勢和弱勢的對比中走出來，成爲平等對話的兩種文明。在新中國建立以後，毛澤東主席曾總結這一過程，明確地提出了「古爲今用，洋爲中用」的方針。當代中國正遵循著鄧小平理論和路線，在以江澤民爲核心的黨中央領導下，繼續貫徹執行這一方針，建設具有中國特色的社會主義。

站在世紀之交替，回顧一百五十多年來中華文明走過的曲折路跡，不禁不令人感慨，而面對到來的二十一世紀，由中華文明關照世界，又不能不使人聯想。二十世紀，一方面造就了技術昌明，物質豐富；一方面卻帶來失衡的生態，在這個星球上留下了累累傷痕。一方面用經濟全球化把世界連爲一體，使空間上分割開來的不同民族彼此聯繫的越來越密切；一方面又在百年之中發生了兩次世界大戰、多次局部戰爭和長久冷戰的痛楚。在這些矛盾中，促成了進步的東西又往往制約了進步。人人都期望明天變得更好，因此，在展望新世紀的時候，和平與發展便成爲人心的主流意識。

古老的儒家典籍《中庸》裡有一句話，叫做「盡人之性而後可以盡物之性。」雖然這是兩千多年前的話，但是對二十一世紀以現代化尋求發展的人類來說，其中包含的智慧和洞見，卻能夠引出長思久想。在西方，自從培根提出「知識就是力量」之後，發展出古希臘的科學精神，人類日益自覺地征服自然。這是一個「盡物之性」的基本過程，在蒸氣時代，征服自然僅僅表現在藉用風力、火力、水力；時至今日，人類手中的粒子加速器已經做到了用一個人造的環境，把自然環境中不易顯現的物性強逼出來。其間的進步速度，眞不可算以日計。二百多年來，這種「盡物之性」的過程，已經累積地造成了巨大的物質文明，使人類生活發生了翻天覆地的變化。然而，就和平與發展而言，「盡物之性」只表現了一面之理，和平的主體是人，發展的歸宿也是人；人類社會的終極價值歸根到底總是以人爲尺度的。因此，「盡物之性」的一面應該結合「盡人之性」的一面。工業革命以來，物質日益豐富，而道德日益淪喪，正是「盡物之性」的一面與「盡人之性」的一面常常脫節的結果。我想，現代化是從「盡物之性」開始的，但是現代化的圓滿卻是在「盡人之性」與「盡物之性」的合一、經濟和倫理的合一中實現的。

與「盡物之性」相比，「盡人之性」是一個更大的課題，然而每一種人類的文明都無法迴避這個題目。以群體爲範圍，「人爲性」衍生出人與人、國家與國家、民族與民族之間的關係。每一種關係都與相應的群體利益對應。利益與利益，既因分解而導致衝突；在一定的範圍和程度上，也可以在共同利益的基礎上走向協調和合作。兩千多年來，人類經歷了分解多於合作的歷史，從孔子以來，儒家懷抱的「爲萬世開太平」之理想，就一直保留在中華文明之中，成爲感召人心的一種信念。「爲萬世開太平」正是人類利益由分解走向合作。今天的世界，全球化已經成爲一種明顯的經濟走向，民族利益、國家利益和全球利益，往往牽一髮而動全身。這種趨勢，使人們在爲自己思考的時候。不能不同時爲別人思考。我相信，在二十一世紀，先賢留下的憧憬一定會喚起人類更多的良知和自覺，使我們繼續走向和平與發展。

人類能夠改造自然，但是人又是自然的一部分。在此意義上，「盡人之性」也包含著人與自然的關係。就改造自然而言，自然是人的對立物；然而人的生命又無法逃於天地之間，息息都在自然之中。由此論之，「天人合一」是有涵蓋性的。工業革命以來，人類能夠支配的物質力量越來越多，但是這個過程中的代價卻全都留給了自然去承擔。由此造成人與自然之間的緊張，最終使人類自身成爲受害者，也使人類越來越多想起了中華文明中善處「天人之際」的那些道理。二十一世紀的發展，應當是一種可持續發展，來化解人與自然的對立，使人類向自然索取的同時，又盡力善待自然，回饋自然。這樣做正是善待我們的生命，善待我們的子孫後代。

冷戰後，世界由兩極變爲多元。每一種人類文明都能在這個世界裡找到屬於自己的定位。百年來，不斷自強奮發的中國，正在建立有自己特色的社會主義，它將延續古老的文明，使之在現代化中別開生面。同時，這個過程也要求我們與所有的人類文明平等對話，尋求互補和互利。各有特色的人類文明是在歷史中形成的，但它們的價値和意義都屬於人類全體。隨著資訊時代的到來，許多領域都將被打破，爲人類所共用。因此，在新世紀到來的時候，有理由相信，不同文明和文化的溝通和交融，將使空間上越來越接近的人類，在心靈上也會越來越接近，明天將更美好。

辛旗所著《百年的沈思——回顧二十世紀主導人類發展的文化觀念》一書爲我們觀察二十世紀人類文化發展過程，提供了有益的參照指標。作爲一個在二十世紀僅有四十年經歷的年輕人，勇於著眼於百年來東西方文化衝突，著眼於「盡物之性」的工業化與現代化進程，著眼於「盡人之性」的文化藝術倫理價值之評判，開篇立論，剖析入微，的確難能可貴。從書中可見，他既秉承傳統儒家「民胞物與」、「天人合一」的情懷，又具有現代知識分子的理性，在二十一世紀曙光微熙之際，有這樣一本深入思考人類所經歷二十世紀的書問世，我相信，對人類能更進一步把握未來是有益處的，是爲序。

汪道涵

目錄

緒論

二十世紀已經結束，這一百年對人類的影響超過了人類有史以來所有世紀的總和。我們每一個人都從生活的不同角度體驗了二十世紀對我們的衝擊，這是一個值得大書特書的時代，一個使人振奮、迷惘、憧憬、絕望、留戀、厭倦、思索、沈湎的時代。回顧這一百年，觀念的龐雜和繁衍伴隨著物質生產和對自然征服的擴大，人類的行爲也更加脫離以往幾個世紀傳統的束縛，朝向多元化的方向發展。這種觀念與行爲的互動，構成了人類生活方式中外在文化形式的千奇百態、光怪陸離，以及內在文化觀念的分化和多元。

一、二十世紀人類文化發展的趨勢

無論如何，二十世紀的人類文化發展仍有一個基本的趨勢：由上個世紀末偉大思想家引導的人性覺醒，導致對上帝的否定。理性藉助邏輯和哲學的力量將科學推向人類思想的前鋒位置，科學又將自然視爲征服的對象。人類的工業化、現代化在商業利潤的驅使下將個人的自然性和社會性充分地發揮出來，創造了極大的生產力和消費能力；創造了無以倫比的物質、精神財富，巨大的市場和複雜的國際關係，改變了人類的生活方式和社會形態。十九世紀的殖民與市場觀念到二十世紀初已經被「民族國家」的理想所替代，列強瓜分世界的戰爭、反抗殖民統治的鬥爭和民族解放運動構成二十世紀上半葉的主調，工業化對人性的壓制和對工人階級權利的剝奪，把革命推向了歷史舞台，集體主義、平均主義、福利主義、社會民主等思想交織在戰爭、革命和社會自然演進過程之中。

商業資本主義成爲二十世紀的主角，它所要求的是「效率」，而與之相對的社會主義要求的是「公平」。「效率」與商業利潤相關，「公平」與大眾趣味相應。資本主義和社會主義兩種意識形態和社會制度的對立造成世界範圍內的革命和戰爭，也促使資本主義體制大幅度接受社會主義的成分而自我調節。人類自文藝復興以來持續幾百年的精緻文化開始因商業消費而世俗化，大眾文化配合著傳播媒體的改進向全球擴張，觀念文化在感官文化的進逼下節節退縮，古典的、理性的、合乎傳統規範的文化形式作爲主流文化已經一去不復返了。

東西方文化的衝突在西方文化強勢的殖民擴張之下，曾表現爲文化啓蒙和文化自強的二元主題，但始終無法擺脫在西方物質力量優勢的籠罩下，「中心」與「邊陲」之分辨往往成爲恢復民族傳統的理論憑藉，那些在民族民主運動中取得獨立地位的國家和民族，又面對「後殖民主義」的影響，一時難以找到恰當的定位，其文化呈現雙重性。

狹義的文化與藝術對二十世紀的影響是與個人分不開的，任何人難以脫離文學、繪畫、音樂、戲劇、雕塑、建築、舞蹈、電影、電視等藝術形式的影響。這一影響促進了社會的分裂和生活方式的多元化，同時也隱含著一種傾向，那就是對人類理性和自然本性的規律性及傳統規範的否定。

金融資本如氾濫的洪水沖決了民族、國家、地區的人爲藩籬，給世界每一個角落都帶來了「現代化」的觀念和生活方式。人類因爲科技和資訊的發展，逐漸陷入網路化的社會生活中，現實世界越來越帶有虛擬的性質，人類個性的表達不得不遷就於網路化的世界、多元化的資訊和消費選擇，迫使人們更加零碎地分割時間和生存空間。人們無法再作自我的主宰，在資訊時代的浪潮下隨波逐流，越來越多的人正在成爲網路之網上的「結」，人們減少了對周圍環境和自身存在價值的哲學和理性思考，追逐感官愉悅和消費價值的情感正逐漸左右著人們的傳統信仰。

二、「文化」之謎

「文化」一詞一直是誘人的「謎」。「文」這個字在殷商甲骨文中的象形字是一個站立著並且腹部畫有紋飾的人，它在中國古代最初的涵義是「紋飾」。原始祖先對自然和動物的崇拜，激盪了原初的觀念信仰，具體物質的圖騰，產生了抽象的物型和紋飾，起初是塗抹、紋在身上的線條，漸漸地形成了對各種經人加工後的物質和精神產品的「紋飾化」，即人賦予各種主觀和客觀物質以「有意義的形式」。這些滲透在精神和物質層面中的「有意義的形式」代代相傳，再經人與自然、人與人之間相互作用，而產生出多種形式、系統、規範和地域特徵、族群特徵，始終影響著人類的發展和社會的結構。

通俗地講，「文化」是人類以自我意識、主體意識區別於自然和動物世界，並進而對各種主客觀事物所進行的外在和內在有形或無形的規定。套用現代商業用語，類似於「包裝」。既然是對各種事物的規定，那麼文化必然要與人類生活的各個領域發生聯繫，於是有政治文化、宗教文化、社會文化、民族文化等等。「文化」似乎可以涵蓋一切。

其實，「文化」可以分爲廣義和狹義兩種。前文所論及的基本是廣義的文化概念，至於狹義的文化概念，基本上是指用文學、藝術（包括繪畫、音樂、舞蹈、建築、雕塑、戲劇等）或以電視、電影、多媒體等形式展現人類文明的物質與精神等各個方面「有意義的形式」的總和。廣義的文化則重在人類觀念、行爲對自然和社會的交互影響，以及這種影響所決定的人類歷史發展過程中呈現出的各種趨勢。

三、西方學術界對「文化」的定義

對「文化」下準確的定義是十分困難的。一九五二年，兩位美國人類學家克羅伯（A. L. Kroeber）和克拉克洪（C. Kluckhohn）合寫了《文化：關於概念和定義的探討》，列舉了從一八七一年至一九五一年的八十年間學術界關於「文化」的一百六十四種概念。他對文化的定義是：「文化範疇在社會科學與人文科學的概念中具有特殊的重要地位，因爲它直接關係到揭示某些社會現象或整個歷史過程的特殊性。此外，文化的界定，還直接關係到能否滿足各門社會科學和人文科學的要求，而首先是滿足歷史學的需要。」

文化是歷史過程中的概念，離不開歷史事件，本書將以歷史事實爲基本素材，以史出論，以論帶史，在文化與歷史統一中，揭示二十世紀一百年間主導人類歷史發展的主要文化觀念。

文化是隨著人類歷史演進而累積和發展的，文化的觀念形態也是在歷史過程中不斷形成和更新的。抽象的文化概念是源於古希臘的哲學觀念中「樣式」、「氣質」、「智慧與教養」、「多樣的社會地位」等。羅馬時期的「文化」（cultura）來自拉丁語colere，有培植和耕耘的意思，同時它又與「祭祀」（cultus）相近，到中世紀「文化」帶有明顯的教養和宗教的涵義。

文藝復興時期，強調古典的人本主義文化，貶低宗教神學，「文化」增加了知識啓蒙和道德的內容，用世俗的古典文化取代宗教神學文化。十七世紀德國歷史學家薩穆埃爾·普芬多夫（S. Pufendorf，一六三二～一六九四年）爲「文化」定義時引入了「人類尊嚴」的概念，強調人的主體意識。

十八世紀新興的知識分子階層認爲，「文化」是個人自我完善的過程中所獲取的教養、知識和技能。盧梭、伏爾泰和「百科全書派」都運用了「文化」的觀念，表述特定的精神和社會的風俗。此時的德國古典哲學家將「文化」引入精神領域，從哲學理性的角度探究其本質。

十九世紀自然科學全面發展，具有生物進化論基礎的文化人類學家開始對「文化」的本質、結構、功能和分期進行研究。

一八七一年英國歷史、人類學家泰勒（Edward B. Tylor，一八三二～一九一七年）提出了經典式的「文化」定義：「是一個複雜的整體，包括知識、信仰、藝術、道德、法律、習俗以及作爲社會成員的個人而獲得的任何能力和習慣。」他還觸及了「大文化」的內涵，即一個民族的生活所顯示的一切，無論其水準怎樣，均是文化性的。

至此，「文化」的概念有了一個難以逾越的大框架。雖然，以後的眾多文化學學者都躍躍欲試地爲「文化」重新定義，但難以超過泰勒。然而，「人類正面臨著一個渴望更新的新世界，在這個世界上價值觀念的尺度已經完全改變。面臨此種情況，人類便試圖再創立一個新的文化模式。」的確，二十世紀人類實現了這種創立，所以，我們對「文化」的定義和進一步解釋是十分必要的。

四、本書的「文化」觀念

本書所涉及的「文化」基本上屬於與歷史直接聯繫的「大文化」，其內容涵蓋人類在二十世紀物質與精神等方面的一系列創造，以及這些創造在觀念形態上的表現。這裡，讀者似乎要問：「你這個無所不包的文化概念與文明有什麼兩樣？」，「文明」是有其特定的內涵的：一、人類社會結構的文化狀況；二、以社會形態爲指標，測量某一階段的文化發展程度；三、區別文化的地域性和類型；四、人類在處理與自然的關係上其掌握物質和技術力量的程度。而「文化」則反映在透過觀念與行爲的互動，作用於人類社會的各個領域，產生一種趨勢來左右著人類與自然、人類自身之間的各種關係。

「大文化」在觀念與行爲的審視上，應關注於社會形態（包括經濟制度、政治體制、社會組織和文化價值體系）之內人類的整個活動方式、行爲模式以及全部的物質與精神創造。文學、藝術、哲學、宗教等等觀念形態的文化學科，都是「大文化」的「子文化」，受著「大文化」的規定和制約。文化更偏重於社會形態中的觀念形態，其所造就的社會文化環境既塑造人的文化性，又可被人們的觀念行爲所影響。「文明」是給社會形態的物質生產和歷史地域的範疇；「文化」則是社會形態的精神生產和觀念行爲範疇。

無可否認，文化是有地域、歷史、民族、階級性的，文化是特殊的，任何社會都有其主體文化。從歷史、民族和地域性來說，文化是社會的一種遺傳形式，是透過文化的塑造和觀念的合一來維持社會基本的歷史和文化的規則性。文化可以透過一切物質和精神，作用於社會和人，使個人意識變爲社會、歷史、民族、階級、集團和國家意識，「由主觀精神變爲客觀精神，從而形成爲一種社會文化環境。我們每個人都生活在某種文化體系處於主導地位的社會中，它將對我們每個人的一生發生巨大的影響。所謂人的社會化過程，就是接受文化的培養和薰陶的過程。」

自從有了人類的戰爭和征服以來，任何一個集團、階級、國家或國家聯合都有一個「主體文化」，它的作用是保持對主導者的歸屬感和該社會的穩定與合一。這就不可避免地決定了文化的特殊性和產生文化的「主流」意識，才會有人類歷史的豐富多采和人類文化的相互爭鬥和交融。同時，人類文化的一般性也是客觀存在的，以往任何一個世紀的人類發展都存在著一個趨勢，二十世紀概莫能外。本書正是要透過對百年歷史中各種文化的描述，揭示其中的規律和趨勢。

五、本書的邏輯結構

本書著重從二十世紀人類文化的觀念和行為互動的層面回顧一個世紀的文化進程。圍繞二十世紀有別於其他世紀的四大特徵展開，這四大特徵是：

1.哲學從主導地位退居爲一般人文學科，科學技術成爲人類知識的先導，隨之而來的是社會組織結構發生翻天覆地的變化。

2.人類經濟形態發展到商業、金融和資訊流通占據主流的階段，工業社會漸漸發展到後工業社會。人類面臨兩大難題：一、技術困境；二、價值虛無。這是現代化帶來的根本問題，一切都被數量化、可測量、可交換，商業主義甚囂塵上。

3.文化藝術思想從突破古典主義和傳統觀念、現代主義，發展到張揚個性和反常規的後現代主義，直至世紀後期出現了掃蕩個性、理念和唯美主義的商業文化和資訊文化。

4.列強爲了殖民利益、世界市場、扭曲的種族主義和國家理想（法西斯主義），不斷擴張侵略。而弱小民族和國家爲了擺脫殖民地、半殖民地的狀況，追求民族獨立，不斷地反抗鬥爭。因此，二十世紀上半葉幾乎被兩次世界大戰所籠罩，而下半葉又被意識形態對抗的大規模冷戰和局部戰爭所支配。伴隨著戰爭，各地區、民族、國家、階級因爭取自主權、分配公平和社會平等而進行的革命一度此起彼落。這一切既給人類文明帶來了巨大的傷害，又推動了人類各個領域飛速發展和社會進步，同時也給了人類一個更不確定的未來。

本書第一章對二十世紀初文化有重大影響的三位思想家的理論進行介紹；說明馬克思、尼采和佛洛伊德對我們世紀發展的影響，描述世紀初文化的主調。

第二章揭示科技運用於生產過程引發工業化而給人類生活、文化帶來的利弊；介紹本世紀著名的文化學者和社會批評家對工業社會文化現象及本質的分析；論述在社會劇烈變遷過程中的文化轉型；探討幾代人關心和爭議的資本主義經濟制度的文化本質等問題。

第三章分析與上一世紀古典主義占優勢完全不同的商業文明之下的「感覺文化」（或稱「感官文化」）；敘述本世紀後現代社會的文化特徵和強勢文化主導下的文化形態。

第四章闡述貫穿於本世紀近九十年的戰爭與革命進程及對文化的重大影響；描述在戰爭與革命中特殊行爲與觀念支配之下，文化的表現。從本世紀反法西斯角度，剖析法西斯這一扭曲的文化模式。

第五章專論科學技術對文化的衝擊；從本世紀純粹理性主義至上的政治、經濟、軍事多方面競爭，說明科技這把「雙刃劍」對人類文化的正負面影響；探討科技和人類精神價值的結合問題。

第六章分析世紀初期，隨著殖民主義的擴張，東西方文化不可避免地發生衝突；介紹中國近代開展自強運動的文化意義；描述在爭取民族解放之後，爲達成現代化目標，發展中國家對「後殖民文化」的態度；揭示當代東西方文化衝突與融會之下，「世界文明秩序」的基本輪廓。

第七章從二十世紀社會流動和移民的特徵，分析傳統社區的重組和伴隨商業社會崛起的「混合文化模式」；對本世紀婦女解放思潮作深層次的文化詮釋；剖析全球化趨勢對各民族文化的影響。

第八章著重論述本世紀文學藝術與社會變遷的關係；從各個藝術門科的演變過程中所展現的主體特徵和發展趨勢，來描繪人類「文化」（狹義的）世紀之變化，使讀者能從中體悟到本世紀各種「有意義的形式」背後的文化觀念。

第九章結合本世紀最後十年中無可阻擋的資訊革命、全球化浪潮以及因電腦廣泛使用而來的數位化問題，介紹「大眾文化」的特點和文化市場對社會的作用；探討在文化傳播方式改變，人類越來越生活在「虛擬實境」的環境當中，而與自然的距離越來越大的情況下，接受「網路」和電腦教育的新一代人究竟有什麼樣的文化觀念？人類文化的本質會不會在資訊時代發生新的變化等問題。

第十章從世紀末文化的主調出發，揭示新世紀文化的特徵和對人類發展的影響；以「未來學」觀點，分析「資訊時代」、「大流通社會」、「電信社會」、「生態文明系統」在二十一世紀人類文化中的趨勢，爲下一個世紀的文化把脈。

本書將盡力使豐富多采的事件與理論敘述相結合，達成文化、歷史與邏輯的統一。

六、百年巡禮

任何文化現象、行爲和觀念都是具體的、歷史的。如果我們閉目凝思，讓所知、所學和所經歷到的二十世紀的各個年代，在我們的腦海中慢慢呈現，眞是有如活生生的一齣大戲。

一九〇〇至一九一八年（舊的世界體系崩潰）

一九〇〇年英國人在南非和布林人作戰，美國人和菲律賓人作戰，八國聯軍在中國和義和團作戰。這一年佛洛伊德出版了《夢的解析》一書，透過精神分析揭示人類的潛意識。歐洲的君王們突然發現在上個世紀列強瓜分世界之後，兩個不屬於歐洲的國家加入列強行列，美國打敗西班牙而崛起，在愛因斯坦提出「相對論」的一九〇五年日本在對馬海峽擊敗俄國海軍，勢力延伸到中國東北。俄國這一年發生了革命，沙皇的國土動搖。迅速工業化中壯大的工人階級受馬克思的社會主義革命理論影響，採取激烈的革命手段在歐洲各國要求社會改革。一九一〇年五月在英王愛德華七世的葬禮上全身戎裝的歐洲君王們到齊了，英王的顧問依謝爾勳爵致辭評價這一資本橫行的時代：「歷史上從來沒有如此激烈的變化，所有人類生活所依賴的舊指標，似乎都被掃除乾淨。」誠如一幅歐洲漫畫所描繪的，各國國王爭相到當鋪去典當王冠，並向工業資本家詢問「這個還值錢嗎？」一九一一年中國延續了幾千年的帝制崩潰了，同時在奧匈帝國統治下的巴爾幹半島燃起了強烈的現代民族主義火焰。正當巴拿馬運河鑿通，美國福特汽車生產實現裝配線方式，英、美女權運動如火如荼，袁世凱的北洋政府頒布約法，鄧肯身穿希臘長袍跳出現代舞，學術界為波爾和普朗克創立物理學全新的量子理論而歡呼，畢卡索在繪畫中建立「立體派」，德國建築師佛蘭克．萊特設計東京帝國大酒店展現現代建築風格，電冰箱第一次進入家庭生活的時候，一九一四年六月，撒拉熱窩的一聲槍響觸發了早已相互虎視眈眈的列強格局，十多個國家捲入了這場近代工業和科技支援的戰爭，短短四年一千多萬人死亡。一九一七年在戰爭中爆發了革命，俄國誕生了世界上第一個社會主義政權。

一九一九至一九二九年（各種理想走向現實和雜亂無章的時代）

一九一九年以美國總統威爾遜的「十四點和平綱領」為基礎在巴黎簽定了凡爾賽和約，國際聯盟成為列強重新瓜分世界的俱樂部。中國反對巴黎和會引發全民族的反帝國運動，新文化運動和共產主義思想廣泛傳播。實行「新經濟政策」的蘇聯此時受到歐洲各國的包圍。美國在政治上置身於歐洲事務之外，但在經濟上透過私人投資和銀行貸款介入歐洲的工業重建。一九二〇年八月，英國在印度的總督收到一封短信：「我再也無法尊敬或鍾愛這樣一個爲維護本身的罪行而一錯再錯的政府。」這句語調堅決而有禮貌的話，代表了一個叫甘地的印度人對英國殖民統治發動的一場不動刀槍的戰爭——非暴力的和平運動。中國在各種西化思想影響下興起了拯救民族的國民革命。此時的西方工商業進入了黃金時代，汽車、無線電、電影、家用電器等新工業蓬勃發展，民間消費需求急劇上升，在新大陸美國進入了狂熱浮華的「爵士樂時代」。傳統的農業、紡織、礦業、木材業價格下降，連帶西方經濟結構受損，但是相互爲國家利益而競爭的歐洲，戰後恢復的速度令人吃驚。在這個時代科學似乎是萬能的，政府民間各行各業無不爭相利用科學方法，企業和政府招募專家並資助各項科學研究計畫。泛科學化使怪想離奇成爲時髦，德國的納粹黨把早已被人摒棄的人種起源論重新包裝。在工業化至上、傳播業和資本結合的喧囂風潮下，詩人艾略特發表的《荒原》，喬伊斯出版了《尤里西斯》，新一代激進的藝術家響應布雷頓的「超現實主義宣言」，開始探索人類潛意識中前所未有的怪異境界。一切唯美主義的藝術規律和邏輯均遭廢棄，「夢境與現實終將合一」，彷彿是對二〇年代末經濟大崩潰的未卜先知。在用唱片機聽爵士樂、用電動刮鬍刀修面、發燒注射青黴素、周末看有聲電影、從收音機裡聽高達博士講解液體燃料火箭原理，普遍關心墨索里尼創立的法西斯主義在義大利發展的一九二九年十月二十四日星期四紐約華爾街股票市場大崩盤，成千上萬希望從股票中撈錢，再分期付款購買時髦消費品和住宅的人們、企業家、銀行家和那些不知道證券、債券實質上無資金支援的歐洲各國政府，幾天之間血本無歸，美國的投資人從海外抽回資金，更使歐洲財政雪上加霜。靠套進股票族資金買空賣空而堆砌起來的紙上利潤金字塔塌陷了，二〇年代在經濟大蕭條的喧囂中逝去了。

一九三〇至一九三九年（大蕭條中無奈、激進和姑息的時代）

一九三〇年科學家發明了電子顯微鏡和雷射望遠鏡，人類從微觀、宏觀把握自然的能力大大提高。此時剛剛盛行起來的無線電廣播報導的是：「全世界有六千家銀行倒閉、四千萬工人失業，城市饑民在垃圾箱中尋覓食物，因付不起收割和運輸成本，農民無奈地任由田野裡的莊稼腐爛。」這一年中國軍閥混戰，毛澤東在井岡山提出「星星之火可以燎原」的革命理論。一九三一年英國停止實行英鎊兌換黃金的金本位制，四十個國家紛紛倣仿建立關稅壁壘，國際貿易大幅萎縮，德國重整軍備反而成爲經濟復甦的因素。一九三二年高爾基的小說《母親》馳名世界。大蕭條中，哲學家、文學家和藝術家開始認同社會主義，德國劇作家布萊希特、墨西哥畫家里維拉投身革命。德國民眾對凡爾賽和約的苛刻滿懷怨恨，對代議制政府沒有信心，他們要求有一個領導復興德國的強人，納粹黨乘勢而起。一九三三年以後的國際關係，充滿了反常、意外和誤判，日本的共和政府讓位給青年軍閥，趁中國內亂侵略東北華北的戰事不斷擴大。佛朗哥在國際法西斯勢力的支援下，推翻了西班牙的民主制度。德國在歐洲大幅東進，英、法、蘇聯自顧不暇，對法西斯採取綏靖主義政策。美國主張「孤立主義」，實施恢復元氣的「羅斯福新政」，拒絕參與國際紛爭。國際聯盟僅對小國干預，對德義日的侵略無能為力。

一九三八年軟弱的資本主義國家和孤單的社會主義國家對咄咄逼人的法西斯主義都袖手旁觀，不僅抱有幻想，還希望別國負起責任，姑息和侵略的意志同時增長。一九三九年，紐約首次實現電視直播報導以未來爲主題的世界博覽會開幕式，一位英國國會議員以政治幽默預測了未來：「要等到佛朗哥的遺孀告訴臨終的史達林說：希特勒在墨索里尼的葬禮上被人刺殺了。到那時，我們才有機會盡情歡樂。」這一年的九月，當聯合收割機、圓珠筆、影印機、尼龍服裝、透明塑膠產品剛剛上市，理論物理學家正在實驗高速中子轟擊不穩定元素鈾，美國民眾因上映電影《亂世佳人》而如癡如醉的時候，德國的機械部隊閃電般地侵入波蘭，蘇聯也藉機占領波蘭東部和波羅的海沿岸諸國。人類在前一次生靈塗炭二十年後，又開始了一場規模更大的世界戰爭。

一九四〇至一九四九年（智慧和資源都用於戰爭的時代）

一九四〇年，德、義、日結盟爲軸心國，他們的新秩序就是以所謂優等民族統治世界。一九四一年歐洲只剩下英國單獨對抗德國，日本在占領中國華北、華東、華南之後，迅速攻入東南亞。一九四一年六月德國二百個軍隊進攻蘇聯，十一月底德軍坦克部隊距離莫斯科不到四十公里。年底，日本偷襲珍珠港內的美軍太平洋艦隊，美國再也不能置身事外。而在這一年的夏天，希特勒還對來訪的日本外相松岡洋右說，美國一旦參戰，有三種可能：武裝自己、援助英國和開闢新的戰場。結果是美國進入戰時體制、動用了數以億計的經費、一千六百萬軍隊、三十萬架飛機、八萬五千輛坦克、二千萬噸船艦，將三種可能全部實現。一九四二年蘇軍在史達林格勒開始計畫反攻，一九四三年盟軍登陸諾曼地，軸心國的失敗只是時間早晚而已。戰時，交戰雙方的文學藝術家傾全力以各種文化方式動員民眾、軍人的思想和情感，蘇聯音樂家蕭斯塔可維奇的交響樂能使敵方官兵聽出俄羅斯民族不可戰勝的意志，法國的藝術家、詩人積極參加地下抵抗運動，哲學家沙特發表了表達存在主義的著作《存在與虛無》，電影大師愛森斯坦拍攝《可敬畏的伊凡》鼓舞蘇軍士氣，中國完全投身於民族救亡運動。同時，大西洋兩岸的科學實驗室內也進行著一場戰爭中的戰爭，二十世紀應用科技發展的幅度從未如此巨大，美軍於一九四五年八月六日對日本廣島的原子彈轟炸，標誌著人類可以毀滅自身的科技怪獸出籠了。持續六年的戰爭奪去了七千萬人的生命，東亞和東歐傷亡最大，在六十多個參戰國中，除了英、美和加拿大外，平民死亡人數超過了軍人。中國犧牲了兩千萬人，財產損失五千億美元。在歐、亞、非大陸，人類多少世紀以來累積的文明成就大都毀於戰火。戰爭結束後，舊日盟友又迅速重新開始了意識形態爭執。當第一部電腦研發成功、微波爐和答錄機進入家庭的時候，歐洲分裂成了兩大陣營，亞洲和非洲民族民主革命風起雲湧，印度獨立了、中國人民站起來了。然而，冷戰開始了，中東新建國的以色列和新獨立的阿拉伯國家也開始廝殺。美蘇主導的「雅爾達體制」的外殼——聯合國也成了大國鬥爭的新戰場。

一九五〇至一九五九年（分化、改組、革命的年代）

一九五〇年，存在主義劇作家尤涅斯庫的《禿頭歌女》在巴黎上演的那個夏天，朝鮮戰爭爆發，剛剛建立的新中國果敢地支撐了一場與世界第一強國的戰爭。一九五一年，美國國內反共和文化鉗制的「麥卡錫主義」盛行，戰後人類惶恐的思想被「荒謬派」大師愛爾蘭的貝克特在《等待果陀》中展現出來，人類憂鬱的心境和面對現代社會孤立的情感左右著文學藝術界。一九五三年史達林逝世後，中美在朝鮮簽定停戰協定。青年詩人克羅爾和金斯伯格反叛社會約束、憤世嫉俗的詩篇使世人開始注意「垮掉的一代」，長髮、黑夾克、牛仔褲、摩托車成爲年輕人的象徵，搖滾樂和性感影星瑪麗蓮·夢露風靡世界。中國領導人毛澤東指出：「過渡社會主義必須經過國家資本主義。」在核能電廠營運、小兒痲痹疫苗研製成功、超音速噴射戰鬥機製造、醫院可以做腎臟移植和人工心臟瓣膜手術的一九五四年，法國在越南戰敗，英國撤離埃及的蘇伊士運河。一九五五年馬丁·路德·金博士領導美國黑人反對種族隔離制度，發起了抵制公共汽車運動。「萬隆會議」上周恩來以個人風采爲新中國展現外交魅力，奠定「和平共處」的國際規則。一九五六年，蘇共二十大導致社會主義陣營出現裂痕，隨即發生了匈牙利事件，東歐國家在蘇聯的軍事干預下，只能享受有限主權。埃及與以色列爭奪西奈半島的戰爭爆發。在人類發明子宮避孕器、口服避孕藥和洲際導彈的一九五七年，歐洲共同市場建立，蘇聯發射第一顆人造衛星進入地球同步軌道，中國知識界的整風呼籲發展爲全社會的「反右運動」。一九五八年，文化的標新立異席捲美國，街頭報攤擺滿色情刊物，經濟衰退，非暴力的黑人民權主義運動在南部蔓延。中國大陸爲趕上已開發國家和進行社會制度「進化」，發展工農業生產「大躍進」，中蘇意識形態裂痕加大。這一年夏天，黎巴嫩內戰，美國派兵干涉，英國傘兵侵入約旦，威脅伊拉克。爲反對美蘇緩和搞「和平競賽」，反對美國逼迫蔣介石「劃峽而治」，毛澤東果斷地開始「金門炮戰」。戴高樂在「阿爾及利亞危機」中再度執政，在法國建立「第五共和體制」。一九五九年法國電影「新浪潮」風格形成，卡斯楚和格瓦拉領導的古巴革命成功，冷戰的緊張來到了美國的後院。

一九六〇至一九七一年（探索太空、非殖民化運動高漲和全面冷戰的時代）

六〇年代，美蘇兩國進入以核子軍備和發展太空技術競賽為標誌的全面冷戰，兩大陣營之外的原戰前殖民地國家，以民族主義加社會主義群眾運動的手段爭取民族解放。革命思潮席捲世界，中國的文化大革命使全世界的左派青年鬥志昂揚，西方中產階級知識界瀰漫頹廢風氣，六〇年代「新左派運動」影響文學藝術，反對抽象表現主義，強調透過藝術和科技結合創造日常生活的物體形象的「流行藝術」風行。「由於冷戰的壓力，西方左翼思想分化為單項的運動，婦女去爭取女權，黑人去爭取種族平等，環境保護者去爭取綠色和平，連同性戀也去爭取特殊的權利。」意識形態對立下的軍事、政治、經濟、文化對抗，使全世界每個角落都籠罩著冷戰的陰影。

科技革命帶來了進一步改變人類宗教、道德、文化和思維習慣的「禮物」——多彈頭核武器、彩色電視、改變基因的生物工程、登月計畫和太空航行等。「核威懾」的暗示正好使人類在其他領域陷入「瘋狂」（「同歸於盡」的英文拼寫是mutual assured destruction縮寫為「MAD」恰好是英文的「瘋狂」一詞）的轉變。

人口爆炸、資訊爆炸、消費爆炸、性爆炸，一切沾有商業色彩的東西都在轉變，而能源在枯竭、道德在淪喪、思想蒼白無力、環境日益污染、文化藝術不斷失去靈性。一九六〇年剛從比利時統治下獨立的剛果發生部落內戰，非洲國家開始意識到團結的重要。美國產生了第一位天主教總統甘迺迪。一九六一年蘇聯飛船把太空人加加林送入地球軌道，德國柏林出現了隔絕東西方陣營的圍牆。在美國作家亨利·米勒的小說《北回歸線》開禁出版的時候，古巴在豬灣殲滅了來自美國的雇傭軍。一九六二年，加勒比海因爲美國反對蘇聯向古巴部署導彈而出現危機，中印邊界發生軍事衝突。美國劇作家阿爾比的《誰怕弗吳爾艾》上演，揭示了現代家庭的困惑。環保作家卡遜《寂靜的春天》出版，描繪了工業化和極端科技主義的災難性前景。一九六三年，美國爆發「向華盛頓進軍」的民權運動，甘迺迪當年被刺，越南南部戰爭升級。一九六四年，在海明威死後出版了《旅遊歡宴》，英國的搖滾樂隊披頭四風靡世界，「東京灣事件」使美國全面介入越戰。以後的幾年，世界在地區戰爭和意識形態的爭論下過活，美蘇、中美、中蘇對抗，中東戰事頻繁，非洲政變不斷，接受大國援助的亞非小國開始了政治上自主的「不結盟運動」，第三世界登上舞台，兩極體制劇烈動盪。一九六八年，來自五十八個國家的一百多位專家組成的「羅馬俱樂部」共謀人類未來的對策，他們尖銳地提出：「地球上最有創造力，也最具破壞力的人類，會學習自制嗎？」當美國搶先把太空人送上月球、推崇前衛藝術風格的龐畢度當選法國總統、天文學家發現脈衝星、波音與協和客機投入商業飛行、日本創造出筆記型電腦的時候，一九六九年中蘇在珍寶島交戰險些引發核戰爭。兩年後，加入聯合國的中國與敵對了二十二年的美國秘密接觸，「雅爾達體系」的終結就這樣悄悄地開始了。

一九七二至一九七九年（全球性問題突出和科技飛速發展的時代）

一九七二年，在聯合國發動全球努力挽救自然環境、斯德哥爾摩世界環境大會討論工業時代人類的生存問題、國際恐怖主義在德國慕尼黑奧運會上初次登場的這一年，尼克森訪華，中美聯合促成了「大三角制衡格局」，連帶著亞洲中南半島、非洲、中東的局勢迅速改觀。一九七三年，美國結束了對越南的十二年干涉，同年，第四次中東戰爭開始，石油輸出國組織稱雄世界，阿拉伯產油國出於反對以色列和爭取國際地位的需要，削減對西方工業國的石油輸出，加深了能源危機。科學在多方面取得了進展：太陽能推廣使用，醫學消滅了小兒痲痺、天花等絕症，器官移植和生物科技拓展了人的生命力，雷射、電腦、人造衛星和太空技術爲人類展現了無限美好的前景。七〇年代的科技令文學和藝術家折服，文化與科技合而爲一的運動在全球展開，未來派藝術家羅伯特·勞森堡開創所有感官同時享受的新藝術，將數種藝術形式和電子科技結合起來。作曲家史托克豪森以電子合成器和數位電腦創作電子音樂。繪畫藝術幾乎被概念派和照相寫實主義左右，依循人性化傳統的畫家到七〇年代中期以後難成主流。一九七四年，通貨膨脹之風席捲西方國家，西南非洲的反種族隔離制度運動如火如荼，鄧小平在聯合國大會上全面闡揚毛澤東的「三個世界理論」。一九七五年蘇美兩國的太空船在外太空實現對接，持續二十九年的越戰結束，越南實現了南北統一。

一九七六年，中國的開國元勳周恩來、朱德、毛澤東先後去世，「四人幫」滅亡，使文化大革命得以結束。在第一個人工受精嬰兒誕生、人類進入能操縱自己生命的一九七八年，黎巴嫩、薩爾瓦多、埃塞俄比亞、乍得、烏干達、柬埔寨等國戰火連年，生靈塗炭。一九七九年，中美建交、中國實行改革開放政策與「和平統一」方針；伊朗巴列維王朝滅亡，穆斯林什葉派領袖何梅尼凱旋回國，中東掀起宗教和意識形態浪潮；羅馬教宗若望保祿二世第一次重返家鄉、訪問東方陣營的波蘭；女權主義運動的巨大成果是英國產生了女首相柴契爾夫人。到七〇年代末，冷戰體制的藩籬在世界各地殘破不堪，在各種地區衝突的陰影下，人類又增加了人口膨脹、環境污染、糧食短缺、資源枯竭、難民流動、貧富差距加大、恐怖主義、愛滋病蔓延等全球性問題。環境學家認爲：由於人類未加考慮的行爲改變了世界的氣候和環境，將要帶來極其嚴重和無法挽回的災禍，甚至危及人類的生存。

一九八〇至一九九一年（電腦、經濟國際化和結束冷戰格局的時代）

這一時期，科學發展一日千里，過去的理論構想，在商業科技的開發下，變成了現實，機器人的使用使生產過程全部自動化，人造衛星成為國際通信中轉站，所有的一切都能以數位化訊號在整個宇宙時空中傳播，人類溝通方式發生了本質變化。人類開始改變視海洋為通道，而將其作為資源開發的廣闊疆域，拖網漁船橫行海疆，石油平台在深海鑽探。無數新發明迅速應用於航太、電子、化學、機械和生物工程，電腦進入了家庭，人類生活和文化藝術活動更加受制於人類創造的各種現代化環境和物質文明。「超前衛派」熱衷於地鐵塗鴉之作、暴力色情、原始符號和對宇宙外星的感受，江湖藝人藉助「擴展藝術」的歐洲新美學思潮而進入博物館獲得殊榮。

這一時期，中東各國為宗教而戰爭內亂不止；韓國和東南亞的經濟起飛和學生運動帶動了亞洲四小龍社會結構變革；東歐以經濟改革和西方引導的「民主化」漸漸擺脫了蘇聯劃定的「有限主權」範圍；中國改革中西化浪潮波及文化領域，觸動政治穩定，發生了天安門事件，好在經濟現代化進程沒有中斷。一九八九年以後，東歐劇變、德國統一、蘇聯解體，原來在雅爾達體系意識形態對抗掩蓋下的傳統的民族、宗教、疆界衝突迭起，美國以超強的姿態重整全球範圍的力量平衡，並開始遏制中國。西方經濟在八〇年代全面「向右轉」，七〇年代國家經營的企業集團逐漸私有化，社會各階層透過股市對投資的參與，造就了金融體系的社會化和國際化，福利和保險業從政府的包袱變成了民間的另一種商業手段；電腦綜合業務數字網路的國際化，使得國際金融和貿易體系的運作方式徹底改變。

這一科技顯示效益和光輝的年代，人類又面臨更為嚴重的問題：國際恐怖主義盛行、核電廠發生意外的污染、地區無節制的戰爭、霸權主義的軍事干涉、非洲日益嚴重的貧困、核武器擴散、貿易競爭和保護主義帶來的地區間敵視和糾紛。在反差極大的年代裡，年輕人開始厭倦政治，熱衷於商業利潤和消費，寄情於流行音樂、歌星和高科技營造的影音視聽幻覺。國際關係的複雜化、社會流動的加劇以及各種觀念、商品、物質、人員的「大流通」，預示著一個新的時代即將到來。

一九九二至一九九九年（數位化生存和國際關係網路化的時代）

冷戰的結束不僅標誌著世界格局的調整，也代表國與國之間、市場與市場之間和各國社會之間的權力重組。美、俄、中、日、歐盟代表了「多元化」的新格局，對抗被相互制約所取代，經濟的競爭成為國際關係的主要表現形式。在全球性經濟時代來臨後，各國中央政府所擁有的權力逐漸削弱。這打破了十七世紀（一六四八年）巴伐利亞條約簽訂以來，國家享有完全主權的傳統。所有關於金融、資訊、污染和大眾文化所共用的資源及影響，都跨越國境，透過協商談判制定國際規則也超越了民族和文化界限。隨著美國和俄國簽署削減戰略核武器條約，一九九七年兩國又將一九六八年簽署的禁止核武器擴散條約無限期延長，同年禁止化學武器公約生效，大規模毀滅性戰爭爆發的威脅大為降低。但是，局部衝突此起彼伏，印巴擁有了核武器，並在克什米爾地區頻繁開戰，俄羅斯境內的民族宗教爭端演化成了城市恐怖戰。一九九九年四月以美國爲首的北約悍然發動對南聯盟的空中打擊，標誌著霸權主義已經發展成爲「新干涉主義」。巴爾幹地區民族宗教問題由來已久，絕非一時的武力干涉可以解決。西方以武力處理科索沃危機導致了所謂「人道主義干預」和「人權高於主權」等西方控制世界的新型武力干涉方式登上歷史舞台。這與經濟全球化的潮流極不協調。

在國際貿易成爲主導，經濟全球化趨勢不斷增強的時代，各種國際組織的作用不斷增強，西方國家以經濟優勢制定有利於自身的規則，對發展中國家的各種干預明顯增加。經濟貿易在國際關係中處於極爲重要的地位，促使其產生巨大作用最主要動力就是電腦革命和傳播革命。過去人們多著重其在科技上的巨大影響，而忽略了其所產生的政治、文化和社會影響。由於傳播科技的成本下降，電腦進入家庭，打破了政府壟斷資訊的優勢。距離遠近已不是阻礙人們交往的因素，人們對社區的觀念大大改變了。傳眞機、衛星通訊和國際網路都發揮了跨國界的聯繫作用，從而使傳統國家、民族、宗教、文化的歷史和自然樞紐爲之脫鬆。這種強力的全球化趨勢也產生了不可避免的負面影響。本來不斷強調跨國之間的共識和利益，反而加速本國政治和社會的分化。這些新科技的另一種影響是社會產生新的區隔，將一般平民與精英分子一分爲二，那些精英既受過高等教育而且富有到足以掌控網路和流通知識，充分享有跨國資源，成爲凌駕於一般平民的資訊占有階層。「複製技術」的成功，徹底揭破了一切生物的生命奧秘，衝擊著人類文化賴以穩定的一切觀念。數位化、資訊化、人工智慧、資本的自由流動和財富隨金融遊戲而迅速組合，打破了傳統階級制度，使平民和團體掌握了前所未有的權力，「地球村」呼之欲出。國際網路的共同網站，上網的個人或團體根本不分國籍、不需要去申請成立正式的組織，網站裡沒有核心，只有一群因不同目的而任意結合的個人。像國際商業活動、市民組織、文化藝術派系、宗教團體，甚至連犯罪組織都爭相利用網路模式作爲新的組合通道。結果受限於傳統模式的政府組織反而無法達成物流方式的新組合。非政府組織的角色和影響與日劇增，美國非營利性的「傳播推動協會」，就爲全球一百三十三個國家中約五萬個非政府組織的數千萬網路成員提供低費用服務。由於國際傳播費用的大幅降低，不但使各領域迅速網路化、跨學科組合，也能使國際事件的趨勢在多媒體的全球關注下，迅速改觀。人類掌握了自身的命運，也爲自身命運添加了更多的變數！

七、我與讀者共同思考的一些問題

以上從「大文化」的角度，迅速地巡禮一百年的人類生活。二十世紀像一列從蒸氣機、內燃機向核動力演進的巨型火車，飛快地駛過人類生息繁衍幾十個世紀的大地，科技、工業、商業的巨輪從歷史文化的草地上碾過，留下深深的痕跡。我們所有與這個世紀有關的人都應當思考：二十世紀和其他世紀的本質區別，世紀上半葉和下半葉的區別是什麼？二十世紀「文化」的概念和內涵是什麼？二十世紀的科技對文化產生了何種影響？科技造福人類自不再言，科技發展的二十世紀下半葉，給人類造成了傷害，社會科學逐漸認識到科技的失控對人類意味著什麼？人類征服自然的能力大大超過了人類自身控制的能力，「原子能」的發現、「資訊革命」和生物工程帶來前所未有的影響和不可確定的未來。

商業、大工業生產直至電腦模擬技術，對文化產生了巨大的影響，使人類精緻文化和個人創造性在總體上已經一去不復返了。市場經濟和資本的自由流動把一切都拉平，「貴族、精英文化的示範效應」迅速消失，「精緻文化」的「燈塔效應」正黯然失色。二十世紀「文化」定位的意義究竟何在？與十九世紀相比產生了什麼樣的轉折，現在應站在何種高度來看待？西方文明和文化賴以建立的社會原則是否在下一世紀依然有效爲現代化生活方式建立在征服自然、加快流通、提高效益和實用技能發揮的基礎上。以消費和滿足人類自然慾求爲中心的商品，能否給人類的思想提供信仰和寧靜的坦途？人在普遍商業化的社會關係中，對自身的「工具化」角色和對「純粹物質第一主義」感到厭倦，開始希望精神的昇華和突破「慾望」的牢籠。

現代化理論和文化人類學研究發達的美國，一方面仍以西方文明爲人類發展的中心，另一方面開始關注中國的發展和東方文明對未來世界的影響。中國在本世紀基本上在追求民族獨立和進行文化啓蒙和反思，並採取各種方式實現工業化和現代化，一百年中近七十年在動盪和戰爭之中，對本民族文化來不及系統整理和繼承，對人類文化的巨大貢獻並沒有顯示出來。改革開放更多的是將西方商業文化的「效益」理論及方法吸收過來，傳統文化受到又一次衝擊。無可否認，本世紀的主體是資本主義，從原始發展到發達階段，資本主義自然地來了，給二十世紀帶來了變化，在無強烈挑戰的情況下走向了其發展的頂峰，文化上開始對以往幾個世紀的文化積澱進行重組，社會組織發生了巨大的變化。人類生存的環境受到了更爲嚴重的破壞。

從社會與人的觀念層面上看，二十世紀是從哲學到科學，工業社會到後工業社會、資訊網路化社會，不斷地貶低個人主義，人成爲大機器的零件，關係網中的樞紐（韋伯稱之爲「科層政治」）。

從國家民族關係上看，二十世紀是戰爭的世紀，前五十年有兩次世界大戰，後四十年是冷戰和局部戰爭，戰爭帶來了殖民主義和反殖民運動，戰爭伴隨著革命。從文化演進的觀念上看，二十世紀是現代主義到後現代主義，在思想觀念上是廢神化，藝術上是從宣揚「神格」到張揚「人格」，文化民主化、平民化、通俗化和商業化，文化並非爲了單純的提高和昇華人的精神和生活品質，許多方面是爲了消費和商業價值。

在東西方文化碰撞方面，有馬克思主義和民族主義的問題。資本主義的產生是現代國家興起促成的，也是「民族主義」發展的過程，民族主義要國際關係中的地位，必然要國力、要「效率」。中國民族主義引發了內部革命，而中國人最大的資源是歷史，中國五千年的文化和文明像是世界上最大的老人。中國人有自己的精神權威，那就是中華文化中延續了幾千年的價值。二十世紀的文明無可否認地是以資本主義爲主角，但是，資本主義像一部衝得過快的汽車，遇到了很大的阻力，包括西方社會中的社會主義思潮、各種非西方文化的奮起抵抗，使其弊端叢生、內部觀念的矛盾也突顯出來，希望重新檢視以往幾個世紀人類賴以支撐的精神支柱，開始吸收其他社會制度的優點，甚至開始注意到東方文化遺產對當代文明的影響。

中華文化在世界的定位到底如何？中國目前大而不很強（按西方現代化的標準），但又有迅速崛起的趨勢，早晚要進入「列強俱樂部」，跨入世界強國之列。中國現在的問題是一定要穩定地發展，一定要在國際體系中發揮影響，以自身的文化底蘊與西方文化、文明談平等，與原來制定國際規則的國家談公正的規則，在發展中維護世界和平、建立公正合理的世界新秩序、對世界和平和人類進步作出應有貢獻。中華文化的興起絕不是要去拯救世界和「大同」別人，而是爲多樣化的世界文化錦上添花。目前，我們處於與西方文化及文明的「對話、交流與對抗的交錯之中」，中國人的首要目標是實現現代化。但是，在實現現代化的社會變革中，還必須要穩固自身文化的價值根底。中國的傳統文化終究要適應全球的經濟發展和歷史變遷，中華文明和文化永遠有自己的特色，在全球化過程中不會徹底變更其文化價值體系的基本定性。

八、新世紀人類的抉擇

我們和下一代怎樣面對新的一百年？從本書緒論的邏輯似乎可看出，二十世紀末人類社會正經歷一場更大的變革，從以民族國家爲基礎、石油爲能源、商業金融爲框架的「工商業社會」，逐漸朝向這樣的方向發展：以國際合作組織爲基礎、核科技和電腦軟體設計爲能源、資訊通信網路化爲框架的超越民族、國家、地域的「資訊化社會」。二十世紀，人類經歷了社會革命、世界大戰、殖民地解放運動和冷戰之興衰，此次世紀末的變革要比二十世紀任何一次變革劇烈得多。當今世界在展現人類發展廣闊前景的同時，全球性問題也更爲突出，特別是自然環境的破壞，很可能將各種潛在問題以大規模社會、自然生態災難的形式爆發出來，威脅人類的發展和生存，遲滯或倒退人類文明演進。因此，加強聯合共同解決全球問題、制止戰爭、消除貧困、共同發展、導引流通、規範金融、普及教育、建立與人類道德一致的科技觀念、確立人類更長久與自然協調的價值觀念、建構出平等對待各種文化的資訊傳播網路、建立世界公平公正的新秩序等等，應該成爲人類面對新世紀的重要抉擇。

大家同意這些觀點嗎？或許讀者可以從本書其他章節中自己得到答案來。

1 站在世紀門檻上的思想家

在他們身後留下的是探索者無畏的足跡和一連串導致社會、文化變革的觀念和問題。他們站在世紀的門檻上，微笑著向我們描述未來，他們是上蒼遣往人間的先知，二十世紀用動盪的歷史刻下了他們的名字：馬克思、尼采、佛洛伊德。

第一節 倡導「革命」的馬克思

一八四八年，流行於英國的一首教會歌曲這樣唱著：「我主造就貧富，上下皆分明，富人居華屋，窮人立門前，我們共用上帝的恩寵。」這時的歐洲正值工業革命的全盛時期，而英國在生產、貿易和商業方面列居世界首位，有「世界工廠」之譽，也是擁有最多海外殖民地的帝國。英國具有資本主義的全部特徵：資本集中的大工業、迅速開拓的市場和階級不平等。同年，三十歲的德國哲學家馬克思僑居巴黎和倫敦的德國手工業工人組織「正義者同盟」起草政治綱領，發表了《共產黨宣言》，呼籲「以暴力推翻所有既有的社會秩序」。宣言那響亮的詞句令人感受到了他理論的震撼力量：

> 一個幽靈，共產主義的幽靈，在歐洲徘徊……
>
> 至今所有一切社會的歷史都是階級鬥爭的歷史。
>
> 自由民和奴隸，貴族和平民，地主和農奴，行會師傅和幫工，簡而言之，壓迫者和被壓迫者，始終處於相互對抗的地位，進行不斷的，有時隱蔽、有時公開的鬥爭，而每一次鬥爭的結局，不是整個社會受到革命的改造，就是鬥爭的各階級同歸於盡。

馬克思（Karl Marx，一八一八～一八八三）生活在這樣一個時代，十九世紀中葉歐洲的工業革命全面顯示出來，工業革命創造了工業城鎮和工人階級，徹底改變經濟、社會和政治結構。但是，工業產品也帶給勞動者巨大的犧牲與痛苦，過長的工作時間、低微的工資和惡劣的工作環境，婦女和兒童更成為產業大軍中最受剝削的成員，他們因飢餓和疾病而迅速夭折。在同樣一個社會中，人們的生活狀況形成了鮮明的對比，一方面少數人享有資本累積和技術發展帶來的好處；另一方面，大多數工人家庭貧困交加，悲慘得令人難以置信。

當時的知識分子一部分將其視爲社會的必然，另一部分將其視爲人類社會需要克服的弊端，希望透過社會的改造，拯救勞苦大衆。馬克思無疑是後者的傑出代表，在人類文化史上幾乎沒有比他更加全心全意地致力於尋求社會公平和人類平等。他在十九世紀後期用全部的精力探索人類的解放之道，對資本主義工業化弊端的深刻揭露和無情批判，使他最終選擇了倡導「革命」的理論鼓動方式，喊出了「全世界無爲者聯合起來」，給二十世紀的人類社會帶來了巨大的震撼。

一、經濟理論家的社會文化思考和兩大發現

馬克思深信，社會多樣的政治、宗教、文化、哲學的深層涵義必須從生產方式和經濟基礎中去尋找。當人們認識到一切可以用金錢來購買時，那種門第、教育、世襲決定人對財富占有之多寡的觀念受到衝擊，因爲在封建時代，地位、權力、財富是可以按貴族的血緣關係被沿襲下來。資本主義工業社會裡，人們開始思考買賣的重要性，社會形態（政治體制、經濟制度、社會組織和文化價值體系的綜合體）越來越受經濟制度控制，金錢購買和交換行爲可以對社會形態的不同物件產生控制作用。一八五九年，馬克思在《政治經濟學批判》中以獨特的方式闡明，社會政治和文化事件與物質生產、商業銷售等經濟條件有

著密切關係。他認為物質生活的生產方式控制著整個社會生活、政治生活和精神生活的過程。不是人們的意識決定著他們的存在，恰恰相反，正是他們的社會存在決定著他們的社會意識。

這一觀點與他在一八四五年有關人類歷史中人的社會化實踐活動的論述相互結合，揭示了歷史發展的運行機制。人的本質不是抽象的，而是社會關係的總和，社會關係又是一個有層次的、立體的結構體系，其內部矛盾（經濟基礎與上層階級，生產力與生產關係，隸屬不同經濟集團的階級之間）促成社會的發展，構成無盡的歷史過程。馬克思以此完成了第一個重大發現——唯物史觀，為社會革命理論奠定了基礎。

馬克思的第二大發現揭示了資本家榨取剩餘價值、剝削工人的秘密，得出工人階級必然透過暴力革命手段來推翻資本主義的結論。一八六七年九月，《資本論》第一卷在德國漢堡出版，該書在考察了資本主義的發生史之後得出以下結論：「資本來到世間，從頭到腳，每個毛孔都滴著血和骯髒的東西。」

書中詳盡論述了貨幣如何轉化為資本，資本怎樣產生剩餘價值，剩餘價值又產生更多的資本。資本累積以剩餘價值為前提，後者以資本主義生產為前提，資本主義生產又以商品生產者掌握資本和勞動力為前提。這個輪迴的起點是資本的原始累積，是一個對內暴力剝奪、對外武力殖民掠奪的過程。馬克思預測了資本主義的歷史趨勢：隨著資本累積的發展，社會資本在競爭呑併中，逐漸集中於少數資本巨頭手裡，形成資本壟斷。

勞動過程的形式日益社會化，科學應用於技術方面，面積大的土地有計畫地開發，勞動力的使用日益社會化，各國被捲入世界經濟市場，資本主義制度具有國際性。貧苦、壓迫、奴役和剝削的程度加深，使工人階級的反抗也不斷增長。「生產力的集中和勞動的社會化，達到了和它們的資本主義外殼不能相容的地步，這個外殼就要炸毀了，資本主義私有制的喪鐘就要響了，剝奪者就要被剝奪。」

馬克思關注產生貧困和壓迫的根源，尋求解決的辦法。他分析的結果是，勞動力和勞動力購買者之間的對抗最終將導致用暴力來解決。首先，資本家以延長勞動時間以獲取能轉變為利潤的最大限度的剩餘價值時，自認為在公平地行使權力；第二，工人有權力要求縮短勞動時間到正常的程度；第三，兩種權力的衝突導致暴力不可避免；第四，人類的鬥爭，不僅存在於國家和民族之間，而主要存在於對立的階級之間。馬克思的學說將階級置於歷史力量的左右之下，指出革命的動力存在於資本主義社會的壓抑和剝削結構之中。今天，我們的社會結構雖然發生了巨大的變化，但是馬克思這一理論仍然有著極為現實的意義。

二、人的解放和社會革命的開始

工業化帶來了工人階級的貧民化，使馬克思更加重視對人本質的研究。馬克思把個性自由、人格完整和人的解放爲目標的社會解放作爲其理論思考、社會批判和價值關懷的出發點，深入考察了人的存在（現實生活）、心態（需要與慾望）、人的素質、能力、精神風貌；深刻論述了人的本質、價值和尊嚴等問題；完整地說明了不同歷史階段的人性結構和人性內涵。

他認爲，人區別於動物的本質是人具有社會化，人是社會的產物、是一切社會關係的總和。人類活動包括兩個方面：一、人與自然的關係（生產力）；二、人與人之間的關係（生產和分工中的互相關係）。他從具體的社會關係、歷史過程、生產關係諸多方面入手，揭示人本質的奧秘。他以資本主義制度爲對象，剖析人的轉變狀況，特別是工人階級的轉變狀況。私有制和工業社會的勞動分工，強加給工人一種特殊的活動範圍，工人的勞動成爲限制其人性發揮的力量。在資本主義生產過程中，一方面所有制剝奪了大多數人的生活，限制了大多數人的生存和發展，造成非人化，另一方面，「分工不僅使物質活動和精神活動、享受和勞動、生產和消費由各種不同的人來分擔這種情況成爲可能，而且成爲現實。」如此固定化的分工使人的本質片面化、簡單化、畸形化發展，工人的勞動失去了一切個體的性質和樂趣，全然成為附庸於機器的物品，像奴隸一樣附屬於分工。

馬克思反對資本主義的最初原因是源於悲天憫人的人道主義，他認為這個制度不能使人們的創造才能平等得到充分發展，反而使工人和資本家都淪為一種以對物質崇拜為動力制度之下的奴隸。資本主義制度評價一個人的價值是看他擁有什麼，而不是看他是什麼樣的人，結果金錢變成了上帝，成為萬能的主宰。因此，必須推翻私有制，消滅這種變形的分工，才能使人成為眞正的主體，才能使人獲得解放和「自由而全面的發展」。

馬克思認為，人的解放的起點是工人階級（無產階級）對資本主義制度進行社會主義革命。他的社會革命的理論也稱為「科學社會主義」，其要點是：產業革命造就了無產階級和資產階級，他們之間的階級矛盾不斷擴大，無產階級革命不可避免。無產階級是掌握未來的階級，是資本主義的「掘墓人」。《資本論》第一卷第二版中說，無產階級的「歷史使命是推翻資本主義生產方式和最後消滅階級包括無產階級自己」。革命的目標是消滅私有制、剝奪剝奪者，建立「一個集體的，以共同占有生產力為基礎的社會」。

革命的方式是由經濟鬥爭推向政治鬥爭，直至暴力奪取政權，建立無產階級專政。革命的領導中心是建立無產階級政黨，實行無產階級民主，實施國際無產階級廣泛聯合和工農聯盟。革命需要權威，但堅決反對個人迷信，婦女解放和男女平等是社會革命的重要內容。無產階級最終目標是消滅階級和階級對立，取代而之的是共產主義社會：一個以個人的自由發展爲一切人自由發展的條件的聯合體，在那個社會中，社會生產力高度發展，生產產品全部爲社會公有，不再有私有制和壓迫，實行「各盡所能，按需分配」的原則，不再有階級鬥爭，勞動成爲發展人的能力和自由個性的一種需要。

三、改變一個世紀面貌的理論體系

馬克思曾經說：「哲學家們只是用不同的方式解釋世界，而問題在於改變世界。」他的確給二十世紀的人們提供了改變世界的方法和一種嶄新的文化觀念。資本主義挾工業革命之威力，創造了史無前例的文化成就。同樣，馬克思和他的朋友恩格斯把「社會主義」帶給人類，爲世界開創了一套變革社會和文化的價值觀，其影響所及驚天動地、波瀾壯闊。「社會主義」這一古老的概念，經歷三百多年理論探索，從空想發展爲付諸社會實踐的革命運動——科學社會主義，實現了幾千年人類價值觀的革命（以社會運動改造社會制度和從社會生產過程中揭示人的本質）。的確，爲人類歷史的發展注入了新的方向、新的靈魂、新的前景。馬克思主義在十九世紀末迅速傳播，指導了歐洲大陸的工人運動和社會革命，後來經列寧（一八七〇～一九二四）的詮釋和普及宣傳，在世界確立了重要的理論地位。列寧說：「現代歷史的全部經驗，特別是《共產黨宣言》發表後半個多世紀以來世界各國無產階級的革命鬥爭，都無可爭辯地證明，只有馬克思的世界觀才正確地反映了革命無產階級的利益、觀點和文化。」

馬克思的思想曾在大半個世界上實踐或實現，二十世紀歷史證明了他學說的魅力和力量，驗證了他理論的普遍眞理性。馬克思的思想體系成爲二十世紀一切想嚴肅地探索人類社會的學者們（不論是追隨者，或是敵人）的理論出發點和參照對象。他在十九世紀創立的學說主要由哲學、政治經濟學和科學社會主義組成。

哲學思想的中心是唯物史觀，在他以前的思想家注意到人類歷史表面現象，沒有從複雜歷史事件中揭示出規律。而馬克思透過對人本質的社會性分析，把握了人與社會、人與歷史的關係，揭示社會主體結構和歷史發展規律。他的唯物史觀重視經濟因素的決定作用，強調歷史與自然進化過程的統一。在他之前的那些拘泥於「抽象的人」和「純粹的人類本質」的膚淺的歷史觀根本難以和他匹敵。

他的政治經濟學精華部分是創立了剩餘價値學說，並以此對資本主義的經濟結構和運行機制進行準確剖析，系統地揭露了資本主義致命弱點和歷史進程中的暫時性，爲社會革命奠定了理論基礎。特別是他對商品經濟的論述、對市場經濟中流通規律和生產過程的分析，仍對當代經濟理論有重要指導意義。

他的科學社會主義學說核心是社會革命和無產階級專政理論，影響了一百多年來各國知識分子的思想和行爲，鼓舞了千千萬萬革命者，爲了信仰前仆後繼，奮鬥終身。這一理論的可行性被二十世紀俄國革命和中國革命的實踐所證明。他那著名的論斷——「批判的武器代替不了武器的批判，物質的力量終究要以物質來摧毀。」有如無可阻擋的召喚，使無產階級在其政黨的領導之下變爲巨大的「物質力量」，去衝擊資本主義的世界體系。

馬克思強調社會歷史中經濟因素的決定作用和歷史進程中的必然性規律性是有其道理的，唯有這樣的反覆論述，才能破除長期占據思想界主流位置的「唯意志論」，才能將歷史哲學引入科學的坦途。當然，無可否認歷史的規律性必須要透過人的主觀意志和活動表現出來，社會歷史發展進程也是在諸多因素的交互作用之下曲折前進的。馬克思因時代的局限對這一問題論述不夠充分，使得二十世紀許多學派和新馬克思主義者側重於從社會的總體性和各種因素的交互作用、從人主觀能動性的角度來解釋和發展馬克思唯物史觀。

馬克思揭示了資本主義的基本矛盾，但他不可能預料到隨著時代發展，特別是在社會主義革命成功強烈刺激下，資本主義社會機制開始了長期的「自我調節」。同時，在教育不普及的時代，革命與暴力的關係密切，使馬克思不可能估計到未來「非暴力革命手段」的可行性，這是一個時代局限。二十世紀二〇年代奉行「批判社會理論」的法蘭克福學派哲學家馬爾庫塞認爲，馬克思關於無產階級是資本主義社會「否定力量」的觀點，不再適用於已開發工業社會，革命主體是那些未被資本主義融合的「新左派」、「反文化分子」和「受排擠和被遺棄的社會階層」。但是，我們並不能因爲今天的迅速社會變遷而掩蓋或否定馬克思思想的光輝。

一八八三年三月十四日，馬克思因肺膿腫在英國倫敦的家中逝世。第二天，他的摯友、也是他思想的共同締造者恩格斯（Friedrich Engels，一八二〇～一八九五）在致友人的信中這樣寫道：「人類失去了一個大腦，而且是它在當代所擁有最重要的一個大腦。」他不僅屬於他的時代，也屬於我們和下一代的時代。

第二節　主張「虛無」的尼采

尼采（Friedrich Wilhelm Nietzsche，一八四四～一九〇〇）這位在二十世紀第一年去世的思想家，生前曾這樣寫道：「我們是否常常抱怨被人誤解，受到錯誤的評判，遭人厭惡或誹謗中傷呢？那卻正是我們的命運，——唉！忍受多麼長久呢，說得保守些，直到一九〇〇年吧，這也算我們的特異之處，——倘若我們不能忍受這種煎熬，又怎麼能贏得後人對自己的尊重呢。」他沒有估計錯，這位世紀末的思想家，生前幾乎無人問津，死後卻開啓了一個世紀的哲學、文學、美學、藝術、政治學、心理學乃至神學的新紀元，迄今爲止的二十世紀文化流派及其主義，幾乎都與他有關。順著他思維的路徑，走出了諸如雅斯貝爾斯、沙特、海德格等一大批思想家，而且流派叢生，他們不是尼采的門徒，只是因爲從尼采的思想中獲得了靈感，才對他深有敬意。尼采說過：「不要跟隨我，我要成爲自己！」尼采的幸運在於，不論贊成者還是反對者，都是在尼采的思維路徑上自覺與之相遇並爲之感染的。

尼采生於一個鄉村牧師家庭，父親與普魯士國王是故交，他自幼接受貴族教育並深信家族有波蘭貴族的血統。他年幼喪父，在女人嬌養下纖弱易感。他酷愛文藝，著作大多以文藝的形式寫成。他曾是基督教徒，後來背棄信仰。他曾在軍中服役，後在瑞士當大學教授，三十六歲因病辭職，遊歷義大利和德國，尋醫著述，四十五歲入瘋人院，後在魏瑪修養，直至去世。尼采以叔本華（Arthur Schopenhauer，一七八八～一八六〇）的唯意志論和瓦格納（Richard Wagner，一八一三～一八八三）戲劇音樂爲他理論的養料，在他思想的第一階段中，崇尚唯美主義的生命意義理論，仇視歷史，批評當時的知識界；第二階段，他受孔德（Auguste Comte，一七九八～一八五七）、斯賓塞（Herbert Spencer，一八二〇～一九〇三）實證主義，特別是邊沁（Jeremy Bentham，一七四八～一八三二）的功利主義的影響，讚揚科學技術的進步和理性的啓蒙，視之爲實證科學的「自由思想」；第三階段，他開始創造自己的理論體系，主張否定和超越平民化的基督教理論並對「一切價值重新評估」，根據極端悲觀的世界觀和人生觀——「永遠相同的輪迴」（一種趨向虛無和絕望的體認），要求人類須克服自己，培養「超人」，實現「權力意志」這一生命的本質。

一、「這個世界就是權力意志」

尼采看到了歷史的惡的輪迴，看到了人生不可克服的欠缺和「罪惡感」，他恐懼、懺悔、焦躁直至虛無，他不相信有圓滿的存在，本能地反對「至善」一類的自欺欺人。他把社會、人生、本性中的黑暗揭示給人看，將一盞盞道德的希望之火掐滅，用虛無的黑暗和對黑暗的恐懼，來挑起人類對權力和個人意志的崇拜。尼采思想的中心概念是在對理性主義採取「虛無主義」態度的前提下，強調生命本身就是權力意志。「權力意志」是他在《查拉圖斯拉如是說》成書以來，爲自己的哲學體系創立的核心觀念，該書完成於一八八五年，在此之後，最能表現他那張狂意志的著作是由他妹妹編著他的遺著《權力意志——重估一切價值的嘗試》。在這部著作中，尼采除了沒有涉及經濟學外，幾乎涵蓋了當時社會科學的各個主要領域。尼采在書中闡述的理論，不僅成爲日後德國納粹的政治哲學和國際戰略理論的基礎，而且在一般意義上，成爲當代政治理論的基石。整個書中充滿了對以往人類思想傳統和規範的「虛無主義」立場，貫穿了強烈的反道德、反倫理的現實主義政治理念。

他開宗明義地指出，人類要達到顯赫的地位和炙手可熱的權力顛峰，唯一的辦法是將自己置身於道德之外。「就道德蓄意制服各類生命而言，它本身就是敵視生命的慣用語。」

他認爲，不是美德帶來幸福，而是強者把自己創造的幸福狀態稱之爲美德。權力意志是一切存在的原動力。自然科學的原子論中的物質粒子的排列是由權力意志決定的，強弱生命和權力意志之爭構成了生物界全部歷史的內容和整個宇宙歷史的過程，「這個世界沒有別的東西，就是權力意志。」以「物質不滅和能量守恆」定理而論，世界的圖景是權力意志在永遠的輪迴中的各種表現，他用文學的語言這樣描繪道：「一個奔騰氾濫著力量的海洋，永遠在流轉易形，永遠在迴流，無窮歲月的迴流，以各種形態潮汐相間，從最簡單的湧向最複雜的，從最淨的、最硬的、最冷的湧向最燙的、最野的、最自相矛盾的，然後再從豐盛回到簡單，從矛盾的糾纏回到單一的愉悅，在這種萬化如一、千古不移的狀態中肯定自己、祝福自己是永遠會回來的東西。」

二、「上帝死了」，「要重新評估一切有價值的東西」

尼采自稱是古希臘神話人物酒神狄俄尼索斯（Dionysus）的門徒，自己的哲學是「酒神哲學」，代表了生命的力量，不受任何觀念約束，既超越了消極、被動的肉體，又超越了絕對觀念、理性的精神。超越了唯物主義和唯心主義，成爲能動的生命哲學。他誇大人的心理本能活動，作爲萬物的主宰，以此實現整個思想文化領域的破舊立新。他喊出「上帝死了」、「打倒偶像」、「重新估價一切有價值的東西」的口號，認定哲學的使命是推翻

「迄今成爲眞理的一切」、「擺脫一切道德價值，肯定相信過去被禁絕、受鄙視和詛咒的一切」。

他在《偶像的黎明》一書中高舉起反對理性主義的「虛無主義」大旗，提出現實世界完全是哲學家們的幻覺、夢境、虛構，其中沒有任何客觀必然性和規律性。所以，尼采成爲認識論上的極端反理性主義者。辯證法和理性思維對他來講一文不值，他唯一信奉的是「眞理就是有用的理論」。

他認爲，世界無章可循，人們也就無法用感性或理性這些認識形式去認識和把握它們，一切實在不過是虛無。他是這樣推論的：「有各式各樣的眼睛，就有各式各樣的『眞理』，所以就根本沒有眞理」，「我們的精神世界還是像埃及一樣：一片荒漠，幾座大的金字塔。而且這些金字塔大部分是進不去的；進去了，也只能見到些可憐的屍體。」

虛無立場使他陷入不可知論，回過頭來他認爲，思維也是意志的創造活動，理性絕不能高於意志，辯證法不過是扼殺意志的詭辯術。在他看來，眞理是權力意志的工具，是意志爲了自身的目的而任意創造出來的，眞理標準就在於是否能滿足權力意志的要求，任何理論的正確性也是如此。尼采用這樣的言辭爲以後的年代中無數的攫取權力者和實用主義者提供了絲毫不受良心譴責和道德壓力的信條：「認識是被當作權力的工具使用的，所以很明顯，認識是隨著權力的增長而增長的。」

三、「超人才能拯救我們的歷史」

當尼采的權力意志論觸及到人類歷史領域時，不可避免地產生了他否定道德的「超人」哲學。在這個自稱是「第一個非道德論者」看來，歷史和社會衝突就是權力意志的你爭我奪，人的本能是利己的，表現為侵略性和防衛性的利己主義。暴力、剝削、欺詐、陰謀以及一切背信棄義和慘絕人寰的非道德行為，都是生物本性，是生命意志和權力意志，「都是正義的」。

在社會中，每個人的權力意志的質和量是不同的，因此人生來就不平等。強者的權力意志是創造性的，表現為統治弱者、推動歷史前進；弱者的權力意志是破壞性的，表現為對生活抱有悲觀情緒、憎恨、嫉妒強者，要求消滅差別，實現平等，導致否定生活。為了符合權力意志的原則，強者和上等人「必須向群眾宣戰」，把抬高下等人的一切活動「整個拉到光天化日之下，拉到法庭上去」，如果不實行強人專政，「未來的世紀裡將到處遭到沈重的『痛苦』」。因此，尼采反對社會主義、資本主義、無政府主義和基督教理論，反對民主和階級平等。

尼采將人分為三個等級：第一是少數傑出的人、天生的統治者；第二是法權的捍衛者，統治者的助手；第三是多數凡夫俗子、平庸之輩，處於社會的底層。歷史因為沒有主動限制第三等級的意志而走向墮落、退化、毀滅。從基督教傳播以來的歷史就是人類文明退化的歷史，因爲基督宣揚平等和救助平庸之輩。資產階級革命以來，更使人類陷入墮落的邊緣。爲了擺脫毀滅的命運，人類要培養和等待「超人」的出現，超人要以一切崇高和權威特性來顚覆人類、重估一切價值，爲自然和社會重新立法、創造眞理、評判善惡。他認爲，拿破崙就是那種應當在歷史上一再出現的人，即使他因爲實現權力意志而不擇手段失去高尚的性格，也値得推崇。不能容忍小人的道德標準造成文化的蛻變，超人的使命就是拯救人類。

強者應當在戰爭中學習，學習死亡、犧牲、紀律、暴力和計謀。他的這些觀點日後成爲帝國主義和實用主義的理論基礎，並在二十世紀廣泛地運用於國際政治領域和社會發展學說中，成爲社會達爾文主義之後的一個主張優勝劣敗、強存弱亡的「唯意志主義」體系。

四、尼采對二十世紀的深遠影響

受尼采唯意志主義影響最大的是，十九世紀末二十世紀初在德國和法國流行的生命哲學（比如柏格森的直覺主義）以及當代的存在主義，其共同特徵是唯意志和反理性，成爲哲學發展的一個重要的思潮。唯意志主義在二十世紀另一個重大的影響就是法西斯主義運用其理論的部分觀點，對人類社會的一系列「血腥的改造和實踐」。三〇年代，在德國和義大利興起的法西斯主義的「國家社會主義理論」就將尼采唯意志論奉爲重要思想來源。幾乎所有的法西斯主義理論家都認爲自己是尼采的門徒，在由希特勒發行、他的摯友羅森堡主編的納粹黨機構刊物《國家社會主義月報》創刊號上，登載這樣的文字：「國家社會主義的政治運動和尼采哲學的共同點在於兩者的世界觀基礎相同。尼采在自由主義時代所倡導的確定不移的英雄新道德，正是我們的東西。」義大利法西斯主義開創者墨索里尼在一封致朋友的回信中寫道：「在你給我的信上，你說我的演說及筆調有著尼采的口味，你說我研究過尼采。的確如此。十五年前，……我偶然得到他的著作，那是我從頭到尾讀破了的東西，我從那裡受到很大的感染，他的著作醫治了我的社會主義。」

希特勒在《我的奮鬥》中說：「強者處於統治地位，而且爲了不致犧牲自己的力量，不能和弱者調和，……要是這樣法則不能支配著，人類就不可能有向最高生命發展的一切運動。」，「人類的進步和文化，不是多數人所創造的，它們的基礎是個人的天才和活動力。」

雖然尼采思想對社會歷史發展有負面影響，但是不能否認他對哲學發展的貢獻。尼采的時代和整個二十世紀，證明了啓蒙主義和理性沒有達成給人們關於走向自由的承諾。征服自然的理性（最具代表性的是科學）只服從邏輯和法則，排斥自由和善惡的判斷，與人類傳統的道德格格不入。尼采以精神領域的帶有「虛無」色彩的自由意志，揭示了啓蒙精神若極端化地走向理性主義，只能導致對人主觀精神全面扼殺，這種「現代性」將自身產生巨大危機。最終對「現代性」發動全面理論批判的是尼采和以後的新尼采主義。尼采最先意識到西方理性主義的危機，並宣告理性與上帝同時滅亡，因爲理性在抽去上帝腳下基石的同時，也抽去了自己腳下的基石。理性打倒了上帝之後，又自封爲思維領域新的統治者，違背了理性就被冠之以愚昧、迷信的帽子。理性於是也變成了專制、保守和固執的東西，也不可避免地被別人推翻，從此意義上講，否定了上帝也就否定了理性。

尼采曾說：「『沒有智者，上帝便無法存在。』路德此話言之有理。」以理性主義爲特徵的近代啓蒙運動是第一個在思想上動手殺死上帝的。理性主義因其崇尙必然和絕對存在物而成爲上帝存在的最後依據和支柱。但在理性主義哲學逐漸式微之後，上帝死了。

尼采進而用悲劇性深化（酒神精神）來與由主體支撐的理性相對抗，用「他者」抵消「同一性」，使人在體驗中超越概念和理性，從現象界充足理由律的邏輯關係網中解脫出來，窺視到世界的本質。尼采在宣告「現代性」終結的同時，又激盪出了以徹底反傳統、反理性、反整體爲標誌的「後現代主義」思潮。對此，尼采是有充分預感的，他毫不隱瞞地在自傳體著作《看這個人》中使用了如下的標題：「我爲什麼這樣聰明？」，「我爲什麼這樣敏銳？」，「我爲什麼能寫出如此傑出的著作？」並感歎自己「來得太早了」，「來得太不是時候了」。

二十世紀以後的尼采主義向兩個方向發展了後現代性哲學觸角：一、法國哲學家巴特勒（G. Bataille）、德勒茲和傅柯的「新尼采主義」；二、德希達等人的「解構主義」。德勒茲在《尼采哲學》中指出，尼采哲學在本質上是否定絕對精神和絕對道德，提倡多元論。上帝死了，但是，他是在聽到有一個神靈居然自稱是天下唯一神靈時狂笑著死去的。惟我獨尊之神的死亡標誌著多元意義哲學的誕生。

尼采開創了哲學作爲意義虛無的批判思維，在這種哲學之下，沒有永恒的哲學和永恒的眞理，批判別人，同時也要接受別人的批判，哲學的意義就在於發現新意義和價值重新評估。尼采提供給二十世紀人們一劑精神的猛藥，深刻地影響思想和文學藝術界，那就是：對一切採取虛無的態度，惟我獨尊，反整體、反一元論、反理性、反宗教和傳統道德，直至將邏輯思維的原則和判斷掃入歷史的垃圾堆。「讓人成爲個體，遵照自己的意願行事，並力求克服普通人的信念和習俗而成爲超人。」十九世紀尼采思想遭到排斥，但到了二十世紀得到各種文化觀念的認同，他成爲古典哲學的終結者和現代哲學的開創者，他影響了生命哲學、存在主義、佛洛伊德主義，甚至文學和藝術流派，僅作家就有茨威格、托馬斯·曼、蕭伯納、黑塞、里爾克、紀德、傑克·倫敦、魯迅等。

尼采感情脆弱，設想全世界都和他一樣，有奉行基督教和英國商業資本主義、民主主義的危險。貴族意識驅使他去開創剛硬無比的「唯意志論」。他幻想能拯救墮落的歐洲，極力反對民主主義的「政治平等權」（因爲在資本之下從來就沒有經濟平等權）。他的思想透露出現代心理的迷惘和迷霧，如一聲驚醒的霹靂，如一陣爆發的狂風，使二十世紀的思想者陷入懷疑和批判的旋渦。他在臨終前說：「我的時候還沒到，未來的未來才是我的。」

第三節　剖析「人性」的佛洛伊德

在這個世紀來臨的那一年，奧地利醫生西格蒙德．佛洛伊德（Sigmund Freud，一八五六～一九三九）出版了一本名爲《夢的解析》的心理學著作，書中用心理分析方法解釋人內心深層意識和慾望的嘗試，預示著人類最原始本性和以往世紀人們不願承認的「人性非道德」、「反社會的衝動」以及「全面追求實現慾望的惡根」（中國哲學稱之爲「人性惡」），被他徹底地釋放出來。這一打開人性道德枷鎖的鑰匙就是：佛洛伊德主義或稱精神分析學。佛洛伊德堅信：「人的精神活動和心理活動是有層次的，是可以分析的。潛意識的活動是人的精神活動的根源和基礎。把非理性活動的本我、理性活動的自我和超理性活動的超我協調起來的人，才是具有健全精神人格的人。」這個理論體系遠遠超過了心理學的範圍，具有哲學人生觀意義，對二十世紀文化發展產生了重大影響。

十九世紀初，黑格爾的理性主義在思想界占主導地位，叔本華首先提出「唯意志論」來反對理性主義，主張人的本質是意志、是盲目的衝動和慾望。尼采又將這種思想推至人類社會關係領域，提出「權力意志論」。作爲心理醫生的佛洛伊德在反理性思潮影響下，開創了對人性的「精神分析學說」。他這樣評價自己的理論：「精神分析並不是首先邁出這一步的，可以指出我們的前輩哲學家，尤其要首推偉大的思想家叔本華，他的潛意識『意志』相當於精神分析中的精神慾望。」，「尼采是另一位其臆測、直覺不期然與精神分析學的許多千錘百煉發現相同的哲學家。」

資本主義大機器工業造成了人與人關係的疏遠，個人在局部範圍的有理性和在社會範圍的盲目性、無理性，以及物質生活改善，並沒有排解人類精神上受到壓抑，人類在潛意識中充滿了希望享受人性愉悅和反工業化、現代化的情緒，以及各種變態的心理要求。

佛洛伊德長期從事精神病研究和治療，從此出發建立了人的精神、人性和人類社會的理論體系。他把人的性心理看成是個人和社會發展的決定力量，認爲兩性關係是一切社會關係的基礎，隨著社會的發展和道德規範的制約，兩性關係在社會生活中的地位日益降低，然而從人類本身的潛在慾望來看，性的因素仍然是最基本的，滲透到文化生活的各個領域，影響文化的內容和形式。

佛洛伊德一八五六年出生於摩拉維亞的弗萊堡一個猶太人家庭，二十五歲畢業於維也納大學，獲醫學博士學位。在他從事心理學研究之前，致力於對精神病患者的調查，一九〇二年至一九三八年他在維也納大學擔任神經病理學教授。爲躲避德國納粹的迫害，一九三八年到英國倫敦，一年後去世。他創立的人性分析模型，使人類在心理學上徹底脫離了神的力量，將人類自身本性視爲自然力量的產物。所以，他的理論長期受到宗教界的攻擊。

一、衝突和苦難是人生物本性的自然結果

接受西方文化影響的人無不把一個最簡單、深刻的形象印在自己的腦海中——耶穌被釘在十字架上。它擬人化地表現了善良與邪惡、純潔與原罪之間的衝突，它使一個關於人性的概念永駐人間。人的一生都在判斷，善惡、眞僞、成敗，不僅判斷別人，也在判斷自己，還希望從別人那裡得到自己滿意的判斷。人在一生追求中無法擺脫各種衝突矛盾帶來的苦悶，從搖籃到墓地的生活之路遠離痛苦不僅是不可能的，而且也毫無價值。

長期以來西方文化的一個普遍觀點是透過受苦來贖罪，並期望來世得救。而現代資本主義商業文化中最流行的觀念則是：成功不必受苦、享樂可以避免受苦、人的本性充分發揮哪怕去受苦。這一巨大的轉變是佛洛伊德幫助世人完成的，他提出衝突和苦難是人生物本性的自然結果，當你試圖將生物性格轉變爲社會存在時，問題便產生了。個體通常是不

能在任何清醒的意識方面感覺衝突的，大多數衝突發生在人的無意識之中。從此以後，人們似乎意識到每一個人都是一個慾望的戰場，而非是道德的實現地，在人的精神世界裡，肉體要求和社會要求正進行著持續的鬥爭，人們不必要去對虛幻的社會道德（良心）負責任。

佛洛伊德在系統闡述他的那些基本概念時具有獨創性，他認為「潛意識」在人的生活中起著重大的作用，他在詩人和小說家那裡找到了這一概念並將它科學化。對精神病分析表明，人的潛意識當中埋藏著精神創傷事件，而這些事件中絕大多數具有性慾的性質，其中包括孩提時代的經歷，精神治療旨在揭示人埋藏著的、被壓抑的記憶，夢的解析和在心理治療的運用，可以提供瞭解「潛意識」的線索。佛洛伊德概述了那些有關早期性慾發展的理論，並用這一理論解釋諸如莎士比亞的《哈姆雷特》、達文西的《蒙娜麗莎》一類的文學藝術作品。第一次世界大戰以後，他增加了「侵犯性」為性慾之外的第二種基本的內驅力，不但談到愛慾的力量還談到死亡的本能。他用「本我」、「自我」、「超我」等概念系統描述了壓在分裂了的自我之上，以及社會的壓力和專制的壓力之間衝突。後來他又將此上升到思辨哲學的高度，將人性設想為被社會與個人的不可調和應得權利之間的衝突可悲地撕裂了。他說：「我更清楚地發現：人類歷史的各個事件，人類天性間的各種作用，文明的發展以及人類原始經驗的沈澱（最明顯的例子是宗教）等，都不過是自我、本我、超我這三者之間衝突鬥爭的反射而已。」

二、「戀母情結」（俄狄浦斯情結）與人類的創造性

在著名的《夢的解析》、《精神分析引論》和《圖騰與禁忌》等書中，佛洛伊德試圖將個性行爲的理論和人類在歷史進程中的文化創造聯繫起來。假設一種基於性嫉妒的男孩（或女孩）針對他們父親（或母親）的原始反叛，這種反叛經由社會道德壓抑而轉爲在其他領域的精神昇華和物質創造。佛洛伊德認爲，在人們壓抑的本能慾望中，最羞於啓齒的是性本能慾望，而在對人一生心理發展影響至大的孩童時代，「殺父戀母」和「殺母戀父」的「性願望」普遍存在。他用古希臘神話中的兩個人物命名這種「性願望」爲：「俄狄浦斯情結」（Oedipus complex）和「伊萊克特情結」（Electra complex）。

人們是否能透過成長中家庭教育和社會規範來限制這種情結，決定了日後一個人的心理生活的正常或是變態。另一個憾動人類的命題是：性本能是潛意識活動的基礎，「性的衝動，對人類心靈是最高文化、藝術和社會的成就作出最大的貢獻。」人的精神人格就在這些基礎上由「本我」、「自我」和「超我」構成。

佛洛伊德認爲，人的本能慾望從幼年開始就受到家庭和社會的壓抑，用各種規範將性的本能壓縮到了潛意識的領域，但是這種慾望並未消失，形成了心理能量，累積起來引發

人的焦慮和痛苦，由此必須發洩，發洩不成就要轉換。轉換有三種方式：一、疾病（主要是精神病）；二、夢境；三、昇華。昇華是一種高級心理能量的轉換方式，加強文化文明建設就是要使人的本能慾望透過昇華轉換到對社會有益的活動當中去，這種昇華作用爲文化藝術的成就帶來了無窮的能源。他呼籲搗毀傳統的社會道德體系，「社會苦心壓抑那些它認爲有害的精神動力，到頭來還是一無所得，吃人的倫理體系帶來心理症的增加，在個人的犧牲裡，社會並沒有得到什麼好處。」

佛洛伊德稱宗教是「集體的神經性精神病」，他把自己的信仰寄託於科學之中，他承認人性在本能的驅動之下，有一種趨惡的本質。在第一次世界大戰後的幾年中，他的思想有向傳統基督教和猶太教回歸的跡象，原因是他對人的本性感到沮喪，認定侵犯性、反社會的衝動存在於人性之中。的確，他的觀念立即給文學藝術帶來影響，一大批小說、戲劇和繪畫染上了他的思維色彩，佛洛伊德爲藝術家打開了令人神魂顛倒的「潛意識」領域和人性深處的性本能。他們觸及了長期被社會視爲禁忌的性心理、性變態、亂倫、同性戀等主題，普魯斯特、喬伊斯、勞倫斯和卡夫卡的小說和佛洛伊德的思想交織在一起。

三、佛洛伊德對二十世紀的影響

今天，當你打開一本小說，讀一本現代歷史或傳記，欣賞一幅油畫或雕塑，參加一次社會科學方面的學術研討會，或者在對現在孩子們怪異行爲大惑不解的時候，你不能不觸及到佛洛伊德的思想。在一定程度上他的思想與二十世紀不斷開放和轉變傳統觀念的過程相吻合，「性」的問題從以前的禁忌中解放出來就是最顯著的標誌之一。而更重要的是「人性」枷鎖被打開之後，人的慾望在資本主義社會和追求現代化的一切社會形態的發展過程中，乘著拜金主義、商業和消費至上的強大勢力，充分發揮而百無禁忌。

像馬克思理論在後世的遭遇一樣，佛洛伊德思想有時也被歸納爲一套簡單命題而教條化、庸俗化，似乎一定要創立一種冠之以他姓名的運動。他在一八八五～一九〇五年之間形成了中心思想，又創建了國際心理分析協會，這個學術團體廣泛傳播了他的思想，後來發生分裂。

到二〇年代，他的思想得到全世界的承認，「潛意識」、「壓抑」、「戀母情結」、「本我」和「自我」等術語成爲家喻戶曉的辭彙。在以後反傳統的文化運動中，在那些改變世界的理論中，他的思想最爲引人注目，尤其是對文學藝術的影響隨著時間的推移而不斷變化。左翼批評家、新人道主義創立者佛洛姆（E. Fromm，一九〇〇～一九八〇）認爲，佛洛伊德雖然有一種對社會價值的資產階級式的痲木不仁，但是，他捍衛了人的自然權力和需要。還有像赫伯特·馬爾庫塞（H. Marcuse，一八九八～一九七九）一類的新左派成員和像天文歷史學家諾曼·布朗一類人發現了佛洛伊德學派精神分析學的革命涵義。

特里林在《超越文化》一書中認爲，佛洛伊德的貢獻在於把「自我脫離文化」的思想放在核心位置，這使得那些被現代社會及其文化壓抑的人，用他的理論作爲激進個人主義的思想基礎。馬爾庫塞和布朗都從佛洛伊德的《超越快樂原則》和《文明及其不滿》中發現一種建立在佛洛伊德雙重性思想之上的推論，即認爲：人的「生命衝動」與侵犯性本能或死亡本能相互聯繫又相互對立。此後，大批的文學藝術家都從這一推論中去以自己的藝術形式探索人的內在（生與死）的分裂和外在（個人與文化）的分裂。在這種分裂中，起壓抑作用的「社會現實原則」將最終被性本能的「感官快樂原則」所壓倒。這種文化傾向大幅度擴散於全世界，直接感染幾代青年。如一九六八年法國發生了要求社會改革的「五月風暴」，巴黎青年學生把受佛洛伊德啓發的馬爾庫塞「性慾解放理論」當成行動綱領，他們在大學教學樓上貼出了這樣的標語：「我越談戀愛，我就越要造反，因而我也就越要談戀愛。」

二十世紀六〇年代以後，佛洛伊德思想在文化領域產生的作用更爲清晰可見，那些早些時候被人震驚和摒棄的觀念，由於社會大眾經受由報刊、電影、電視等傳播媒介形形色色的灌輸，變得可以接受了。精神分析學說成了現代社會「集體潛意識」和「順從本能衝動，充分享受人生」思潮的精神守護神。

佛洛伊德把自己與哥白尼和達爾文相比，他曾經說過：他的革命是那三次貶低人類的革命中最後的一次，也是打擊最沈重的一次。第一次是哥白尼用「太陽中心論」將人從物質宇宙的中心位置拉了下來；第二次是達爾文用「進化論」使人類失去了不同於其他生命形態的特殊性；第三次佛洛伊德用「精神分析學說」指出人類甚至不是自己行動和精神過程的主宰，這些行動和過程起源於潛意識，人類根本就無法控制這個潛意識。「人類在二十世紀又經歷了一次痛苦的自我啓示——佛洛伊德對人類潛意識的揭露，……人類開始自慚形穢，認定自己不過是莎士比亞劇中李爾王所說的：『可憐的、赤裸裸的兩腳動物』，無助的人類開始關注於征服，無論自然或是同類；關注於占有，無論有形的物質或無形的思想。人類的文學藝術音樂舞蹈，開始爲這些征服和占有而大聲吶喊、宣洩、舖陳。」

佛洛伊德曾料到身後會有人將他置於被分析者的地位上，他故意毀掉了早年的大量筆記。一九三九年九月，他離開了人間，這一年第二次世界大戰爆發。

二十世紀所經歷的歷史文化事實無可爭辯地證明，馬克思、尼采和佛洛伊德三個人的思想影響了整整一百年。巧合的是，三人當中，兩個是猶太人，一個是德意志人，這個對比也暗示了時代發展的歷史運勢：猶太人思想家開啓的集體主義、社會革命（馬克思）和解放人性、消費享受至上的商業資本主義（佛洛伊德）的理論體系，戰勝了權力意志論（尼采）引發的戰爭和法西斯主義。然而，不論上述三種思想是否在政治上稱雄一時或依舊威風，他們都在人類的文化領域留下不可磨滅的痕跡，至今餘波蕩漾。

第四節　世紀初文化的主調

一、科學萬能

二十世紀開始那幾年，人類對物質世界一切古老的觀念，都淹沒於科學革命的浪潮中。特別是人類關於宇宙萬物都受著同一自然法則和結構支配的概念。現有的科學法則如不修訂就不能適用於自然界的每一個範疇。比如科學在以前從不能想像的空間、時間、速度和溫度等範疇中探索時，許多固有的觀念，不得不全部拋棄和重新修正。同時，人類對自己生活於地球的歷史、在生物界以及在星系組成的宇宙裡所占據的位置的既有看法，也發生了改變。

十九世紀末，英國物理學家基爾文根據對地球失熱率的計算，推定地球生物的歷史不可能超過二千至四千萬年。一九〇七年，美國放射學家博爾特伍德證明地球上適於生物生存的條件已經存在了幾十億年，這使得地球保持溫暖的反射現象也可以是確定礦物和化石年代的可靠標準，人們對史前時代的萬物起源，能有一個更明確的認識。一九〇六年，英國地震學家奧爾德姆根據地震波運行狀況，判斷地核構造。一九一四年，德國的古旦堡準確地將地核深度計算出來。宇宙觀革新更是突飛猛進，一九〇〇年，布朗克提出量子論；一九〇五年，愛因斯坦發表了相對論；不久，荷蘭天文學家維倫·德西特提出宇宙不斷向各方向擴張的理論。

微觀世界的研究也馬不停蹄。一九一二年，德國物理學家馮勞證明倫琴X射線是能夠透過晶體折射的波，並能反映其內部結構，後來人造纖維、塑膠就是因這種技術才發明出來的。一九一四年，研究原子結構的美國科學家米里肯將電子分離出來並測量了其電荷，展示了原子內部廣闊的空間；一九一六年，美國化學家劉易斯將「原子所含電子數目決定在元素周期表位置」的理論與原子的化學分子結構研究結合起來。一九一八年，英國的魯瑟夫實現了古代煉金術士的願望，將一種元素變爲另一種元素。物理學家認識到，原子分裂核裂變反應過程中釋放的能量是維持太陽和所有行星存在的力量。

科學的飛速發展促使人們開始脫離直覺和感官觸覺性的事物，轉向抽象與物理、化學、數學化的觀念，甚至連經濟學、社會學和其他人文學科也染上了「科學萬能」的觀念。同樣，藝術也模仿科學的研究，將創作視爲一種實驗，視爲一種與感官選擇的觀念無關，只去追蹤絕對的抽象內涵，「科學萬能」進入人們生活的各個領域之中。

二、國家至上

十九世紀工業化進程中不斷細化的分工帶來了專業化，階層、職業、社會角色分野鮮明。個人作爲社會特別是工業社會的一個「機械化的零件」，大幅度依賴整體的功能，依賴於消費與市場、原料與生產、勞動力與資本、藝術與精神需求等等。在這種複雜的供應管理系統中，國家及各種社會組織（包括私人組織）的設立和強化具有重大的意義。十八世紀法國大革命之後，歐洲各國的民族獨立運動興起，連歐洲傳統封建國家的君主也不得不進行國家制度的改革，以期富國強兵。隨後，一場以國力強盛為標誌的列強競賽在世界範圍內興起。一八六一年美國南北戰爭之後，國家制度開始改造，同一年義大利統一、俄國廢除農奴制，一八六二年清政府在「第二次鴉片戰爭」失敗後進行「洋務運動」，一八七〇年普法戰爭、德意志統一，一八六八年日本開始「明治維新」。這一波國家管理形式改造的直接結果，導致國際法意義上現代國家和現代國際關係的出現。

十九世紀工業革命的廣泛展開，促使國家直接干預經濟活動，主要表現為以軍事手段對原料、市場、殖民地、商路、地緣勢力範圍相互爭奪，進行列強瓜分世界的戰爭。對內，國家透過法律和國家至上主義（一定程度表現為民族主義）干預社會生活的全部過程，個人利益必須服從於國家利益，由此產生了諸多強制性的法律規定和社會意識形態。傳統民間社會的小型組織幾乎完全為官僚社會體系所控制。個人無論處於哪種社會等級和階層都要面對國家各級官吏的管理，而以往的世紀，不同的民族和地區有自身的歷史傳統，包括貴族政治、宗教政治、封建政治等等，不一而足。

二十世紀初期，國家至上帶來的行政專制幾乎成為世界性的趨勢。複雜的行政體系、繁瑣的行政程序和低劣的行政效率加重了人民的經濟負擔，也造成了人民沈重的精神壓力。另一方面，國家動員能力發揮到極致，幾乎所有的歐洲列強，甚至維新成功的日本都享受到了國家至上在列強戰爭中的好處。翻一翻二十世紀初各種國際間外交文書和各國這一時期的歷史檔案（其中最典型的是日本的靖國神社「遊就宮」中的明治維新百年紀念展覽），不難發現國家利益成為一種神聖的偶像，為了它，任何罪惡方法都可以堂而皇之地公開使用。二十世紀初，列強各國所建立起來的規範教育體系對青少年灌輸的也是國家至上的思想和狹隘的民族主義。

三、階層變遷與生活的分裂

十九世紀的工業化發展帶來了前所未有的人口膨脹，二十世紀初工業國家的人口數比十九世紀初增加了兩至三倍，主要原因是農村人口和小城鎮手工業者大量流入城市工業區。十九世紀中葉進入城市的工人大多是單身農民，子女留在農村，他們與城市的居民從階層差異到經濟收入上，都是格格不入的。但是，到了二十世紀初大工業建立了產業大軍，在城市工業區也相應地建立起子女眾多的家庭，成為城市居民不可分割的組成部分。工人階級人數的大幅度增加和工業壟斷資本對工人剝削的殘酷，使得社會革命有了相當基礎，階級鬥爭理論在工人階級中廣為流傳，城市貧民和知識分子中也出現了強烈要求緩和社會矛盾的社會平等思潮。俄國和其他殖民地、半殖民地國家內部階級矛盾異常激烈。

同時，由於科學技術的發展，工業生產過程自動化減少了對非技術工人的需求量。在主要工業國家，如英國、法國、美國，工業勞工人數沒有超過總就業人口的三分之一。無產階級的絕對數量並沒有進一步增加，特別是管理和行政組織的強化、商業的發達、教育的普及，使大量的產業工人和他們的子弟不再停留在工廠的生產線上，開始走進辦公室、控制中心、商業零售點、政府辦事機構、社會組織機構和工商管理部門。城市中產階級悄然興起。在生產傳統產品（包括農產品）的工人、農民階層中，二十世紀初逐步形成了許多利益團體代言人，如勞工組織和農民組織，他們在與國家主義的協調中爭取自身社會政治地位和經濟狀況的改善。

一九〇〇年，主要工業國家的婚姻和家庭出現了不同以往的變化，婚外的自由交往，跨越了所有墨守成規的傳統及教會禁令的界限，呼籲婦女解放與性別平等、允許離婚及墮胎權利的要求一浪高過一浪。其高潮是在德國和俄國的社會革命中，主張「自由戀愛」，德國婦女最先取得了國會選舉權。同時，英國、法國的國家主義也採取嚴厲的對應措施維護家庭和婚姻制度的穩定，以保證增強國家人口的生育基礎。教會無不例外地幫助國家牢固父權社會制度，許多國家開始實施鼓勵婚姻，而對到了婚齡的單身男女實行施以重稅的政策。家庭的內涵也因爲社會變遷而不同以往，社會流動造成了大規模人民遷徙，地域傳統漸次中斷，工業與商業的結合密切了城鄉的聯繫，工商社區的建立打破了傳統的村落、部落、民族、同一語言區的界限，千差萬別的、相對封閉的地區特性日漸式微，固有的地域文化傳統難以繼續保持。

大工業的生產過程使人們的生活過程也變得複雜起來，生產過程要求分工和劃分不同門類和範圍，將原料精緻化，透過物化的勞動，賦予技術價值、使用價值、文化價值和勞動價值，使之成爲產品，再進入市場，成爲商品。而參與這一過程的每一個勞動者，並不可能知道生產的全部過程，對自身工作和自身社會角色定位也缺乏認識。在行政管理部門和其他社會部門的人也不例外。大工業帶給人們日復一日形式化的日程和拘泥於社會分工一角，而無法得到成就感，對崇高的理想和信念日漸冷淡。人們將精神寄託轉向休閒和嗜好。一八七〇年，工人一天的工作時間是十二小時，到一九〇〇年在主要工業國平均降低到八至九小時。十九世紀工人的工作地點、私人住所和休閒場所幾乎在同一地方，工作和生活都面對著同一冷漠的環境。過長的工作時間和低廉的收入，使得外出旅遊的需求僅限於上流社會。二十世紀初，居住區開始遠離工廠區，工作與私人生活開始眞正的分離。各社會階層需要同一目的的休閒生活，商業消費、文化藝術和體育運動開始分割人們的工作之其餘時間，初建的城鄉公路上開始有大批的旅行者，夏季的海灘上鋪滿了避暑的人群，飯店旅館出入著爲排遣寂寞和進行商業交易的各色人等，休閒文化和大眾藝術像傳染病一樣隨著跨國界遊客的流動而四處蔓延。各種爲滿足人類隱私生活的產業迅速興起，住房、汽車、通訊、娛樂、藝術等新的商業消費領域，急速地向一般的大眾階層展現原屬於貴族階層的誘人胴體。

十九世紀走了，二十世紀來了，一開始就帶著鮮明的特徵，這些特徵都是上一個世紀的延續。正像中國二十世紀二〇年代的詩人徐志摩一首詩中所寫道的：「悄悄的我走了，正如悄悄的來；我揮一揮衣袖，不帶走一片雲彩。」那些留下的雲彩有的成了漫天的霞光，有的成了疾風驟雨，更多的是成了每個人在二十世紀難忘的回憶。

2 工業化與人類的甘苦

第一節 工業化社會的文化特徵

一、物質進步——二十世紀工業化的時代標誌

隨著工業革命的開始，物質進步成爲二十世紀的標誌。儘管天災、人禍、政治動盪、經濟蕭條以及其他各種暫時倒退現象是歷史常態，在二十世紀即使是相對落後國家，每一代人的生活水準還是能夠超過他們的前輩。現在世界上先進國家的糧食、工業產品和主要生活用品大多生產過剩。超級市場中，每天供應各式各樣的食品比我們前幾代人一生享用的還要多。先進的醫療條件和保健制度已經使得已開發國家人口的平均壽命由一九一〇年的四十五歲增加到今天的七十三歲。

在鐵路興建前，很少有人長距離遷徙，離開自己居住的地方，現在每天有成千上萬列車穿越世界各個大陸，橫跨江河。在二十世紀初，高中生只占受教育者的十分之一，今天，大學文憑成爲各行各業就業的基本條件。電訊傳播在十九世紀末仍是最昂貴的商品，現在透過電訊取得資訊和知識的費用十分便宜。二十世紀九〇年代，各國中產階級的生活品質，比二〇年代美國最富有的資本家還奢侈。在完全工業化的商業資本主義社會，人們透過從事各種職業和商務活動，可以輕易獲得更高的收入、更大的住宅、更多的社交活動機會。

本世紀工業文明顯示出四種趨勢：

1. 知識的累積、增長變成了物質力量：科技成爲工業化的推動力量，當燃煤爲動力的大型熔礦爐問世，於是鐵取代了木材成爲機械、建築與運輸工程中的主要材料。德國、美國繼英國之後，先後發明了氮化肥、內燃機、汽車、飛機、電力系統、電報、電話、自動生產線、合成物質與藥物抗生素。改良後的傳播與交通運輸系統，也促進了這些先進發明的傳播與普及。衛星和光纖通訊以光速用各種方式在全世界傳遞資訊，達到了物理學技術原理的極致。能源可以很容易地從石油、氫電離子、核能中取得。疫苗接種和抗生素的使用，使得已開發國家幾乎完全免於傳染性疾病的威脅，多數人可以享盡天年。工業的發展，減少了農民的數量。製造業的生產力在本世紀增加十倍以上，生產率大幅度提高，而產業工人數量在七〇年代後開始大幅縮減。

2.自由商業經濟：資本主義的自由商業體系爲生產力發展提供了誘因和進步的結構。二十世紀初，人們開始把旅遊、商業交易、自由就業看成是個人擁有的基本權利，而不是某一社會階層應有的特權。英國十六世紀光榮革命以後，形成了對私有財產保障的傳統，到二十世紀風靡全球的各種政治制度的憲法制定中，無不採取這一基本的準則。十八世紀政治經濟學家亞當．史密斯（Adam Smith）爲我們描述的商業自由化趨勢已經徹底實現。自由市場已經擴展到世界的每一個角落。

3.市場的擴展：交通運輸網路化和傳播技術的改進，形成了強烈的市場擴張效應。以前市場的範圍不會超過貨物運輸所及地域範圍，就業也在這一範圍之內。二十世紀，運河鑿通、鐵路建成、飛機發明、輪船超大型化，開始突破了數千年人類各大洲和各地區之間的地理距離，迅速地將工業化進程推展到全球。所有已開發國家已經整合成爲一個單一的世界經濟體系，透過關稅貿易總協定、世界貿易組織和國際金融組織，形成了全球化的市場。

4.資本累積：金融機構與聯合股份公司爲達到商業目的而大力集中資本，這一過程開始於十八世紀晚期的英國。在此之前，只有國家才能透過稅收來募集到足以支援大規模建設計畫的資金。國家在這一資金募集過程中，產生了軍事武力和其他令人歎爲觀止的公共建築和社會工程（如長城、城堡等防禦建築以及運河、水利設施等大型建設專案）。私人商業資本一般投注到貿易活動中，而非製造業上。因此，大部分的私人企業都是勞力密集型的，而非資本密集型的。但是，勞動力如果不與資本充分地融合，將無法產生剩餘價值和利潤，導致追加資本不足，勞動力只好處於簡單生產，以維持溫飽水準。私人資本的投入與節省人力的科技相結合，突破了上述惡性循環。到了二十世紀，各類投資淨值在前二十五年平均增長了近兩倍。

資本先是流向紡織業、道路、運河，逐漸擴展到所有的生產領域，資本的擴張增加了私人儲蓄，產生了資本的累積性、自發性的大量資產剩餘，導致西方經濟開始在三〇年代蓬勃發展。這個良性循環模式幾乎一直持續到九〇年代中期，帶動了全世界各個地區工業、交通運輸、醫療、保險、金融、股票市場、公共基礎設施建設以及傳播通訊網路在人類居住的所有地區逐漸地蔓延開來。

在二十世紀裡，物質進步大體上塑造了工業時代的基本特徵。在許許多多的領域，人類既有成果幾乎達到了極限，再次突破現狀。從物質進步角度來講有些難上加難，人類內在的限制（智慧的有限和生存價值的迷惘）和外在的制約（比如能源的枯竭、環境的破壞、生物鏈的斷裂）已經使得人類物質進步的速率減緩下來，九〇年代末經濟的衰退就是具體表現之一。在主導人類發展的西方已開發國家，人類生活水準也已經達到了一個無限持續的高峰期，未來的進步將在物質與精神的仲介領域中展開，如資訊產業、生物工程、智慧技術以及與流通相配合的所有社會的服務領域。

二、非人道的「技術至上社會」

二十世紀人類物質力量的巨大進步是將十九世紀的工業文明發展爲強大的科技系統。用本世紀德裔美籍著名思想家佛洛姆（E. Fromm，一九〇〇～一九八〇）的話說：「一個致力於最大規模的物質生產和消費，爲整個機器由電腦所控制的完全機械化的新社會。」人們正失去對自己體制的控制，我們開始執行著電腦和網路給我們的各項指令，除了更多的生產、追求經濟增長的指標和刺激消費之外，人類似乎已經無其他的理想。事實上，人類不僅生活在自己製造的武器隨時可以毀滅自身的危險陰影之下，而且在哲學意義上受到了被動性所導致的內在死亡的威脅，換言之，人類被自己創造的技術控制之後，失去了主動的人文意義上的選擇，只有一條路走到黑暗，那就是征服自然，攫取利潤，滿足自然本性。

二十世紀人類已經成爲自己巨大創造力的囚犯。由於人類片面強調科學技術至上、征服自然、物質消費，人類喪失了與自身和其他生命形式的廣泛接觸；喪失了宗教信仰以及與此相關的種種人道主義價值，偏重物質和技術的價值；喪失了深層的情感體驗能力。

社會體制同樣受其影響，經濟的發展建立在擴大消費、攫取自然資源的基礎之上，政治體制也在呼應著產生能夠領導人類提高征服自然能力的政治家，人類還生產了導致自己毀滅的商品（當然包括特殊商品——大規模毀滅性武器）。工業化的確強大有力，以致於反過來支配了人類。我們對二十世紀科技工業化帶給人類生活革命性變化的正面意義不容全盤否定，我們今天仍然按此模式生活著，實際上就是在讚揚它，所以，此處對其正面功績本書不再贅述。問題是，多數人仍然認爲，工業化、科技化、電腦化是人類達成某種目的的工具，沒有看到這樣一種危險：如果允許科學技術、工業化、現代化、資訊化按照自己的邏輯發展下去，它們就會像癌細胞一樣蔓延開來，最終威脅到人類的個體和社會生活的整個系統和全部過程。

第一次工業革命的特色是，人用機械能（蒸氣、煤炭、石油、電和原子能）替代生命能（動物和人類的體力能源）。這些新的能源是工業生產急劇變化的基礎。與這種新的工業潛力相聯繫的是特定的工業組織（各類企業）和將產品變爲商品流通消費的機構（各類商業公司）。第二次工業革命的特點是，人類思想被機器思維和邏輯所替代。控制論和自動化使得製造一種新的、功能遠比人腦更爲精確的電腦成爲可能。控制論還創造了新的經濟和政治秩序，透過網路和全球化，跨國公司成爲金融體系的中心，企業甚至政府都由清一色的技術專才所把持，私人企業和政府之間的關係，變爲組織生產和執行生產和銷售的技術與商品因素的互換關係。第二次工業革命中發展起來的現存技術系統，對於多數人來說，看做是人類進步的標誌，人類征服自然的能力大增，政治自由化程度提高。

在二十一世紀，人類似乎可以在各個領域都坐享其成。有誰料到「二〇〇〇年可能並不是一個人類追求自由與幸福的時代的完成與終結，相反卻是一個人類不再作為人類，而轉變為沒有思想和沒有感覺的機器時代的開始」。

事實上，這種預言在十九世紀就有天才的哲學家提出過，馬克思就看到了大工業的機器生產給人類帶來的危險，相信高度工業化的社會，必然也應該轉變為一個人道化的社會。美國當代哲學家芒福德（Lewis Mumford，一八九五～一九七八）在三〇年代出版的《技術與文明》一書中深入揭示了工業社會的文化意義。他提出了「巨機器」的概念——人類早期社會由絕對統治者支配的、在宗教和武裝貴族支撐下的人類集體機器。它是以後人類製造機械的原型。古埃及的金字塔就是藉助簡單工具，在「巨機器」操作下的產物。巨機器的權力與威嚴來源於宇宙規律，精確的數學計算、絕對的機械秩序和物理學定律的強迫性。這些知識的法則，最早從天文曆法的演算和研究中得來，以後轉移到人類的社會管理和軍事征服上運用。「巨機器」的缺陷在於以往的世紀中，人類治水、種養殖農業和城市建設中，帶來了巨大的自然破壞，從古巴比倫、古埃及、古印度、古馬雅文明的消失可以理解這一點。二十世紀工業化的發展，也是一個再建「巨機器」的過程，透過科技手段形成人類的整體組織和同質化程度極高的社會系統，人類只作爲「巨機器」的零組件在發揮作用。

二十世紀「技術至上」的工業化過程始終遵循著兩大原則：

1.「凡是科技證明能做到的都要讓它成爲現實」：依此原則，原子彈出來了，化學武器出來了，人造病菌出來了，複製動物（桃莉羊）出來了。傳統人文主義的價值（符合眞、善、美理性與情感合一原則的事才能做）被徹底否定，科技發達、知識更新成爲了倫理學唯一的基礎。

2.「追求效率與生產原則」：最大效率的需求導致對最小個體性的需求，社會機器越有效，個人就越被削減爲一個純粹、量的計算單位，也就是排斥人的個性和人文價值。工業化過程中，最大生產要求的是，生產總量的提高是衡量經濟是否成功的唯一標準。

工業依賴於消費者的需求，需求要用商業的廣告來引導，「生產—消費—生產」的模式導致社會的不平衡發展，生活的「質」喪失了重要性，人類改善社會條件的手段變爲了目的。人成了機器的附屬品和純粹的消費者，生活的目的是擁有更多的消費品，他們花費大量時間從事自己不感興趣的生產，生產不感興趣的商品。而不從事生產的休閒時刻，他們又被廣告和大眾文化牽著鼻子走，盲目地去消費。

人的被動性成了二十世紀工業社會中人的重要心理特徵之一。他不能支配自己的時間、空間、興趣愛好和理想，甚至在這種社會環境下成長起來的新一代，他們根本就不知道主動的人性化理性和理想。他們不再與自然界發生積極的聯繫，屈從於他們的偶像和社會文化引導的需求，他們總是有無力感、緊迫感、孤單無助而且憂慮地惶惶不可終日。

三、工業社會中的文化慘境

工業化和隨之而起的社會現代化，是第二次世界大戰以來，在二十世紀整個人類的命運中的全球性問題。工業化社會的現代化，就是經濟飛速增長帶來了資產階級革命和社會主義革命，帶來了代議制政治民主，帶來了社會生活全面脫離宗教和神話，走向世俗化。現代化的基本特徵是高度的工業化、商業化，就是全面運用現代技術，以及與之相應的社會經濟的持續增長（姑且稱之爲「進步」）和由於現代技術擴展帶來的一切後果——給予人類精神、價值和社會處境的那些後果的總和。正如筆者在本書緒論中指出的：「人類在二十世紀面臨的最大問題是技術困境和價值虛無。」所有的社會物質和精神方面的問題，都不可避免地觸及到這兩大問題。這也是工業化、現代化中的文化觀念性的問題。

我們這個時代從文化學的意義上命名可以稱之爲「科技——工商時代」。這個時代的本質用本世紀哲學家哈伯瑪斯的話來說就是「技術理性」。由於技術理性的單一霸權，任何其他精神上的信仰都在物質創造和商品消費的浪潮下，消逝遁形。技術理性也成爲了技術困境，因此「價值虛無」應運而生，「科技——工商時代」的倫理道德和哲學思考方面出了問題，信仰危機隨處可見，兩大問題是互為表裡，相輔相成的。二十世紀最偉大的德國哲學家海德格從工業社會的科技發展中引伸出「技術」問題，剖析了問題的實質，令人豁然開朗。海德格使用了自造的哲學概念「入型」（德語gell-stell英譯enframing中文有譯為「座架」或「構設」，筆者嘗試譯為「入型」比較貼切）。此概念想要說明的是：作為整體的工業化、現代化中的科技，其基本的特徵就是對世界中的現實的總體客觀化。一切都可以在數學、物理、化學、生物學、電磁學、天文學、醫學原理的指導下，透過工業機械原理的作用來製造、製作。

社會的一切都可以透過理論的剖析，再人為地操作，人類面對的所有一切都可以透過技術來控制和改造。人類技術的擴展和蔓延沒有任何的界限和道德限制，人類可以說已經被工業化、現代化的技術精神——「入型」精神所專斷、操控了。

「入型」技術所規定的二十世紀人類的生活方式和生存方式，無外乎先對任何的現存事物「歸類入型」，然後按照它們的物理學屬性「入型」到對人類發展有用的領域。如煤炭、石油作為燃料、能源，鐵礦石作為工業原料，人作為勞動力，土地作為商業炒作的商品，再「訂造」、「製造」成新的適應人類工業化、現代化需要的客觀物質。依照海德格的觀點，這種「入型」和「客觀化」的處事態度根植於西方的形而上學之中，屬於「存在歷史」

的命運，可以說是命定的，由於西方工業現代化模式風靡世界，這種「入型」的方式必然成爲世界性的。在二十世紀，一切都被數量化了，一切變得可測度、可計算、可交換、可創造、可複製了。

馬克思在十九世紀中期曾經指出：「在資本橫行的社會裡，一切都可以用金錢價值尺度來衡量，可交換、可買賣。」這裡所說的「一切」當然也包括人類精神價值領域、道德領域，也必然包括人類生活最爲生物化的領域——性。如今不論在西方、東方、中東、非洲、拉美，全世界各地區，不論社會制度如何，只要貼上工業化、現代化和科技化之名，一切都已經納入了量化和計算之列。生命行爲的質量已經被數量所取代，甚至生命形式本身都列入了「入型」的範疇，複製人的技術近在咫尺，人類的社會生活也變爲了「入型」之後的各種數量關係了。

與工業化、現代化透過科技數量化客觀存在的後果幾乎一致，現代「科技——工商時代」透過技術對人類生活進行簡單化處理，特別是透過現代通訊和影視技術，把人類生活變成了可以複製、可以逆轉、可以組合的機械事件。人類社會發展和生活的神秘性消失了，生命存在形式的多樣性和獨特性消失了，一切的一切都納入了千篇一律的統一形式當中（即「入型」）。當代著名作家、哲學家米蘭．昆德拉在《小說的藝術》中引用了海德格的一段話：「由於現實就在於可計畫、計算的千篇一律狀態中，所以，就連人也必須進入單一式的狀態之中，才能應付現實事物。在今天，一個沒有制服的人已經給人一種不再歸屬於此世的不現實的印象。」

昆德拉從海德格對技術本質的論述中提煉出一個關鍵字——「同制式」（uniform），說明現代人在工業化、現代化技術的「定置」之下，不得不「入型」，就像穿上了各式各樣的統一的制服，成了「同制式」的人。而本世紀著名的存在主義作家卡夫卡在小說《套中人》裡，形象化地描述了這種「同制式」人的感受。在卡夫卡之後，當今的世界在「同制式」方面，藉助對於生命進行的計算、計畫和社會化管理的龐大科技機器，人類「入型」的程度又進一步地提高。

尤其在世界範圍內商業和金融全球化的二十世紀九○年代，現代技術透過電腦網路和衛星通訊傳輸，使得數量化的商業市場中的一切都在「拉平」，出現了不同落差發展程度社會的「逐漸水平狀態」，當然前提是所有的社會開放和自由的流通。資訊工具和現代傳播手段把人類社會生活置於一種匱乏特殊性的均勻狀態中。一切精神價值的等級體系和宗教式的純粹理想，都難以確立和維持，終極、絕對的道德和信仰修養變成了不值人們一顧的空泛理論。遍及二十世紀所有時段、所有地域、所有種族、所有文化、所有年齡層次、所有職業的人群之中，道德相對主義、虛無主義氾濫流行，難以遏止。這不是偶然發生的，其根本原因就在於「科技——工商時代」裡，單純科技物質力量具有對人類精神價值普遍的消蝕和摧毀作用。使人類「入型」的工業化、現代化的科技價值，最大的傷害不僅在精神方面，還在於割斷了人類與自然界的直接關係。我們生活在鋼筋水泥中，坐在或騎在車上，行在柏油路上，我們生活的場景已經遠離了自然大地，自然的一切特性已經無法直接與我們的心靈貫通，我們與自然山水、動物花草之間的關係，成爲了主客體和對象性的利用關係，我們在工業化、現代化的「科技——工商時代」裡幾乎出現全面的「人性變異」（本書第五章對此還有專門的論述）。

第二節　社會病理學家的敏銳洞察力

一、二十世紀與「單向度的人」

第二次世界大戰以後，西方資本主義社會的科學技術和生產力有了飛速的發展。特別是六〇年代以來，經歷了以電子技術爲基礎的科技革命，資本主義出現了新的變化。在所有制方面，科技革命使勞動工具成爲極爲複雜的自動化系統，大大提高了資本的有機構成，這就須要集中大量的資金，於是股份公司形式的資本合作所有制，成了資本主義所有制的基本形式。同時，已開發國家國有化企業比例增大，國家和國際組織在經濟中的調節和控制作用也增強。科技革命形成了專業的經理階層，白領工人的比例也超過了藍領工人，體力勞動者也加速了知識化的進程。資本主義國家廣泛採取了高生產、高工資、高消費的政策和社會福利保障措施，中產階級擴大，勞資關係緩和。

法蘭克福學派的美籍德國哲學家馬爾庫塞（Herbert Marcuse，一八九八～一九七九）稱之爲「富裕社會」，並認爲是「病態社會」。他在〈當代工業社會的攻擊性〉一文中概括了富裕社會的特徵：工業技術力量的高度發達，並用於生產和分配奢侈品；生活水準提高，階級差別縮小；經濟和政治權力高度集中和壟斷；帶有政治和商業目的的科學研究高度發展、資本集團對勞動者工作和休閒生活時間的控制，促使了人類生活全面地商業化。這個「病態社會」的特徵有兩個方面：

1.當代社會使人變成了單向度的人：科學技術的發展，技術手段已經控制社會物質生產的全部過程，加強了對人類的心理、意識的操縱和控制，使人們徹底屈服於社會總體的需求。使人在經濟、政治、科學、藝術、哲學以及日常思維中，只具備與現存制度的一個方面、一個向度，而喪失了第二個方面、第二個向度。也就是說，人類喪失了對現行社會制度的否定和批判，喪失了對理性、自由等價值的追求，人性遭到摧殘。現代社會走向了變相的極權主義，人成了被控制的工具，自動化更將人類變成機器，人和物都成了管理的對象。「抑制性的社會管理愈是合理，愈是有成效和技術性強，受管理的人愈是難以打破這種受奴役狀態。」

現代社會還創造了一種生活方式，促使人變成只追求物質的人，喪失了追求精神自由和批判的思維能力。先進的工業文明表現出來的是一種不合理中的合理性。它的生產率、增長和擴大舒適生活品質的能力，使得「人們似乎是爲商品而生活，他們把小汽車、高傳眞裝置、複式家庭住宅、廚房設備當成了生活的靈魂」。

現代社會大量運輸與通訊工具，衣食住行各種商品，娛樂和媒體產品，都帶有固定的態度和習慣。人們在接受商品的同時，也被灌輸了一種特定的生活方式，單向度的生活方式。科學技術雖然是非政治性的，但是它倣仿意識形態，爲現存制度辯解，負起使人服從社會、穩定統治制度的職能。科學技術越發展，工業社會的意識形態就越有控制性。電影、電視、廣告對人類的壓制作用顯而易見，個人的意識空間幾乎全被技術現實所侵占和侵蝕。人們普遍有一種跟著感覺走的傾向。

2.當代社會具有極大的攻擊性：社會增強了人的破壞本能表現在當代社會的軍事化。「我們把富裕社會的軍事化看作爲攻擊傾向最突出的社會動員。這一動員遠不只局限於徵集義務兵役和建設軍火工業，它的眞正全貌在向『公眾提供精神食糧』的宣傳中暴露無遺。」現代社會的攻擊性也是「工藝攻擊」。攻擊工具是十分自動化的機器，「攻擊的新形式是進行毀滅，而人不必弄髒雙手，不必玷污肉體，不必加重精神負擔，殺人犯還是乾乾淨淨的——從生理上和精神上來說都是如此」，人的罪惡感和責任心被技術機器和政治機器所淹沒。還有對生態環境的攻擊。商業擴張的結果是摧毀了大自然，壓抑了富有生命力的性本能的浪漫幻想。當社會具有了全面的攻擊性，表明「這個社會具有了一種自殺的傾向，而且我們可以在個人的本能結構裡找到徹底毀滅全球這場遊戲的根源」。

馬爾庫塞把資本主義發展的規律描述為這樣一個公式：

技術進步＝增長的社會財富（不斷上升的國民生產總值）＝擴大的奴役

奴役的直接結果是人格的扭曲，資本主義文化中人格的中心問題是「疏離現象」。美國當代心理學家弗羅姆（Erich Fromm，一九○○～一九八○）認為，十九世紀西方社會特徵在本質上是競爭的、囤積的、權威的、侵略的和個人的。剝削和囤積造成人的苦難，工人階級成為受害者，亞、非、拉各洲成為歐美帝國主義的任意宰割的對象。十九世紀末二十世紀初，改革運動希望治療這些社會病態，從無政府主義到馬克思主義，都強調廢除剝削，解放人類。經過五十年各種類型的社會革命，資本主義似乎變得健康起來。「實際上，二十世紀儘管擁有物質繁榮，政治與經濟的自由，可是在精神上，二十世紀似乎比十九世紀病得更嚴重，史蒂文森曾經簡明地說：『的確我們不再有成為奴隸的危險，可是，我們卻有變成機器人的隱憂。』」

他認為，二十世紀資本主義的發展對人格影響的中心問題是「疏離現象」。「就是一種經驗方式，在這種方式中，人們體驗到自己像是一個異鄉人，甚至對自己都感到陌生。他並不覺得自己是他小天地中的中心、本身行爲的創造者。他所體驗的是，他的行爲以及這些行爲產生的後果，都成爲了他的主人，他服從這些主人」。

這旨在說明，人覺得自己是個貧乏的「東西」，需要本身之外的東西來充實，不斷地靠著周圍的評價來引導生活的方向。

產生這種疏離現象是因爲現代西方社會的生產過程、消費過程、人際關係已經使人成爲工業和商業金融網路中的單調的組成部分和機器。在工業社會中，工人成爲一個經濟性的原子，按照安排好的步驟來運轉，經理階層也是如此。在消費過程中，消費成了本身的目的，並被社會輿論和商業廣告所控制。人與人的關係是兩個抽象的生產機器、商業體或經濟體之間的相互利用和利益交換關係，在人性表層之下是赤裸裸的疏離和冷漠。現代人所體驗的自己，就像是一件在市場上拍賣的商品，他存在的目的是成功地推銷自己，賣個好價錢。人在這一過程中必然要喪失尊嚴和自我意識。『物』無所謂自己，而人一旦成了物，也就可以沒了自己」，「這種面臨虛無的深淵而產生的不安，要比煉獄裡的刑罰還來得可怕。在地獄裡我受到懲罰和酷刑，可是在虛無裡卻逼得我要發瘋了——因爲我已經不再能說『我』了。」

二、從韋伯和桑巴特的思維來解剖資本主義

韋伯在《新教倫理與資本主義精神》（一九〇五年出版）一書中深刻揭示了加爾文教義對十八世紀美洲新大陸資本主義興起所產生的重大催化和誘變作用。韋伯認為，新教倫理原本宣揚禁慾苦行，消極地逼迫徒眾對天生原罪終生懺悔，篤信「命運前定說」，並對奢華懶惰風氣加以懲戒，視同魔鬼。這種由歐洲大陸舶來的、比舊教更純粹、更偏激的教義逐漸不得人心，不利於新英格蘭地區移民開發新大陸的進取要求和內部團結。不久，一些宗教領袖應運而生地開始宗教改革。他們將苦行僧式的世俗勞動和克己贖罪，和上帝選民重建理想世界的神聖「天職」結合起來，轉而強調透過勤儉至富達到拯救靈魂。此舉消除了財富與罪惡之間的等號，為佛蘭克林式的資本主義精神加冕使之合法化。隨著新教倫理由「出世」的理想境界到「入世」的世俗心態，資本主義精神也披上一層宗教的外衣溜出了中世紀宗教森嚴的大門，橫行於世了。

順著韋伯的思路看，資本主義在初期就已經帶有潛伏病灶。「禁慾苦行主義」是一面，另一面則是德國哲學家魏納·桑巴特（Werner Sombart，一八六三～一九四一）在《現代資本主義》（一九〇二年）中診斷出來的先天性痼疾：「貪婪攫取性」。韋伯和桑巴特給予資本主義的兩項特徵可以定義為「宗教衝動力」和「經濟衝動力」。資本主義上升時

期，兩股力量相互制約。前者造就了資本家精打細算、兢兢業業的經營風格；後者決定了他們開拓新領地、征服自然的冒險精神和貪婪慾望。在文化領域，資本主義的興起使藝術家擺脫了對封建貴族和宗教勢力的依賴，充分發揮他們浮士德式的上天入地的想像和追求，關注於個性解放和自我表現。資產階級的企業家和藝術家這一對孿生子，在合力完成資本主義開發之後，開始相互敵視起來，雖然在追求個性自由和解放的本質上他們相同，但是由於分工的不同，他們在不同的領域內擴張，危及到對方的生存。企業家在經濟上貪得無厭，在文化觀念上又本能地維護其經濟地位和社會政治制度的穩定，反對與「功能合理性」背道而馳的藝術靈感。反過來，藝術家無限制地發展人性，唯我至尊，對功利主義、制度化和拜金主義撻伐不已。近百年來，西方現代派藝術家更採取了徹底決裂和叛逆的姿態，專門對資本主義傳統的價值體系拆台與否定，逐步建立起與資本主義經濟制度嚴重衝突的「文化霸權」。

造成這種狀況的根本原因在於：資本主義精神中相互制約的兩個基因只剩下一個——「經濟衝動力」。另外一個起抑制以及平衡作用的因素——「宗教衝動力」已經被科技和經濟的快速發展耗盡了能量。代表宗教衝動的禁慾和節儉精神先是被世俗法制社會的法律掀去了宗教的外殼；隨後被工業化時代的現實主義文學、實用主義哲學和科技理性割斷了人類精神價值和宗教情懷之間的樞紐；最後，二十世紀初的文化變革運動和分期付款、信用消費等享樂主義觀念又徹底粉碎了它所代表的道德倫理基礎，將社會從傳統的清教徒式的「先勞後享」引向超支購買、超前消費和及時行樂的商業資本主義。西方資本主義制度一旦失去了宗教苦行主義的束縛，在經濟和文化兩方面必然畸形發展，相互牴觸。經濟衝動力成爲社會發展的唯一主宰後，世上萬物都被剝去了神聖的外衣，隨意任人征服和褻瀆。發展與變革，營利與消費成爲天經地義的東西。社會世俗化的直接結果是文化上的褻神現象。資本主義精神必然就難以爲人的生存提供什麼「終極意義」了。

與宗教衝動力衰竭並列的另一個突出命題，就是現代主義和大眾文化（本書第九章專門論及）現代主義是如何生成的？首先，是對十九世紀兩種社會變革的反應。一方面，現代世界格局的劇烈變動，國家關係變化、西方文化變遷和東西方文化衝突，打破了舊有的時空秩序和人類傳統意識，人們對社會環境的應付能力和對自然、人類的精神界定陷入混亂。另一方面，信仰上的虛無造成了文化傳統的全面脫節，人上升到了神的位置卻難以自我把握和約束。現代藝術家最先捕捉到了這種感覺的混亂和自我的困惑，從一九一〇年左右的文化藝術作品中可以深切地感受到這一變化。這一潮流從本質上講，是對資本主義正統文化秩序的攻擊和顛覆。在它初期興起時，「先鋒派」意識主要在藝術創新和審美旨趣上對資本主義傳統價值發動批判。隨著對自我無限性的頌揚和對理性宇宙觀的否定，現代主義奉行者開始透過商業資本的操作來實現自己的思想和生活態度。到二十世紀六〇年代，現代主義文藝思潮已經和大眾文化、商品生產合流，完全推翻了資產階級的傳統文化，原來流行於少數精英階層文化意識也轉變為大眾文化形式。現代文化終於在商業資本主義的支援下取代了工業資本主義時期的文化統治地位。

然而，現代主義思想同樣存在著危機，那就是信仰問題。文化領域對現代主義的當代崇拜，實際上是用文化對人生意義的重新解釋，來替代宗教對社會和人類精神的維繫和斂聚功能，填補「宗教衝動力」消失之後，遺留下來巨大的精神領域空白。從表面形式上看，現代派文藝沿用了某些傳統宗教用來震撼人心、使人超凡脫俗的有效手段，往往能產生一些類似宗教的宣傳效果。但是，近百年來各種思想流派在個人主義的激盪下，層出不窮，花樣翻新，文化功能的神聖感早已蕩然無存。特別是現代派文藝又總是以個人感覺作為評判標準，竭力縮短審美的距離，追求即興衝動、感官直接愉悅、肉體的同步反應和本能的共鳴。其結果是，沒有一派思潮擁有足夠的責任感和精神底蘊，形成震懾人類精神的權威，只好是「長江後浪推前浪」地不斷創造新的思潮。現代主義思潮就像是一個潑盡了水的空碗，只剩下了反叛的精神外殼，原有的強烈批判精神萎縮成為空洞的語義遊戲和追求淺薄的時尚，藉以譁眾取寵。二十世紀八〇年代以後，在西方已開發國家，現代主義思潮又被主導大眾文化的中產階級左右，藝術、思想、文化成為了迅速推銷、複製的商品，反文化的傾向甚囂塵上。

三、資本主義文化的根本矛盾

資本主義經歷了二百多年的發展和演變，已經形成了在經濟、政治和文化（狹義意義上的文化，指由文學、藝術、宗教和思想組成解釋人生的各種文化形式）三大領域間的根本對立衝突。這三大領域相互獨立，分別圍繞自身的中心原則，以不同的規律交錯運作，相互衝突。工業化和後工業化社會中，它們在價值觀和結構方面的衝突更加嚴重。

1.經濟領域：這個在資本主義發展過程中起推進作用的基礎門類，經歷了科技革命和管理革命的洗禮，成爲一個以嚴密等級制、分工制爲特徵的自律體系。全部活動的規則是「效率原則」，目標是最大限度地獲取利潤。在這個日益非人化的體系中，人類豐富的個性被壓榨成爲單一的分工角色。同時，日益強大的技術和經濟結合的共同體，推動了社會以物質生產爲標誌的進步，提供了廣泛的就業機會和社會充分的流動自由，促進了消費社會的發展。

2.政治領域的分離獨立：在工業化社會發展階段，資本主義國家機器（政治和法律部門）相對不發達，鼓勵經濟的自由發展。二十世紀的經濟危機和政治衝突，使得政府專注於集中權力，除了維護社會秩序、仲裁各種利益集團紛爭，還隨著國際經濟體系形成，全面地干預經濟生產過程、財富分配和資本流向，處理國際關係，成爲經濟體系之外的又一個龐大的王國。其中心原則是「平等」觀念，涉及到人權、法律、種族、性別、教育、福利、就業、國際關係等等方面。西方各國政府為應付不斷增長要求各種「平等」的呼聲，一方面擴充官僚機構，全面管理社會；另一方面逐步將傳統的代議制政治過渡到民眾的直接參與制。階級衝突和對抗雖然得到一定程度的控制，公眾和官僚的機構的對立成為新的問題。

3.發生嚴重斷裂和逆轉的文化領域：其中心原則，既非第一領域的「經濟效益」，也非第二領域的「平等權力」，而是「自我表達和自我滿足」。文化領域標榜「個性化」、「獨創性」和「反制度化」精神。在經濟主宰社會生活、文化商品化趨勢嚴重、高科技變成當代人類圖騰的情況下，變革緩慢的文化陣營步步退卻，又頑強抵抗。西方文明百年來經久不衰的現代主義運動，便是這場衝突的文化結晶。人們一般用歷史進步和理性尺度去衡量經濟發展和政治改革，但是在現代派和後現代主義的文藝理論和作品中常見的現象是「返祖」和反理性。藝術家、文學家追索原始，懷念傳統，表現現實生活的荒誕謬誤，並且超越時空地運用和組合全部人類的文化遺產。

以上觀點是美國當代著名社會批判學家丹尼爾·貝爾（Daniel Bell，一九一九～）對資本主義的文化評價，曾在六〇年代引起西方思想界的撼動。面對六〇年代後期因毛澤東革命理論啓發而在西方興起的學生激進運動，貝爾主張「不要將思想當成世俗宗教」，以免引起「社會動亂和暴力行徑」。

一九六八年四月底，在哥倫比亞大學學潮中，貝爾曾與一批中立派教授試圖阻止警察和學生之間的暴力衝突，結果無效，多名師生受傷，校長辭職，紐約學界也因觀點不合而分裂。在此背景下，他逐漸形成了「文化保守主義」意識，對資本主義文化的批判轉向「有選擇地反叛」立場。其後，他站在思想精英的位置上，對大眾文化和平民「解放」運動採取了嚴峻的批評態度，並有意承擔對自由主義改革哲學的自我批判任務。他對資本主義文化內在矛盾的揭露，更加注重信仰和權威，維護文明的延續，將「意識形態終結論」、「後工業化社會論」和對資本主義的批判上升為一種囊括政治、社會與文化的綜合理論體系。

貝爾為後工業化社會設計一種稱之為「公眾家庭」理論的廣義文化崇拜。既類似於原始部落的契約制度，又像古希臘哲人柏拉圖的理想國，還有點社會主義集體化的味道。他在思想和價值取向上，把原始社會、烏托邦和社會主義的政治組織、經濟分配模式都當成他理論的參考和組成部分。他提出：資本主義前工業化階段的任務是對付自然，工業化階段是集中力量對付機器。後工業化社會階段，自然和機器都隱入了人類生存的大背景中，社會面臨的首要問題是人與人、人與自我的問題。「公眾家庭」理論在政治上主張康德定義的「自由主義」，以個人作為政治體制的基本單位，區分公眾和私人的界限，保障個人的政治權利與私生活。在經濟上，每個公民應得到社會給予的滿足基本需求的「社會最低限度配給」，反對富人將資本和財產轉換爲其他領域過度的特權和控制力。要恢復人類傳統文化中持久的價值和基本的觀念權威。而作爲社會經濟制度與文化思想體系之間平衡機制的政治機構，也要以長遠的公眾利益和文化傳承爲重，糾正以往對私有財產的辯護或對群體要求（無限制的民主和媚俗的政治行爲）的無止境忍讓，在較爲均衡的自由與平等、需求與慾望、效益與福利的基礎上，仲裁各方面的矛盾，緩和各種社會衝突。

第三節　社會大變遷與經濟、文化的分裂

一、資本主義經濟制度的橫行與頹勢

自從工業革命以來，當物質生活水準的提高被視爲人類追求的主要目標時，沒有一種經濟制度能比得上資本主義。它開發自然資源，透過科技製造成爲各種符合人類慾望的消費品，它建立了商品迅速流通的市場、貨幣和資本流通的金融網路。它的意識形態承認人類動物本能中貪婪動機的合法性（人性惡的合理性），鼓勵以各種自私自利的手段達成個人致富和提高生活水準的目的。它在政治制度方面貫徹了商品交換的基本準則，透過一人一票的選舉規則確立了不同利益集團的政治制衡體制。正是由於它用滿足人類慾望的商品，

來徹底沖決人類傳統的「等級制和知識特權優先」的精神和價值體系，所以在資本主義制度面前，強調精神價值和理想目的的其他意識形態，在二十世紀幾乎不是它的對手。如果我們看一看二十世紀後期資本主義盛行對經濟發展的影響，就會發現它橫行於世，同時也開始展現了頽勢。六〇年代，世界經濟在扣除通貨膨脹因素之後，以每年百分之五的速度增長，七〇年代，下降爲每年百分之三．六；八〇年代爲每年百分之二．八，到九〇年代每年不到百分之二的增長率。資本主義瀰漫於全球，但是其發展速度也降低了，它在二十年間失去了百分之六十的動能。

資本主義經濟制度長期承諾給人們滿足願望的靈丹妙藥——經濟持續增長、充分就業、金融穩定、提高工資，正在逐漸失靈。資本主義內在的痼疾，在它十分強壯的時候也大幅度地發作了。在給社會結構帶來翻天覆地的變化，而也正是在社會結構中它毀壞、裂解的文化因素反過來如同癌細胞一樣地侵蝕它的身體。九〇年代初期，冷戰結束了，全球資本主義似乎給了人們一個世界經濟一片繁榮和最終要在全球實現「民主」的景象。美國主流社會的學者甚至提出了資本主義體制全面永久勝利的輕率結論，如福山的論文〈歷史的終結與最後一個人〉。此時，跨國公司及投資者隨著所謂「西方世界勝利」的聲勢，趁著東歐及第三世界國家全面開放，帶著資本、技術奔向世界每一個未開發國家的角落，幻想創造出一個跨國的、巨大的、中產階級的消費市場，一勞永逸地緩解西方資本主義社會出現的各種問題。

資本家們算計著，在不遠的時間內，這些地區的中產階級消費者們，普遍能駕駛節儉型的豐田轎車，用IBM電腦上網際網路，看衛星電視，吃巨無霸漢堡，看好萊塢電影。然而，在一九九六年亞洲金融危機中，跨國資本的美夢破碎了，全球資本主義貌似公正的資本和金融的自由流動，一旦進入非資本主義的文化體系之中，立即產生出資本醜陋的本性——損人利己，正破壞著未開發地區的經濟穩定，也使富國的投資者蒙受巨大經濟損失。一九九七年六月，開始從香港、東南亞地區出現了全球資本主義操縱的「金融恐怖主義」，亞洲金融界除了中國人的經濟體（香港、中國大陸、台灣、新加坡）苦撐危局之外，幾乎全遭滅頂之災。

大量的資本撤離未開發國家，資本外移使這些國家不得不採取經濟緊縮政策，從東南亞、東亞、東歐到拉丁美洲，出現了世界範圍內的經濟衰退。全球微弱的增長率減低了原料出口的價格，未開發國家在境外的收益大大減少，不得不放慢經濟增長速度並減少進口和提倡國內消費的節儉化。全球資本主義的代表——美國出口遞減，大批跨國公司的利潤不斷降低。第三世界國家的經濟衰退對已開發國家的股市和經濟也構成了新威脅。全球資本主義的失敗已是不爭的事實，這不僅是經濟的問題，根本上是文化的問題。資本主義所強調的「競爭的益處」、「利潤的合法性」、「自由的價值」，並沒有在未開發國家得到普遍的認同。因爲，對於非資本主義意識形態、非西方文化類型的國家來說，資本的經濟運作過程和形成的不平等的國際經濟分工體系，不僅傷害這些國家的經濟利益，而且對他們傳統的政治制度和文化價值構成了巨大的威脅。幾乎所有的未開發國家，都願意接受資本主義的經濟運行規則，但不願意接受或全盤接受資本主義的基本價值觀。這並不能怪這些國家排斥「民主」，因爲資本主義的國際政治和經濟秩序已經確定完畢，各已開發國家「占據要津」，誰還願意在優勝者定下的規則中陪優勝者進行一場永遠贏不了的遊戲。自由貿易和資本的自由流動只有在一個人人平等、國與國平等、文化與文化平等相待的環境下，共同追求利潤和效率的世界中，才有可能實現。遺憾的是，迄今爲止我們的世界還不是這個樣子，橫行於世的資本主義，其本質是不擇手段地追求最大的利潤，完全不顧別人的死活。

二、世紀末人類社會形態的「大震盪」

在十九和二十世紀工業社會中，多數工業化國家是在地理上自然形成的，是歷史發展和文化選擇的必然結果。這些地區由自然資源的位置和資本的占有所決定，由本世紀初帝國主義的強盜邏輯支配對弱小國家和民族的肆意掠奪行爲所決定。即便是兩次世界大戰，也沒有徹底改變本世紀初西方列強們定下的基本的勢力範圍，以及國際政治、經濟格局。冷戰後，全球的社會形態在資本的衝擊下，幾乎是一如既往，勞動力密集的產品在窮國生產，富國製造資本和技術密集產品，國際不平等貿易比比皆是。同時，世界的人口在增長、流動、老化。當已開發國家因高科技的廣泛運用而失業人口增加時，大量的人口從未開發國家流向已開發國家，這些人口中有相當一部分人是未開發國家用自己人民的血汗培養起來的知識精英，現在要爲已開發國家創造更多的財富。已開發國家充斥著靠社會福利生活的不勞而獲者，未開發國家數以億計的人民卻在貧困和飢餓中掙扎。

技術、運輸和通訊的升級，正創造一個可以在地球表面任何地方生產任何產品，並以最快的速度銷往到任何地方。國家經濟體系的控制力逐漸讓位給國際金融資本，國家主權已經在經濟全球化中遭到極大的侵蝕。世界貿易體系的規則總是由經濟占據優勢的國家制訂和執行，同時它們也是仲裁的法官。十九世紀是英國，二十世紀是美國。但是，今天經濟危機所顯示的現象是：二十一世紀將沒有主宰力量能夠設計、組織和執行經濟的規則。隨著核擴散和各文化類型國家對西方支配力量的反彈，地區主義將是二十一世紀的現實格局。由美國主導資本主義的經濟世界將一去不復返了。

特別是當技術、金融規則和意識形態不能融合在一起時，經濟本身將徹底擺脫政治、文化的約束，出現「大震盪」。二十世紀末的幾年，已經有了跡象：墨西哥的經濟一蹶不振；中國經濟持續增長後面臨全面社會轉型時的各種風險；日本經濟持續衰退；美國的高科技經濟勉強維持；東南亞經濟因金融危機而倒退十年；歐洲經濟進退維谷；俄國經濟進兩步退一步。八〇年代以來，西方已開發國家開創的，以中產階級需求爲生產目標、金融股票式的商業經濟正面臨全面的失敗。

危機不在經濟的徹底崩潰而在停滯。二十一世紀世界發展的社會類型究竟是什麼？人類社會發展的目的和動力何在？資本主義產生時的內在痼疾仍然在那裡等待著人類去解決，而更可怕的是又出現了新的問題。比如金融資本視如草芥的人力資本如何處置，人工智慧產業產生了排斥人類思維習慣的問題，新的經濟規則得不到世界各國的廣泛承認等。技術和意識形態正在震撼著二十一世紀資本主義的基礎，技術使得技能與知識成了具有持久性戰略優勢的唯一泉源。

在電子媒體和商業消費廣告的倡導下，意識形態的優劣標準是經濟發展的程度和商業市場的有效性，於是爲了維持社會穩定，政府又提倡一種經濟至上主義的意識形態，並向技術開發、商業設施和金融體系注入大量的長期投資，社會的景氣也以所謂「短期個人消費最大化」的極端形式表現出來。當技術、經濟規則與意識形態徹底分離的時候，全球社會形態的「大震盪」何時以何種形式發生，只是時間早晚而已，資本主義經濟形態失去了競爭對手，現在輪到它自己和自己過意不去了。

三、工業文明之下社會變遷的文化謎底

工業文明的技術方式是西方文化培養出來的，對於非西方文化的世界，這種技術方式是異端的、非法的。但是，人類生存以及空間與資源占有的競爭，迫使非西方世界不得不在社會的發展中大量的引進和轉移西方技術方式。這些器物文明的技術方式一經應用，就開始自然地繁衍起母體文化中的制度文明和西方人性價值觀，自然地要與非西方文化發生衝突，並逐漸透過物質的優越來貶低和瓦解其他文化形態。西方技術憑藉物質變革的巨大推動力，橫掃未開發國家和地區，「它以舒適和方便的外在特徵壓制了能夠滿足人們物質需求的本土技術。伴隨著未經選擇的技術輸入，西方的飲食習慣、生活方式、行爲準則和價值觀念也一起滲透到未開發地區，誘發了人們過高的物質需求，這就嚴重地衝擊了長期滲透於人們日常生活之中的行爲規範和傳統習俗，使人們放棄了熱愛勞動、勤儉節約、樂於助人、團結合作等悠久的美德，放棄了人與自然和社會和睦相處的傳統，改變了人們的思維方式和價值取向，把技術和經濟的發展和人們的文化環境割裂開來，導致了當地文化衝突和社會動亂，使技術開發和經濟發展陷入絕境。」

西方和外國模式全面納入本土傳統技術的合法地位中，必將導致傳統技術的崩潰。由於傳統技術不只是一種形式，其內在的涵義是文化價值觀，其存在的形式也表現爲深植於

該社會文化組織結構中。因此，傳統技術的崩潰往往引起本土社區的瓦解和鬆動，並逐漸喪失文化特性，而國家的制度不得不面對西方文化的雙重挑戰（一方面來自外部的政治意識形態的壓力，另一方面來自本土內部西方技術形式衍生的價值觀的挑戰）。

技術對社會形態中個人的影響是至關重要的，作爲技術的使用者和發明人的個人也是自然的一部分。但是，到了技術發展的現階段社會形態，工業和科技爲重要標誌的技術方式，已經對生態環境和人類社會的基本價值帶來了傷害，不僅造成了人類精神世界的問題，更爲嚴重的是惡化了人類生存的生物物理前提條件，造成人類身體適應能力在短期內無法適應技術方式導致的自然環境急劇變化。人類精神的價值體系在傳承方面也出了問題，人類種族遺傳結構正悄悄地發生著變異。倍受戕害的是人類的精神世界，資本主義工業文明的技術方式從腦力和體力兩方面一定程度上解放了人類的勞動，給予人們更多自由從事創造性活動的空間和時間。同時，技術方式得來的便利也退化著人類的精神，刺激著人類的動物特性的充分滿足。無止境的消費，更是分割人們的時間，迅速的流通縮小著人們的生存空間。現代技術和商業金融結合的結果是，大量地生產不經過人類傳統道德和精神規範過濾的人造物和消費品，這一商品生產的過程不斷地弱化人類精神的昇華，抹殺人類充滿著個性和文化多樣性的技能性製作，特別是手工勞動的減少，也使人類失去了集中精力和沈浸於創造的藝術享受和精神陶冶的機會，失去了與自然物質親和的機會。從資本主義工業文明的技術方式給二十世紀的自然環境、社會形態、人類生活方式造成巨大影響的消極後果來說，這種文化類型已經完成了它的歷史使命。

3 商業文明之下的感覺文化

第一節 古典主義的消失

一、二十世紀人類的普遍信仰

自十七世紀以來，哲學的主導地位受到了嚴峻挑戰，科學接掌了唯物的自然，哲學只是負責處理人們認知的心性。這種二元論的結構幾乎持續了三百年，到目前爲止仍然餘波蕩漾。唯物論的科學思想因爲其方法論的有效性，加上對人類社會發展的極大推進（特別是物質方面對自然界的征服），成爲人類文化學術的主流，以宗教、道德學說、哲學思考、藝術薰陶以及人性關懷爲主軸的古典主義逐漸地退居次要位置，甚至在一些國家和地區基本上消失得無影無蹤。二十世紀的人們幾乎把所有的希望都寄託在科學技術爲基礎的學術方法上：我們所處自然與社會環境的轉型、社會發展的規劃、人類行爲的控制；用電腦處理人與人之間的反應模式；藉助對客觀世界的宏觀與微觀探索，來增加人類的感知和征服能力；用生物技術和醫學來改變物種、創造物種，甚至複製人類自身（複製人技術）等。

大多數人相信科技爲基礎的知識才是眞正的知識和有效的文化模式，探索、攫取、控制、利用和征服等觀念，變爲二十世紀人類的普遍信仰。

當征服爲主的技術至上主義方法論運用到人類已有的自然與社會科學領域，出現了毫無責任感、單純工具理性的思維結構——只關注於抽象的概括、一般的定義和事物之間的所謂「線性的關係」，而把物件的主體情感可變性及其非本質性質忽略不計。這在科學原理的推論和物理學意義上的各種物質生產上或許有效，但是用這種思維結構去管理人類社會，必然帶來遠離人性的後果。因爲，當人類的一切都依循科技原理，套進了決定論的自然律鐵定框架之中時，人的自然意志反而無處容身。現代人把自己束縛在絕對化的科技進步和工具理性的思維之中，降低了人性的自由度和人類生存意義上的尊嚴。

二、現代人的多重疏離

1.與自然的疏離：人類離開古典主義文化之後，在文化領域更多表現出一種孤立和疏離的過程。科技爲基礎的各種學問割裂了我們數十個世紀累積下來的、以人類感官實在經驗爲前提的整體知識，所有一切經驗都在二十世紀被要求用科技來驗證其眞僞和是否有功利性效果。人類再也看不到自然界的奧秘和神聖性，人和自然的眞實性失去了直接的接觸，世界中除了人類自己和生產的產品之外，人類幾乎一無所有，人類甚至都懶得與自己內心世界對話。科技促使人類探索世界，唯獨難以探索人的內心世界。現代人只能從工具理性的觀點和實用性來看待自然。河流被看成了發電的能源地、排泄污水的水道；森林是木材生產的集散地；山脈是礦藏和建築材料的來源地；動物是人類的肉類食品。在都市生活的人們被各式各樣的人造物品和現代社會生活樣式所包圍，我們住在鋼筋水泥製造的盒子裡，吃著工廠裡用人工飼料添加劑和激素養大的六畜之肉，走在石油化工提煉之後的垃圾——柏油路面上。我們與自然完全隔離了，即使是親近自然的所謂「旅行」，也在都市的觀念局限之內，儘量在最短的時間內走較長的路程，看較多的景觀，沒有過多的時間去思考和內省。

2.與社會的疏離：這種疏離分爲兩個方面：一、絕對的個人主義盛行，在商品和資本武裝之下，絕對掌握金錢的個人把一切歸到自己的手上，整個社會和別人的存在對他來說不過是達到個人目的的一種工具，人的價值和人際關係的社會性無形中被抹殺掉了；二、極端的集體主義，在追求商業生產指標和社會發展的某一種方向，形成各式各樣社會化利潤的創造體，用極端的集體主義來奴役人的自主性和基本個性。在這個集體系統當中，看重的只是個人對集體的功利性貢獻，個人是一部巨大利潤生產機器上的一個微小零件、螺絲釘和齒輪，隨時可以更換。人們的教育也務求磨平個性，形成標準化的人格，以便管理。其結果是人的正常情感被封閉了，功利主義控制著人際關係。個性表達被視爲違背集體意志的幼稚行爲，人們之間相互猜忌、漠視，有助於友情和團結的氣氛越來越少。

3.與人向善性的疏離：長期以來，人類向善的天性根據一直是以宗教的形式來承擔，在中國傳統文化中則是以先天的「仁」或「性善論」來支撐。而二十世紀，宗教和道德的作用被科技無情地替代了，人們不需要用加固人性的「向善性」來度過人生。那些把人生目標確定爲擁有更多的資本和金錢的人，更多的沈湎於享樂和發揮人性之惡的人，用這樣的話來搪塞社會和他內心「向善性」的指責：修養道德值多少錢？信仰有什麼用？我才不怕什麼神靈懲罰呢！那裡有什麼報應！他們眼中的天經地義是「人不爲己，天誅地滅」，他們需要的是科技賜予人類的物質享受和生命自由自在地張揚其自然之性。宗教、道德倫理的說教和人性向善性的教育體系，在二十世紀被掀翻在地，原有遍及於各文化體系中的禁慾主義和節制主義被二十世紀的法制、社會契約、商業交換法則碾去了道德和神學的外殼，繼而被工業時代的現實主義、現代主義、後現代主義文化，實用主義哲學和科技理性斬斷了超驗和神秘主義的樞紐。

二十世紀的文化變革導致了對人類「向善性」的大幅度貶損。充分享樂的觀念在商業社會中的分期付款、信用消費、友善透支、極度體驗等消費方式的支援之下，儼然構成了瀆神化、無信仰的文化趨勢。

第二節 商業文明之下的感覺文化

如果我們以一種全面的方式去考察任何人和任何時代的文化和社會行爲，我們會對各種文化樣式之間的關係有一個整體的判斷，你會發現：一個時代的文化或是一個時代造就的文化人，其涉及的神話、藝術、經濟、法律、哲學、道德、建築、音樂、宗教、邏輯、科學技術、家庭結構、戰爭行爲、休閒方式都不可避免地打著時代的烙印，它們彼此之間相互關聯，構成一個時代的基本特徵。二十世紀文化也有著這樣的烙印，那就是商業文明之下的感覺文化。

十九世紀文化是在西方文藝復興基礎上透過幾個世紀的累積發展起來的，在哲學和科學的支撐之下，有著一系列完整的理論和觀念。我們至今仍引以爲榮的傳統音樂、繪畫、舞蹈、戲劇、建築理論和整套的觀念，無不是在十九世紀成型的。我們在初期教育中接觸的幾乎所有的文化權威式的人物，不論是文學家、詩人、畫家、劇作家，還是哲學家、建築師、舞蹈家，都是十九世紀的人物，在我們這一代人的印象之中，從文化開創的意義上來講，十九世紀簡直是群星燦爛。十九世紀的文化基本上屬於在傳統宗教和哲學指導下的、置現實於超感覺或精神的範圍內，是一種「觀念心性」主導的「觀念文化」。二十世紀文化的物質基礎發生了巨大的變化，上一章對此已有詳論，簡而言之，就是工業化和商業化對人類社會結構和人的心性帶來的影響必然要反映到文化方面來。工業化強調的征服把自然的神秘性徹底打破，神靈沒有了遁形之所，超自然的精神領域被科學技術的極端理性「肢解」了（本書第五章有專門的論述），人們開始不需要宗教，不需要神秘，也不需要一種哲學意義上的精神寄託；商業化強調市場、消費、人的感官滿足，人們更不需要觀念文化的曲折委婉地表現事物和各種社會行爲的哲學意義，人們開始簡單到「跟著感覺走」，以幾乎純粹的自然性來衡量一切存在物和各種社會關係的價值。二十世紀文化幾乎可以說是從「觀念文化」迅速地轉變爲「感覺文化」。

當一種文化從觀念性過渡到感覺性時，它的所有藝術、哲學、宗教、科學、倫理和法律都會經歷同樣的深刻變化。根據這一觀點，一個社會把什麼看做眞或假、科學或是不科學、正確或錯誤、合法或不合法、美或醜，基本上是由占統治地位的文化所決定的。

在觀念文化中，觀念性的科學、哲學、宗教、法律、倫理和藝術占上風，它們的感覺形式通常被看成是假的、錯的、非法的、邪惡的、異端的、瀆神的。但是，等到感覺性占統治地位的文化體系中，科學、哲學、宗教、法律和藝術的感覺形式就成了最爲時髦和主流的文化形式，它們的觀念形式反而被斥之爲迷信、古板、偏見、無知、過於貴族氣、不合大眾的口味等等。

觀念文化的基本特徵如下：現實被看作是永恆、精神性和超感覺的；個體的主要需要是精神性的、社會性的，人的過分的物質性慾望需要受到控制；社會的進步主要透過人類的自身修養和宗教、政治的控制來加以完成；相信哲學意義上的「存在」或神學意義上的「神」，對社會變遷中那些短暫的價值漠不關心；社會要求人們對自己的自然性加以克制；要求透過教育和文化的薰陶，使人們的性格向善和主觀自省；眞理的基礎在於神秘的內在體驗，廣泛運用直覺、信仰、內心的揭示方法；道德準則是絕對必要的、永恆的和不可更改的；藝術是象徵和以宗教、哲學和道德價值爲主要目標的。

感覺文化的基本特徵如下：現實被看作是物質性的，任何存在都可以直接呈現於感覺或透過器物文明而延長的感官；個體的基本需要是物質性的，感官的縱情享受和滿足應當儘量地擴大；社會的進步是透過外界環境的征服來實現的；相信社會學意義上的「變化」和「不斷地適應」，認定價值是短暫的，人類不斷的重新調整是沒有止境的；教育和社會風氣鼓勵人們性格外向、獨立、客觀征服；眞理的基礎在於觀察、測量、實驗和運用科學和邏輯，道德是相對的、可以改變的、人生的目標以獲取快樂和幸福爲目的；藝術是以娛樂和商業利潤爲目標。

感覺文化所關心的道德行爲不側重於道德的目的性，而是關注於行爲是否符合人類的自然屬性——人生幸福。它提供給人們的是，人類可以透過各種手段來滿足自己的各種慾望，只要這種慾望不妨礙別人。於是乎，性滿足的自由權利，金融投機者的權利、娼妓賣淫的權利、吸毒者的權利、同性戀者的權利等等，都堂而皇之地登上社會舞台。感覺文化所規定的倫理道德的約束只存在於這個現實社會的法律規定之中，而幾乎徹底地從人類的基本道德內心世界和具有宗教意義的超感覺世界中清除。感覺文化還具有相對主義特徵，用俗話來講就是「跟著感覺走」，用古語講就是「與時俱化」，用哲學的觀點講就是「服從變化的時代並與變化著的時代一起變化」。它在發展趨勢上總是給人一種飄浮、墮落、腐朽的感受，離觀念價値越來越遠，離簡單而直接的慾望滿足越來越近。究其根本，這種發展取向是人類的商業經濟活動所決定的。

在觀念型的文化中，累積財富和爲財富而財富的各種企圖是罪惡的、非道德的、反文化的，財富的累積應附屬於一個更爲偉大的目的（當然不是人的自然屬性方面的簡單慾望）。中世紀強調的是爲神獻身，文藝復興強調的是展現人類創造力，十七、十八、十九世紀強調的是爲了征服自然，控制不同地域的利益和市場。而在我們所處的世紀裡，經濟生活和財富累積的重要性在感覺文化指導下大大提高了。金錢的作用幾乎是萬能的，它能夠保證感覺文化的所有特徵在不費吹灰之力之下，立即得以實現。這就是商業文明的本質：

「金錢萬能」：它能促進暫時的物質愉悅，它能增加塵世的力量，它是人生輝煌的一個可見和可測度的符號。而在觀念型文化之中，人類掌握知識和觀念的程度才是可測量一個人社會價值的基本指標之一。

感覺文化與觀念文化的藝術形式有著極大的區別。觀念文化的藝術形式對精神或宗教的主題一往情深。藝術家的旨趣是透過主題的外部特徵和藝術的表象形式來表現「永恆的」或是「絕對」性質的某種觀念。其藝術風格更注重形式和象徵的意義。觀念型藝術一般是「道德」、「哲學」、「理想」、「完美」型的，具有非色情的性質。其藝術主題一般是充滿了說教、聖潔人物、超人、神祇、模範和英雄，藝術形式一般是規範的，符合基本的藝術規律的，它所標榜的是永恒和精神性的勝利，這種勝利有時是帶有悲劇色彩的，但是能夠給人以超越肉體腐爛和物質力量的震撼力量。

二十世紀是感覺藝術形式占據主流的時代。感覺藝術的發展方向是世俗的而非是以精神爲主題。文學藝術家們的旨趣是透過滿足人類感覺和內心慾望的戲劇性手法來描繪文藝作品的主題，通常是抓住某個感覺性的情緒或契機，用一種具有衝擊力和極大誘惑力的客觀藝術形式，給讀者或是觀眾留下深刻印象和感觸。一般說來，這種文藝形式在風格上既不講究形式也不重視主題的道德意義，不論在造形藝術還是在文學藝術中，藝術家所關心的是完成視覺印象。主題按照「刺激感官」的性質加以處理。在造形藝術中，遷就感官意味著發展爲裸體主義至上。在文學中，它意味著越來越強調作者筆下人物形象的物質慾望。隨著感覺文化藝術的發展，它們的角色越來越成爲非英雄的、平常的、普通的、反美學的、反藝術的、反社會的、反人性的人物。最後，感覺藝術和文化的舞台中心被那些病態的個人，醜陋的角色所占據，它們表現出來的多是些稀奇古怪的和病態的行爲。

稍稍瀏覽我們這個世紀在商業文明支配下的感覺文化的藝術作品，包括近些年來在我們周圍出現的圖書、報刊雜誌、影視音樂和繪畫；稍稍感覺一下我們這個世紀商業文明之下的文化氣氛。你會自然地發現：金融詐騙者、股市投機者、爲富不仁者、僞君子、流氓政客、黑社會老大、娼妓、變態者和各種被商業社會扭曲的人，在社會和心理方面失調的人，精神或是道德不健全者……越來越成爲文化藝術所渲染和推崇的主題。我們時代的文學、藝術、科學、政治、倫理、哲學、經濟生活中，充滿了這類的人和事件，最爲典型的就是引發二十世紀末全球性金融危機的金融強盜「量子基金」巨頭索羅斯和造成空前性醜聞的美國總統柯林頓。他們都可以說是商業文明創造的極致型人物，不僅不爲世間主流輿論所抨擊，反而成爲商業資本主義的英雄和所謂的「符合人性的代表」。

目前遍及全人類商業至上主義，已經形成了不可遏制之勢。這種「玷污人類基本理念和自然基本常規」的文化運勢，正侵蝕著人類社會的各個精神領域，我們的精神分析學和心理學，正將人說成是由「性意識和本能」支配的社會動物；我們的經濟學將人類及其精神文化說成是「消耗資本和金錢的一個貪婪的腸胃」；我們的行爲科學告訴我們人類僅僅是對周圍環境作出有利於自己生存的有條件和無條件反射的聯合物；我們的生物進化論更是將人類視爲和動物無太大區別進化物質；我們的醫學和生物控制技術將人視爲複合細胞生物，並可以透過遺傳和變態的原理用複製人技術複製出來。總而言之，在商業文明之下的感覺文化中，人性的自然性一面被無限地誇大了，人類的精神、社會性和道德向善性被忽視，金錢和資本成爲唯一能夠滿足和麻醉人類感官的興奮劑，人類的感覺愉悅成爲人類逃避一切社會和自然責任的遁辭。

第三節　後現代社會的文化世界

一、以商業消費來去除精英文化與大衆文化界限的後現代主義

後現代主義是對以科技爲中心的、一切要求符合自然律的現代主義的反其道而行之，是強調滿足人類消費時的心理慾望——新奇和新的刺激的文化觀念。二十世紀六〇年代以後，出現了普普藝術、繪畫的照相寫實主義；音樂方面有凱奇（John Cage）風格、格拉斯（Philip Glass）風格、組合「龐克」和新浪潮搖滾樂；電影方面有高達（Godard）的前衛電影、商業電影和小說電影；文學上有法國的新小說等等。這些都屬於後現代主義的文化

現象。而標誌現代主義的龐德、艾略特、史蒂芬斯、斯特拉文斯基、喬依斯等人的藝術文學風格被視為是壓抑的、規範的典型，要徹底地推翻。在後現代主義的文化形式中，學院派與大眾文化的界限被人為地打破了，高等藝術與商業形式之間難分彼此，大眾文化開始大行其道。

光怪陸離的廣告、汽車旅館、高速公路沿線的商業區、大城市中不可缺少的紅燈區和夜總會、色情影片和錄影帶、哥特派小說、愛情故事、大眾生活為主體的報紙、名人影星傳記、兇殺推理小說、荒誕派文學和戲劇，連哲學和社會科學的其他理論也日益地後現代化，學科、概念、術語、邏輯等「理論話語」越來越令人難以理解和捉摸，學科之間的邊緣化趨向越來越明顯。

這種文化形態的出現，是與七〇年代以後西方主導的人類社會生活模式和經濟秩序的改變息息相關的。西方馬克思主義文化批評家詹明信（Fredric Jameson）稱之為「現代化社會」、「後工業社會」、「消費社會」、「媒體社會」或「跨國資本主義」。這種社會的變動開始於美國四〇年代末和五〇年代初的戰後繁榮時期，在法國始於一九五八年第五共和建立之後。六〇年代這種社會模式迅速在世界範圍內瀰漫開來，其催化劑包括冷戰對立之下的和平競賽、新殖民主義、綠色革命浪潮、電腦化和電子資訊業的興起。「一種新型的社會開始出現在第二次世界大戰後的某個時間（被五花八門說成是後工業社會、跨國資本主義、消費社會、媒體社會等)。新的消費類型;有計畫的產品替換;時尚和風格轉變方面前所未有的急速起落;廣告、電視和媒體對社會迄今為止無與倫比的徹底滲透;城鄉差距縮短和普遍的標準化取代過去城鄉之間以及中央與地方之間緊張關係;資訊高速公路的發展和駕馭文化的來臨——這些特點似乎都可以標誌著一個和戰前舊社會的徹底斷裂,那時高等現代主義還是一種地下力量。」

二、後現代主義的兩大特徵——「剽竊」與「精神分裂」

這種文化形態的基本特徵有兩個:「剽竊」(或「可複製」)和「精神分裂」。「剽竊」可以說是「主體之死」。在消費社會中,原創和突出個性的文化樣式,成本過於高昂,有誰願意爲一幅藝術作品花費數年的精力,誰願意爲一部著作而「十年磨一劍」?而最爲簡單的辦法就是「剽竊」,就是用一切現成的商業產品(所有能出賣的東西都可以說是「商業產品」),在最短的時間內製造出能夠滿足人類商業消費的產品,包括文化產品。建築設計可以抄襲以節省設計費用;智慧財產權可以無視,因爲這樣賺錢太便利了;文學作品拼拼湊湊,改頭換面就可以包裝上市,熱門一陣子。學術研究也可以大剌剌拿一些主義、搬運一些生硬的道理和讓人難以理解的生澀概念撈取功名祿利。另一特徵「精神分裂」可以說是「判斷之死」。在後現代社會中,客觀環境的急速變遷、大量消費品的包圍、知識爆炸、理論更新、資訊傳播，新的產品、新的樣式、新的時尚、新的趣味、新的……，迫使人們總是在忘卻傳統和過去，著眼於當前的「興奮點」，而新聞媒體充當了將歷史經驗迅速地掃入時代垃圾桶的掃把作用，所有媒體的資訊功能無非是幫助我們怎樣快速地遺忘過去，關注當前；市場又用永遠的新產品來鞏固我們「當前的快感」。在這種消費誘惑之下，我們幾乎喪失了對客觀事物的判斷力，什麼是「眞善美」、什麼是「假醜惡」，我們幾乎失去了歷史感（時間順序感）、陷入物質慾望滿足的愉悅快感中，人類的精神永遠無法集中去思考內心的世界和人性的眞諦。

儘可能快地、低成本地複製、生產出可以賣出去的各種商品，儘可能快地享受最新商品（包括物質的和精神的）帶來的快感。這就是後現代主義文化的基本邏輯。

三、「文化產業」如何製造所謂的「美感」

炒作話題的電視劇、無病呻吟的深度觀察節目、滿足人類感官刺激的電影、不符實的虛假商業廣告、演員與經紀人合夥賺錢的各種文藝晚會、塡補消費之後空虛時間的休閒性報刊、各種新奇的俱樂部、圍繞飯店賓館業務的文化招徠、速食一樣的暢銷書、名人軼事連帶而來的「次文學」、「次藝術」、「次出版」、「次文化」等等，聯手構成了所謂的後現代社會的「文化產業」。他們似乎在主導我們社會的文化風格，後現代文化在表達形式上光怪陸離、在反道德方面那麼地明目張膽、在心理刻劃上毫無顧忌、在性慾描寫上極盡誇張之能事、刻意從眾和討好小市民的庸俗趣味、諷刺和愚弄傳統的經典文化，凡此種種，竟然被相當數量的人們所接受，並樂於把玩，個中原因確實因爲後現代文化早已爲反覆強化的商業社會的體制所吸納，與當今世界的主流文化融爲一體了。

「文化產業」所生產的後現代文化「美感」包括：亮麗包裝之下的無深度感；淺薄微弱的歷史感；表達主題的分裂感；刺激感官的強度感。這些「美感」已經完全被吸納在商品生產的總體過程之中，商品社會中消費和資本流動所決定規律，驅使人們不斷生產著「新奇」的產品，從汽車到服裝，從聖誕賀卡到波音飛機，從支付形式的網路化，到娛樂方式的虛擬化，一切務求以更快的速度把生產成本賺回，並且把利潤不斷地增值下去。在這種經濟至上的社會結構的統轄之下，美感的創造、實驗和翻新也必然受到影響，在經濟結構的種種規範中，變化其基本的社會文化角色與功能。經濟直接爲文化藝術提供穩固的物質基礎，但是經濟趨利性導致它對文化藝術的選擇性，企業和國際金融集團所資助的文化專案，從來都帶有鮮明經濟目的和盈利需求，即使沒有直接的商業傾向，也是透過這種附庸風雅的文化形式來增加自身的文化附加價值，提高商業知名度。我們不難發現，各國後現代文化形式的發展，幾乎都與跨國公司的企業擴展行爲和國際資金的資助緊密地聯繫在一起。

四、強勢文化主導下的文化全球化

二十世紀源於美國又擴散到全世界各地的後現代文化現象，本質上是西方商業資本主義文化侵略和霸權的一種特殊表現形式。後現代文化瀰漫開來的速度是十分驚人的，以至於全球化浪潮中也有它的一席之地。這股全球發展的傾向，直接導因於美國在兩極對抗中伴隨著軍事與經濟力量不斷擴張的文化侵略，軍事、經濟的霸權必然緊跟著文化的霸權。由於美國的文化霸權是以商業消費的最新形式爲衡量優勢的標準，於是，文化特色和各民族的本土文化受到極大的打擊，在商業市場和經濟全球化主導的所謂「文化整合」中，弱勢文化難以產生出新的「文化英雄」。「在現代或者『後現代』社會中，產生孔子、穆罕默德這樣的『文化英雄』的機會越來越小了。全球範圍文化整合的主角或許並不是什麼『文化英雄』，而是普通民眾——千千萬萬的移民、旅遊者、購物者與大眾文化的追星族。」，「在一個弱勢文化與強勢文化接觸的初期，弱勢文化的文化精英往往占風氣之先，首先接受強勢文化，並以此加強或重建精英文化在當地的文化霸權地位。這樣就形成了具有全球化傾向的精英文化與本土化大眾文化在一國範圍內的對峙格局。在文化全球化過程中，弱勢文化的大眾文化會直接追隨強勢文化的大眾文化並越過本土文化精英直接與強勢文化的文化精英發生聯繫，本土文化的霸權會被全球性的文化霸權所逐漸取代。」

先進的商品永遠附帶著時髦的文化，進入世界市場的各種文化永遠在商品的左右之下，時髦的文化永遠主導著全球文化進程，這也算是商業資本主義文化鐵定的邏輯吧！

4

世紀的吶喊——戰爭、革命與消滅法西斯主義

第一節 二十世紀戰爭的文化意義

二十世紀幾乎被兩次世界大戰、一次冷戰、無數次局部戰爭和恐怖活動所左右，和平只是部分時間和部分地區人民享受的天賜。戰爭帶給人類文化的影響是複雜的，二十世紀的正義戰爭包括反法西斯戰爭、民族解放戰爭、社會革命戰爭等等。而非正義戰爭主要是擴張殖民地戰爭、侵略戰爭和列強瓜分世界的戰爭。無論戰爭的性質是什麼，客觀上講，戰爭破壞一切，戰爭又迫使人類去創造一切（發展科技、工業以便有效地生產殺人的武器，改造自然，組成社會動員體制以便更有效地防衛自己）。從哲學意義上剖析戰爭行爲，有些觀點認爲它是人類動物特性的表現，那些堂而皇之的戰爭理論和藉口，不過是對雄性

攻擊衝動的掩飾而已。從政治學來分析，戰爭又是政治的連續和經濟行爲的另一種解決辦法，帶著幾乎所有社會行爲和觀念的背景。從文學層次來觀察，戰爭更帶動了人類思維和觀念的衝動，創造了無數的文化和藝術作品，表現廝殺中人類的心理活動和情感。

十九世紀西方工業化進程中，列強在向外擴張、殖民和不平等貿易的同時，確立了「發動戰爭——索取賠款——擴大不平等貿易——武裝殖民——攫取利潤——劃定勢力範圍」的遊戲規則。這種規則中對列強各國最爲有利的是「索取賠款」。於是，二十世紀初，形成了列強爲得到「戰爭賠款」這一巨大的利益回報，而主動發起戰爭，它們在國內提高賦稅和宣揚「國家主義」，進行充分的戰爭準備，短期內形成了強大的戰爭能力。到第一次世界大戰前的一九一四年，位在歐洲中心地帶的德國迅速崛起，與戰爭相關的各項指標迅速提升。已經完成對世界主要地區瓜分的英、法兩國逐漸落後，美國的國力迅速提升，潛在軍事能力巨大。當時與戰爭直接相關的國家如下：陸海軍兵力最大的是俄國，其後的排列順序是法國、德國、英國、奧匈帝國、義大利、日本、美國。擁有戰艦的噸位順序是英國、德國、美國、法國、日本、俄國、義大利、奧匈帝國。軍事力量的擴大，透過提高國內賦稅和宣揚「國家主義」，結果造成各國內部畸形發展，分配不公，階級矛盾增長，如果不能迅速地發動戰爭、奪取勝利和得到賠款的回報，必將導致政權統治危機。此時，帝國主義列強瓜分殖民地之爭劇增，歐洲各國社會革命廣泛興起，階級矛盾日益增長，都決定了帝國主義戰爭不可避免。

各列強國家為維持高額軍費，主要透過高賦稅和借款來實現。於是，戰爭被順理成章地看作是風險極大、回報率極高的一種商業投資行為。當時的帝國主義透過階級剝削和在國內實施高賦稅，建立支援戰爭的政府融資制度，得以集中人力、物力、財力來擴大重工業規模，發展技術，改良武器，並建立快速的戰爭動員體制。武器先進者勝或軍事力量強者勝的鐵一般的法則從歐洲迅速地擴張開來。十九世紀這一法則在亞洲、非洲、拉丁美洲等西方文明定義之下的落後地區屢試不爽，迫使東方各國進行社會改革，採取富國強兵的政策，於是戰爭就成為十九世紀到二十世紀國家關係的重要形式之一。

二十世紀人類發生的兩次世界大戰，都是首先在西方基督教民族之間爆發的，最後擴展到西方列強的殖民地和勢力控制區域。在亞洲，日本由於迅速地倣仿西方的體制（特別是戰爭體制）之後，將戰爭規則應用到東方國家身上，成為發動第二次世界大戰的主要罪魁禍首之一。雖然第二次世界大戰是正義的一方獲勝，但是不可否認，大國之間仍然在瓜分勢力範圍。幾乎每一次戰爭的後果，都是人類為防止和發動更大的戰爭，拼命地發展商業經濟之下的備戰機制，大量資源和人力投入到武器研製上。二十世紀人類在不到五十年間，就從火藥為主的常規兵器時代一躍進入到核武器時代，「相互確保毀滅」的核戰爭形式，直接導致了傳統的「武器先進者勝」的戰爭邏輯大打折扣。八〇年代，隨著冷戰體制的鬆動，東歐劇變，蘇聯解體，大國關係調整，相當程度上表現為經濟競爭和市場範圍重新劃定，現在又開始出現了類似於戰爭的「商戰法則」，美其名曰「綜合國力和經濟規模強者勝」。

這些法則都是從西方文化衍生出來的，其根本特性就是無限制地對外擴張。西方基督教文明信奉在上帝主宰下，每個人都具有主觀能動性，強調人類與外在世界相互對立的「二元結構」，主張內在衝突要透過外化為物質的解決方式。這種文化樣式，在沒有找到商業、市場等經濟力表現方式之前，基本上在宗教的範疇之內，大多以宗教力量去影響人們的生活。十七世紀資本主義登場之後，累積資本的觀念和信奉基督一樣得到充分重視，個人主義的經濟形式表現為商業發展，交換增加，移民和海上貿易拓展；在國家方面，累積資本的主要形式就是殖民和對外擴張（往往打著自由貿易的旗號），戰爭成為國家的一種產業。二十世紀西方文明的外在擴張性說明，從殖民地、半殖民地中獲得利潤和市場占有，成為緩和其國內各利益集團之間矛盾和衝突的重要物質補充。而殖民地和半殖民地的瓜分完畢，使得西方商業擴張力量遇到阻力，西方國家內部不同利益集團以及西方國家之間的關係再度緊張，又導致更大規模的重新規定勢力範圍的戰爭爆發。二十世紀除了殖民地、半殖民地國家的民族解放戰爭和社會革命戰爭之外，其他戰爭的本質大體如此。

二十世紀西方國家之間利益衝突的原因無非是兩個方面：一是資源占有；二是貿易利

潤。西方文藝復興運動對自然奧秘的非宗教解釋，助長了科學征服觀念的形成，由此發展起來的科學技術以及相應的工業生產方式，使得人們對地球上的不可再生資源過度依賴，而在一定的地理範圍內，特定資源是有限的，尤其是海上貿易的擴張更使人們知曉，在超出本民族或國家範圍之外擁有著大量資源。於是，在世界地理範圍內不斷擴張的衝動，導致了海上武裝力量的迅速發展和列強海外殖民地的建立。這一過程就是列強發起非正義戰爭的過程。

貿易在武力因素參與之前基本上是平等的交換。但是，人類的貿易行爲始終伴隨著戰爭和征服，從經濟理論來講，貿易會給各方帶來好處，在充分競爭的狀態之下，市場價格的變動會影響各國的產業，影響的形式有兩個方面：一是正面的商業利潤，二是大量的企業破產和工人失業。爲此，二十世紀二〇年代開始，列強國家在貿易行爲中無不建立起保護機制和戰爭攫取手段。自由貿易沒有一天在世界上眞正的出現過。資源控制和貿易摩擦目前仍然是導致戰爭和衝突的重要原因，美國發動海灣戰爭是爲了能源，帶領北約發動對科索沃戰爭是爲了打亂歐洲經濟全球化步伐、削弱歐元體系經濟強勢和壓縮俄羅斯及斯拉夫民族的戰略生存空間。進入西方商業體制之內的各國，越是遵從於市場法則，貿易摩擦就越爲激烈，就越有可能與西方強國衝突。不過，此時發動直接侵略戰爭的條件不具備了，美國就創造了新的方式，指責別國國內政體不符合西方通行的貿易體制，解決的方法是採取「新干涉主義」和「人道主義干預」，甚至提出「人權高於主權」的概念，為隨時發動戰爭，創造了新的藉口。

西方文化本身具有這種內部無法解決的內在衝突，也就只有靠著外在征服一途了。過去更多的是靠武力直接征服，現在仍然以武力威懾爲後盾，用經濟貿易、科技、文化等手段來牟取利益。問題是當所有的非西方國家都採取這樣的一種方法來處理國與國關係時，西方的商業資本的優勢，還會像現在一樣嗎？二十世紀的一百年，屢次發生的戰爭證明了西方文化規則的流行，只會加重各國之間的利益衝突。而解決問題的方式，又是「經濟優勢」、「綜合國力優勢」或是「武器優勢」、「核武器與核技術壟斷優勢」這些類似於戰爭征服的規則。一九九八年七月，印度、巴基斯坦的核武器實驗，以及世紀末呼之欲出的在南亞、中東地區的核武器擴散趨勢，充分說明了這一點。西方開啓了「潘朵拉的盒子」，難道就不能讓別的文化來群起效尤嗎？西方文化的戰爭規則被西方國家掌握時，才顯示出西方的優越性，一旦非西方國家要掌握這一規則，西方世界就開始無法忍受了，就用絕對的市場經濟規律、自由貿易和民主等「神聖原則」來干涉別國事務。歸根到底，他們不願意別人學會西方的規則，他們要保證規則永遠地對西方有利。西方的市場經濟、西方的自由貿易和西方式的民主，始終是圍繞西方國家利益轉的，西方國家從來也沒有將這些原則放在其他國家民族利益之上。從第二次世界大戰之後所有地區性局部戰爭（朝鮮戰爭、中東戰爭、越南戰爭、阿富汗戰爭、馬島戰爭、兩伊戰爭、海灣戰爭、車臣戰爭、南斯拉夫內戰、科索沃戰爭等等）當中，人們或許都能明白這個道理。

本世紀的大部分非正義戰爭無一例外地帶有爭奪勢力範圍、世界市場和資源，或者意識形態、種族和宗教衝突的色彩。第一次世界大戰是帝國主義瓜分勢力範圍的戰爭，這次戰爭中，人類第一次體驗到工業化和科學技術一旦運用於戰爭對人類的傷害是多麼的致命。那時的戰爭觀念仍然是「國家主義」和「民族主義」占據主導位置，幾乎所有參戰者的意志都在這個打著「爲國而戰」旗號的資本和市場擴張的支配之下。戰爭的後期在俄國和德國都相繼發生了社會革命。一九一九年簽訂的《凡爾賽和約》並未保障建立理性和平的世界新秩序，「國際聯盟」不過是列強重新瓜分世界的俱樂部，中國作爲戰勝國反而要把德國在中國的權益轉交給日本，由此引發了「五四運動」，開啓了中國現代史上的國民革命和現代化進程。戰敗的德國在主權和民族尊嚴上受到了過度的傷害，暗含著極端復仇的民族主義情緒，即將尋找出一種有利於德國復興的意識形態。俄國革命引起了帝國主義列強的警覺，十四國武裝干涉的結果也爲今後兩大意識形態的軍事衝突埋下了伏筆。

二〇年代末開始於美國隨後蔓延歐洲的經濟大蕭條，刺激了各列強國家在復興經濟的同時，尋找各種意識形態來強化國家體制。此時，各列強國家的信仰迅速分化，德國選擇了「國家社會主義」，日本選擇了「軍國主義」，美國有「羅斯福新政」，英國出現了「綏靖主義」，蘇聯奉行「社會主義」。爲了新的利益瓜分，局部戰爭又開始了，先是日本軍隊公然侵略中國東北、扶植爲滿洲國，實驗所謂「驅除英、美、俄，解放亞洲」的「大東亞主義」。德國在納粹黨民族復興運動的激勵下，迅速工業化並重新武裝，在英法「引導德國向東進攻蘇聯」的綏靖主義政策鼓勵下，德軍占領了萊茵河西岸。「法西斯主義」發起國義大利，爲實現古羅馬帝國「地中海是帝國內湖」的理想，以軍事手段拿下了北非的衣索比亞，開始與傳統的英法殖民勢力在非洲爭奪地盤。西班牙叛軍頭目佛朗哥將軍在德國支援下，摧毀了五十四國志願者武裝支援的年輕共和國，建立起法西斯政權。蘇聯迫於當時的國際形勢，也爲自身利益需要，一方面與德國媾和，一方面發動對芬蘭和波蘭的戰爭，擴張勢力範圍，以求自保。

一九三九年第二次世界大戰終於爆發，德國「要以納粹的國家社會主義理想掃除英法的資本主義和俄國的共產主義」。由於德國對英法和俄國兩面開戰，終於促成了資本主義與共產主義暫時聯手組成了「同盟國」。此時，避免參戰又大發軍火橫財的美國也在日本偷襲珍珠港、發動太平洋戰爭之後，不得不置身其中，對德、義、日宣戰。一九四五年，德義日戰敗了，聯合國成立了，大國們又開始在戰爭的廢墟上擺布他們戰略利益的棋子。戰後，波蘭的邊境比戰前縮小了；德國被肢解爲兩大占領區；非洲各殖民地仍然由英法兩國控制；蘇聯在攻打日本關東軍之前向美國和中國開列了條件：占領日本北方四島，外蒙古獨立，蘇聯控制大連、旅順兩港，東北鐵路幹線由蘇、中聯合經營。中國在第二次世界大戰中贏得了戰爭，同時也由於當時中國國力薄弱，在參與重建世界秩序中，國家利益受到了傷害。「反法西斯戰爭」取得勝利不完全靠著戰爭的正義性，很大程度上是靠著大國間的利益交換。由於美蘇在歐洲核心地區的勢力範圍爭奪激烈，兩大陣營開始形成，中國的內戰也開始受到這種國際形勢的影響，後來形成的台灣問題直接原因也在於此。

一九五〇年六月，朝鮮戰爭爆發，百廢待興的新中國被捲入一場與世界頭號強國美國進行全面較量的國力消耗戰中，中國作爲社會主義陣營中的一員，客觀上承擔爲蘇聯牽制美國的義務。直到史達林去世，三八線停戰協定簽訂，美國認識到「這是一場在錯誤的時間、錯誤的地點，和錯誤的對手進行的錯誤戰爭」。中國元氣大傷，國民經濟發展大大地減慢了速度。同時，中東也陷入了大國的利益網羅中，第二次世界大戰後興起的殖民地民族解放運動迫使英法逐漸退出，之後亞、非、拉許多國家不斷出現老舊的王國被推翻，青年軍人政變的內戰。英美爲控制中東的能源，聯手製造了猶太教文化和伊斯蘭教文化的對立——以色列和巴勒斯坦問題，中東戰爭從此連綿不斷地以各種方式展開。非洲也因爲英法撤出時用尺劃出分割非洲部落和種族的新國界，而將非洲拖入無窮無盡的邊界和種族衝突當中。法國在中南半島殖民勢力的衰落，引起了美國對這一地區的插手，直接造成了持續二十年的越南戰爭，中美蘇三國爲不同的利益在湄公河流域較力，美國國內的反戰浪潮幾乎震撼了美國政權和意識形態。南亞由於英國殖民主義的撤退策略（遺留下來難以解決的內部矛盾），爆發了印度和巴基斯坦的戰爭，以後又出現了巴基斯坦分裂出親印度的孟加拉國。五〇年代末期，中蘇在意識形態方面發生爭論，在美蘇插手下，爆發了中印邊境戰爭。六〇年代中期，美蘇核武器競賽形成了「相互確保毀滅」的核恐怖下冷和平，各地的局部戰爭都在這種恐怖之下有限的進行。一九六八年蘇聯侵占捷克，剝奪了社會主義東歐國家的「有限主權」，南斯拉夫和羅馬尼亞先後擺脫了蘇聯的絕對控制。一九六九年中蘇邊境戰爭爆發。其後不久，中國以國家利益高於意識形態的大膽舉動，突破兩極體制與美國戰略合作，形成了「大三角」格局，爲分裂雅爾達體系開了先河。

一九七九年一月，中美建交。此時，蘇聯正忙於侵略阿富汗，打通南下波斯灣的通道，利用中南半島的越南、老撾和柬埔寨圍堵中國。中國不得不進行維護邊境安寧的對越自衛還擊戰爭。七〇年代末，美國在中東的勢力隨著伊朗宗教革命勝利而開始衰退，美伊兩國發生人質危機。伊拉克與伊朗爲爭奪在海灣地區的主宰權，發動了兩伊戰爭，這場曠日持久的戰爭由於美蘇兩大國的旁觀態度，成爲集宗教狂熱、意識形態、國家利益、地區霸權爲一體的複雜衝突。一九八二年，英國爲維護大英帝國最後海外領地和大國尊嚴，與阿根廷進行爭奪馬爾維納斯群島的戰爭。一九八三年，美國爲防止古巴將格林納達變爲「輸出革命的據點」，公然入侵這個島國。八〇年代中期以後，蘇聯經濟在軍備競賽中被拖垮，國內政治改革要求放棄傳統的意識形態，雅爾達體系面對美國的強勢，已經力不從心。一九八六年，美國以反對「國家恐怖主義」為由，空襲利比亞。一九八九年十二月，美國又以「反對國際販毒活動」為由，入侵巴拿馬，將該國政府首腦諾列加將軍帶回美國審判。此時，已經沒有一個大國敢對美國以戰爭解決問題的行徑進行直接有效的遏制，美國成了世界上唯一的超級大國。

一九九〇年八月，伊拉克要求取消美國所支持的中東盟國借給它在兩伊戰爭中的貸款，在未達目的之下，以科威特歷史上曾經是伊拉克的一個省為由，入侵科威特。次年一月，美國和多國部隊為了西方世界對中東石油的控制權，發動了懲罰伊拉克的海灣戰爭。九〇年代初期，東歐劇變、德國統一、蘇聯解體，使得中歐、東歐傳統的衝突點一一爆發。一九九一年秋天，在南歐有著深刻宗教衝突和地緣政治背景的南斯拉夫內戰爆發，不久蔓延到該地區的克羅地亞族、塞爾維亞族、波斯尼亞和黑塞哥維那穆斯林族、羅馬尼亞族、阿爾巴尼亞族之間複雜的種族和宗教衝突。一九九四年，俄羅斯外高加索地區爆發了格魯吉亞戰爭、車臣戰爭。一九九七年，中東伊斯蘭教激進組織的恐怖主義活動轉變策略，在美國本土製造事端。一九九八年，美國駐非洲的兩個使館受到了「恐怖戰爭」的襲擊，戰爭的形式改變了，沒有前沿和後方，分不清誰是敵人，不分階層、職業和年齡，所有人都可能成為恐怖襲擊的目標和犧牲品。一九九八年七月，印度進行一系列核試驗，巴基斯坦針鋒相對地還以色列，南亞籠罩著核危機，印巴克什米爾衝突前景未卜。核擴散的危險日益成爲現實，伊朗、伊拉克、以色列、利比亞、敘利亞、阿爾及利亞、朝鮮、日本這些擁有潛在核能力的國家，隨時都有可能尋找藉口，在未來強行突破「核門檻」進入「核俱樂部」。這一令人恐怖的前景，昭示著「地區主義」爲頭，不同文明和文化價值的國家和民族更難友好相處，下一個世紀將更加不安寧。一九九九年五月，以美國爲首的北約悍然發動了對南斯拉夫聯盟共和國的空襲，科索沃危機進一步升級，「人權高於主權」、「人道主義干預」成爲新的戰爭藉口，北約的干預範圍進一步擴大。而一直採取低姿態的俄國在戰爭後期，迅速派兵維持和平，控制科索沃戰略要點，使得南歐形勢更爲複雜化，基督教與東正教的對立呼之欲出。中國駐南聯盟使館遭到美國巡航導彈的攻擊，預示著中美戰略合作夥伴關係名存實亡，中美的戰略對抗深化，而台灣問題成爲美國牽制中國的一張大牌，中國的統一進程是戰是和，世紀之交即將見分曉。

二十世紀的戰爭是一種特殊的文化現象，也是一種不同民族、宗教和意識形態國家之間相處的手段。它來源於人類歷史上最古老的征服衝動和利益攫取慾望，又帶有本世紀社會、階級、文化、族群衝突的特徵，它充滿了工業時代的狂妄和科技發展之下的非理性，充斥著恪守一種偏狹信仰時的固執和毀滅慾望。二十世紀有太多的人爲理想、事業、信仰、主義所感動，可以爲不同的制度和思想、爲社會的不平等和迫害所激奮，太多的人和集團用生命與和平爲代價，去追求不知結果爲何的未來。二十世紀的戰爭啓動著人類的生命力，二十世紀的戰爭又毀滅著人類的生命力。在戰爭問題上人類多少已經聰明了些：五十多年沒有再發生世界大戰，反對大規模殺傷武器的呼聲日益高漲，透過對話而非軍事手段解決國與國之間矛盾分歧的趨勢正在增強。本世紀的最後一場戰爭——科索沃戰爭是在這一大潮流之中的逆流，它的發生會增加愛好和平的人們對新形式戰爭和「新干涉主義」的警惕。

第二節 革命與文化的裂變

一、革命的文化意涵

革命是傳統社會實現現代化的一種途徑。現代意義上的革命最早發生在十七世紀的英國，當時革命的外在形式是宗教式的，但是其目的和影響則是現代化的。那時，社會的經濟力和社會組織開始扮演了重要的角色。十八世紀的法國大革命創造了「革命意識」——透過改變政權統治的方式來變革社會公共制度的觀念。法國大革命猶如一場將人類理性重組的大戰爭，其對人類各方面的「解放」意義，使「革命」成爲人類進步的代名詞，人類文化進步的加速器，歷史發展的火車頭。法國大革命後，文化上浪漫主義和理性主義盛行，私有資本主義在全世界成爲勢不可擋的潮流，自由民主政體確立，給十九世紀人類歷史的發展帶來了新的生機。在資本主義向帝國主義和殖民統治過渡時期，革命又成爲推翻資本主義、打倒帝國主義、驅除殖民統治的利器。整個二十世紀，革命幾乎成爲各國社會變革的普遍現象之一，一九一〇年墨西哥革命成功；一九一一年中國清王朝在辛亥革命中被推翻；一九一七年俄國的羅曼諾夫王朝在十月革命中被推翻；一九一八年德國革命改變了君主立憲制；一九四九年中國革命成功；一九五二年埃及的傳統君主制在革命中被推翻，同年，玻利維亞革命成功；一九五八年伊拉克革命成功；整個六〇年代亞非拉美殖民地解放運動風起雲湧。毛澤東曾將這些革命精闢地概括爲「國家要獨立、民族要解放、人民要革命，已經成爲時代不可抗拒的潮流」。無可否認，二十世紀的革命摧毀了傳統的封建制度、震撼了資本主義體制、徹底瓦解了殖民統治，推動了民族解放和社會的進步。當然，革命的副作用也是很大的，由於革命發生地區的民族傳統文化根深蒂固，以及普遍存在落後的生產方式、教育水準低下，使得革命後的制度建設很難一下子進入民主的政權制度，在社會管理方式上往往帶有相當的集權色彩，這是歷史唯物論的規律決定的，經濟基礎的狀況終將決定上層建築的形式。

革命過程中，一種迅速發展的政治意識（無論是民族主義、宗教主義，還是自由主義、社會主義的意識形態）動員了社會各階層，參與政治並迅速地組織化，用暴力的手段推翻現行的政治制度，並建立新的政治制度和秩序，開創一種新的、與原社會傳統分割的文化形態。革命是一個社會的次級團體採取當局認爲是非法的（通常是暴力的）的行動所造成的政治危機，意指對現存政府的推翻行爲，並有改變一個社會的政治制度或社會結構的可能性。革命成功的標誌是領導革命的新政權具有權威性和穩定性。革命對社會文化的影響如下：革命的爆發是由某一事件作導因，反映出一種新興政治勢力的理想和信念，表現爲新興勢力對舊政權權威的挑戰，可以稱爲「政治革命」。之後便涉及到經濟、社會結構及政治制度、社會思潮的改變以適應「政治革命」帶來的局勢的變化，此爲「社會革命」。最後，革命所造就的社會形態發生重大變化，影響到每一個社會成員的經濟地位、階級屬性、政治傾向和文化觀念之時，就成了「文化革命」。二十世紀每一次大革命，都曾建立起使擴大的政治參與組織化、穩定化和制度化的新的政治秩序，政黨政治（包括一黨制）、意識形態至上成爲必然的內容。無論是俄國、中國、墨西哥、南斯拉夫、越南，甚至土耳其革命，其共同的結果是建立了一黨制的權力。二十世紀每一次革命的勝利，意味著「政黨制」的勝利，而非像以往世紀那樣是革命之後封建權威（軍事獨裁或君主制）的恢復。

一場全面的革命，包括用暴力摧毀現存的政治制度、動員新興集團參與政治活動以及建立新的政治制度。三方面的次序和關係在不同文化和國度中的表現方式大有不同。二十世紀的革命在文化形態和背景上，大致可以分爲「西方模式」和「東方模式」。在西方模式中，舊政權崩潰，隨後是動員新興集團參與政治，然後是建立新型的政治制度，先後次序分明。相反，東方的革命一般是以動員新興集團參與政治和建立新型的政治制度爲開端，最終以暴力推翻傳統的政治制度爲結局，而且三個方面可能同時發生。本世紀俄國革命、墨西哥革命、中國革命和各殖民地革命的前期基本上屬於西方革命模式。中國革命的後期、越南革命、反抗帝國主義列強統治的殖民地鬥爭，基本上屬於東方模式。西方型革命的顯著特徵是在舊政權崩潰以後，由於溫和派、反革命派和激進派爭奪權力，出現無政府時期。而東方型革命則有一個漫長的「革命逐漸成功」時期。

在這個時期中，革命勢力一點一滴地擴大統治範圍，從知識階層開始推行一種新型文化，而傳統統治制度繼續行使權威和傳統文化形態。西方型革命的鬥爭形式一般是在各革命集團之間進行，而東方型革命的鬥爭形式主要在革命集團和統治集團之間展開。

西方型革命一般是革命者在首都掌權，逐漸控制其他地區包括農村。東方型革命一般遠離國家中心地區和都市區，在邊遠地區建立根據地，逐漸蠶食舊政權的統治地域，透過軍事鬥爭和其他形式的鬥爭（包括文化鬥爭）逐漸升級，最終占領首都，全面奪取政權。西方型革命在文化上通常是直接針對封建君主和貴族支配的傳統政權，當這種政權出現經濟危機又不吸收資產階級和知識分子改良政權之時，整個的都市各階層爆發革命。東方型革命的對象有的是封建政權，有的是殖民地政權，還有的是有西方帝國主義勢力支持的本國資產階級政府，它們一般都具有絕對的政治權威和軍事鎮壓力量，加上城市資產階級和中產階級力量不足以要求改良社會結構。這種情勢下，革命不可能迅速成功，必須經由一個知識分子領導的吸引社會下層集團人民參加的革命政黨，透過一個漫長的農村起義的過程，走「以農村包圍城市」奪取政權的道路。從文化的意義上看，西方型革命是由傳統政權的全面脆弱而引起的，革命過程通常是溫和派和激進派聯合行動，一舉奪取政權；而東方型革命則是由代表階級利益狹窄的專制政權的高壓統治而引起的，革命的過程比較曲折漫長。

在政治發展和現代化過程中，社會分化和財富分配越來越複雜化，社會組織的存在依賴於政治活動，來表現自身的利益。而革命是表現自身利益的最激進的形式，是各社會集團重新分配財富，確定地位的激烈的變革方式。社會文化必然在這一變革中隨著階級結構的變化而調整。革命意味著文化和社會道德的更新。革命一般要摧毀一整套的文化規範和文化價值，革命又成了創造文化價值和理想的源泉。革命文化會激勵革命者和人民為革命的理想和道德而衝鋒陷陣，一往無前。革命的文化形式幾乎有著共同的特徵：理想的崇高化、道德的純潔化、生活方式的單一化、權威的崇拜化和紀律的無情化。革命的電影、文學、戲劇、音樂、舞蹈、繪畫、文藝理論，以及革命對一切社會行為的規範幾乎無可避免地帶有特殊的色彩，這種革命文化樣式，在人類社會發展過程中標誌著道德和理想的極端化，正是由於其激進和極端的特徵，使得各種民族、宗教和文化背景的國家，在革命的浪潮之下，民族、地域、文化的自身特點，退居幕後，等待相當一段時期才能得以回潮，恢復自身社會和歷史文化發展的邏輯軌道之中。俄國、東歐、越南、墨西哥、古巴、伊朗、利比亞、柬埔寨、朝鮮……，無不例外。

二、俄國革命的文化剖析

俄國在一八六一年「農奴制」改革之後，社會各種力量重新組合，俄國杜馬仲以自由派政客爲主體的反對派運動和農民暴動形成一九〇五年俄國革命的主要力量。沙皇一方面血腥鎮壓革命派，另一方面不得不宣布行憲宣言，在暫短的溫和政策之後，斯托雷平「政治高壓，經濟開放」的時代開始。一九〇七年起，俄國打破了貴族占有土地，開始實行土地私有化並確立資本主義產權制度的「斯托雷平改革」。在文化上徹底改變了以往「扶貧」的俄羅斯「公社精神」，實施國家扶植強者的政策，這種鐵腕手段的「分家」，創造了俄國世紀初的農業奇蹟和經濟繁榮。俄國出現了經商熱，人民一切向錢看，政治熱情銳減。一九〇九年，七位激進自由主義者出版了文集《路標》，對以往革命進行否定和懺悔，書中「總結了俄國知識分子『激進錯誤』的根源，司徒魯威指出：俄國知識分子的特點是它具有對國家的『非宗教叛逆性』，這決定了他精神上的膚淺和政治上的不切實際。而『叛逆性』

的消除、世界觀的重建與『精神的再生』都要求回歸傳統，回歸東正教、回歸斯拉夫文化之『土壤』並放棄對『西方化』的追求。於是，《路標》的反思便由政治保守主義走向了文化保守主義。」二十世紀初，俄國在這種保守主義的激勵下，出現了文化、藝術、宗教、哲學的復興；出現了政治上害怕革命的立憲民主黨；出現了法制至上主義。同時，回歸傳統、從事「心靈」拯救的復興運動也與社會政治運動逐漸地脫離了聯繫，形成了與俄國人民毫不相干的文化上層。

改革之後的俄國發展了民族主義和大國沙文主義的意識形態，以此來轉移國內矛盾，壓抑自由主義，知識分子的文化理性力量就這樣悄然消失了。一九一七年，在第一次世界大戰期間，俄國革命猶如晴天霹靂般地爆發，各派政治勢力是倉促參與革命的，俄國政壇在八個月內，五易其主，溫和自由派——自由民主派——社會民主派——革命民粹派——純粹的人民專政。革命的結果是在外部戰爭未了，國內反革命勢力反撲的情況下，出現了新的革命專政、專制和高壓鐵腕統治。不公正的「斯托雷平改革」引發了社會大眾反對「改革」的革命，而在經濟「改革」、政治高壓過程中，主張俄羅斯現代化的多元自由主義知識分子或默不做聲、或鑽入舊紙堆趨於保守，或在政壇上缺席。這就意味著在整個社會文化方面，民粹主義和激進原教旨主義取而代之，全面出席。從文化的極端激進到文化的極端保守，使知識分子在俄國社會變革中逐漸失去發言權，這就是那場震驚世界的俄國革命和其後七十餘年蘇聯體制的文化意義。

俄國十月革命後形成的社會體系是一種高度集權的官僚等級社會。一切社會權力，包括政治、經濟、行政權力和意識形態、生活方式的選擇、言論的表達、文化藝術的創作，都集中在國家政權手中。六〇、七〇年代，隨著經濟發展、都市化規模的擴張、白領階層擴大，社會利益和集團差別公開化。調節社會利益，更多地需要法律，而非黨的組織，社會結構迅速多元化，「平民社會」形成。而社會權力此時仍然集中在各級官僚機構手中，社會各類矛盾反映到黨內成爲下級黨員、公務人員與官僚階層的矛盾。七〇、八〇年代的專家治國代替不了根本的政治改革。東歐國家那套靠引進技術提高效率、簡政放權甚至利用市場經濟來調節社會主義經濟的方法，也無法挽救舊有的社會體制。英國的莫舍·魯因在七〇年代中期就已經看到了蘇聯和東歐各國避免革命的唯一坦途：「允許各個社會集團和各種集體利益有表達意見和參與更自由的實力較量的權力，這樣才能使政治制度更爲合理，使社會生活更好地協調起來並有自由活動的餘地，就必須解放全體公民，並爲他們參與政治生活創造條件，最後，還必須克制黨對權力的慾望，使黨變成一個無論在多黨制或一黨制中都有內部政治較量的自由政治組織。」

俄國模式革命之後，很難建立一個動態開放的社會。而一個持久穩定的社會必然是動態發展的。俄羅斯和東歐在九〇年代失去了往日的穩定，政府更替、黨派爭執、民怨沸騰、利益衝突使社會處於不斷的動盪中。這是社會轉型的一般表現，從社會結構的文化方面看，經濟生活、文化生活已經獨立於政治運作，政權的變化不會帶來社會的動亂，黨派爭執已經變成了議會中政客的職業活動，不再造成社會的兩極動員和內戰，民怨透過選舉投票、示威遊行、言論自由得以發洩、釋放和平衡。利益衝突則依照黨派制約、新聞監督、司法獨立而得到調節。

三、從文化角度觀察中國革命

一九一一年「辛亥革命」爆發，中國持續幾千年的封建帝王制度隨著清朝最後一個小皇帝的退位而宣告結束。其後，中國軍閥控制了各地，外國勢力進一步確定在中國的勢力範圍。一九一九年「巴黎和會」對中國主權的蔑視，導致了中國民族自救運動的開始，很快知識分子發起了徹底否定中國傳統價值體系的「五四運動」。在大時代的背景下，不同信仰的知識分子自覺採取各種方法去爭取民族和國家的獨立，開出了「科學救國」、「民主救國」、「工業救國」、「軍事救國」和「教育救國」的醫國良方，引進的學說和主義多如牛毛。在這一過程中，帝國主義列強也以各種文化、主義和思想觀念摻和著經濟援助、軍事支援捲入到中國的國民革命之中，造成中國內部革命的社會變革與革命派別湧起，社會各階層隔閡漸深，知識分子集團分崩離析。

經過長期的鬥爭，兩股勢力基本上從不同的層面控制了中國社會，一是蔣介石控制了中國社會的上層結構，在北伐過程中重組了中國傳統的士紳階層和民族資產階級；一是毛澤東掌握了中國社會的下層結構，在抗日戰爭中將農民組織起來。蔣氏集團的英美背景顯示著其政治取向的西方色彩，而毛澤東領導的農民革命則繼承了中國幾千年的歷史脈絡。國共兩黨之爭既有民族獨立過程中意識形態衝突的成分，又有中國走向現代化時「傳統內陸文明」和「西方海洋文明」的利益之爭，更有著長期以來中國社會形成的地域文化和階級差異，以及經濟利益分配上強烈的階級壓迫因素。這些因素決定了中國民族革命在表現形式上，必須有中國共產黨的領導，並始終帶有世界範圍內興起的民族、民主、反殖民革命的色彩，這一革命是無產階級世界革命的一部分，因此也就無可避免地參與到蘇聯和美國兩大陣營的「意識形態對抗」之中。

第二次世界大戰後，雅爾達體系並沒有使中國得到與其他大國平起平坐的地位。在大國利益的謀劃之下，中國丟掉了外蒙古，一度失去了對東北地區絕對權益的控制。美國出於對蘇聯的遏制，在日本投降問題上，百般用計，拉攏日本，使日本的投降成爲有條件投降，發動戰爭的天皇制度保存了下來。甚至中國的領土又被蘇、美兩大霸權劃分出勢力範圍。中國的現代化進程不得不因爲國際形勢的變化而出現波折。中國歷史的慣性又開始發生巨大的作用。農民要求「解放」的意願，民眾期待國家獨立，並伸張正義，一洗百年積冤的情緒急劇增長。隨著國民革命、北伐戰爭、土地革命、抗日戰爭、國共內戰、新民主主義革命的推進，中國社會下層社會結構的革命勢力一步一步將「帝國主義」的國內代表及其生活方式，甚至物質存在形式一掃而去。蔣介石帶著當時的中國社會上層和軍隊渡海遷台。以後的四十年，祖國大陸傳統的「內陸文化形態」獲得了國際上舉世矚目的地位，完成了自一八四〇年以來幾代中國人追求的民族獨立、國家富強和人民站起來的目標。但是，捲入蘇美意識形態之爭的結果，是不得不在西方的軍事和經濟的雙重封鎖下，實施「閉關自守」的政策，落伍於世界現代化的進程。海峽對岸的台灣當局曾希望有機會重複歷史上的「中興」、「光復」、「毋忘在莒」的故事，實現「反共復國」、「三民主義統一中國」。然而，朝鮮戰爭的爆發、冷戰體制的強化，中國大陸的迅速強大，使台灣沒有機會和實力與中國共產黨一爭高低。六〇年代台灣迅速進入了西方資本主義經濟體系，在美國扶植下，七〇年代中美蘇「大三角」格局形成，海峽兩岸相安無事，在祖國大陸「和平統一」政策造就的和平環境下，經濟起飛，社會穩定發展。

近幾年，台灣島內的文化定性及社會形態發生了巨大的變遷，「憲政革新」、「統獨之爭」、「省籍矛盾」、「民主化」、「本土化」進程構成令人眼花撩亂的社會躁動，既有「乘桴浮於海」的脫離中國的「台獨意識」，又有「以台灣經驗引導大陸發展」的自負情緒。這些混合、無奈、自負、疏離的情緒，集中表現爲國家民族認同模糊不清的「台灣意識」。

當冷戰體系出現裂痕（主要得力於中國大陸在六〇年代末以民族主義擺脫了蘇聯陣營），形成了中美蘇「大三角」關係，爲改變世界格局創造了條件。一九七九年到世紀末的二十年內，中國大陸在東南沿海地區創造了平均年增長率達百分之十七的經濟發展速度，形成了沿海地區「繁榮的弧形地帶」，形成了中國的「城市社會」。然而，廣大的內陸地區仍有落後的農村和大規模「農村社會」的存在。這兩種文化形態的社會形式，在改革的社會轉型中，因資源、利益的分配不平衡，發展不平衡，仍存在著嚴重的衝突。兩種社會形態的衝突導致了文化的變遷，如果說中國改革開放面向世界的「海洋意識」、「海洋策略」、「海洋文化」占優勢，會促進內陸文明特質的轉變。但是，若內陸文化的「農業模式」占據優勢，中國的發展免不了又重複革命的激烈過程。因爲，改革開放帶來的最敏感問題是社會財富的重新分配和利益集團的再組合。解決潛在衝突的關鍵是「教育的普及、利益的相對公平的分配以及大量資金、技術、人才向西北、西南等內陸地區的流動。要在社會發展的過程中形成東部沿海地區的『文明取向』對內陸農業文明的示範，引導新的歷史定式，一定要避免『就低不就高』、『均貧富』式地拉低東部沿海地區的發展層次和文明層次，去屈就『內陸農業文明』的歷史窠臼。要形成東部海洋取向的文明模式與內陸文明的良性互動。」

二十世紀無論是俄國革命、墨西哥革命、亞非拉美殖民地革命，還是世紀初開始持續到今天的伊斯蘭世界宗教革命，或者是中國人民革命，基本上受到十九世紀馬克思社會革命理論影響，是變革社會制度，實現民族解放和社會公正的一種嶄新嘗試，對人類歷史的發展，起到了極大的促進作用。同時，這種革命的結果也帶有一些值得反思的問題。比如中國革命成功之後，在建設國家、改善民生、完善社會主義民主法制建設過程中，也存在著一些現在可以思考的問題。比如長期以來的基本思路是武裝奪取政權、政治倫理宗教三位一體、階級鬥爭擴大化、一分爲二的兩極判斷、意識形態至上，以及迷信意識形態和崇拜戰爭經驗等等。這些中國傳統文化所決定的政治觀念，曾經在奪取政權、鞏固政權，進行社會動員、發揮國家力量、抵禦外來侵略、維護民族利益、推動社會制度變革等方面，有十分正面的意義。但是，也給社會生產力的發展、教育的普及、知識階層自由的思想和人民大眾多樣化的生活方式帶來了極大的束縛。在二十世紀最後二十年，大多數中國人開始認識到了「革命很容易，但以後的事情就很難；改革很難，但以後的事情就比較容易」的道理，明白了在完成民族獨立革命之後，「民生爲本」和「經濟爲本」的道理，在改革開放中出現了不同利益集團的調和與合作的趨勢，以及政治體制改革和社會主義民主法制建設的新嘗試。在文化方面出現了主張「多元共生」、「穩定發展」、「漸進改良」、「政治與文化的二元論」等思想，開始注意歷史發展和「二律背反」，關注重新確立人的價值等等。在這個沈重的世紀即將結束之際，對千百萬如飢似渴的人民大眾，不能不說是一個好的兆頭。

第三節　扭曲的觀念與文化暴力

一、墨索里尼與「羅馬精神」

一九二一年十一月七日，墨索里尼宣布他成爲義大利法西斯黨的總裁，這位第一次世界大戰前米蘭社會主義黨日報《前進報》的編輯，戰後不久便與義大利的資本家、地主和軍官組織了「戰鬥法西斯黨」。法西斯是古羅馬長官出巡時所持的儀仗，爲一束木棒上插有一柄利斧，表示領袖的權威。墨索里尼的目標是在思想和軍事上和社會主義者進行鬥爭，該黨強調國家至上和個人對領袖的絕對服從，維護嚴格的法律和階級結構。一九二二年十月，義大利國王維克多・伊曼紐爾三世命令反對法西斯的內閣辭職，歡迎墨索里尼領導的四萬法西斯部隊進入羅馬，從此義大利開始了長達二十一年的法西斯專制時期。爲鞏固法西斯的政治制度，墨索里尼建立了一整套法西斯文化體系。他們將「文化」與他的所謂「革命」概念等同，認爲法西斯革命的任務是解放自文藝復興以來，一直深受壓抑的義大利人民的精神。當時的歷史學家波德萊羅稱法西斯主義的任務是建立一種新的啓蒙，新的百科全書，它們透過我們的革命必然會調整成人類精神統治的全部道德、社會、法律、經濟、政治和宗教的概念。墨索里尼標榜法西斯推行的是思想革命，而不是法國大革命和俄國十月革命那種制度革命。

一九二五年三月，義大利召開了法西斯知識分子大會，確立法西斯黨在文化生活中的絕對領導，建立「有紀律的文化」，會議公布了法西斯思想家眞諦萊（Giovanni Gentile，一八七五～一九四四）起草的《法西斯知識分子宣言》，強調法西斯革命的基礎是文化和政治的緊密結合，要排斥十九世紀的文化。一九二六年二月，墨索里尼在二十世紀運動派的藝術展覽會上強調藝術家應當具有鮮明的政治性，其職責是向群眾宣傳法西斯主義，並完成黨交給的任務——「造就一種新的文化、一種新的思想方式和一種新人」。法西斯分子開始以各種文化和藝術手段弘揚傳統的「羅馬精神」，力圖塑造法西斯新文化，開展了移風易俗的社會運動，破除舊的文化，特別是十九世紀以來自由主義的各種文化思潮和影響，強令文化界「要描述當今的時代所發生的事情」。文化要爲造就新人服務，要把每一個義大利人都變爲墨索里尼「而去信仰、服從和戰鬥的新人」。在培養新人的基礎上要產生一批國家的精英，他們對法西斯忠心耿耿，有高度的法西斯主義事業心和團隊精神，他們偏執的法西斯信仰決定了他們才是法西斯國家的領導階層和領袖人物。

墨索里尼強調的「羅馬精神」本質上講是爲法西斯主義從古羅馬文化傳統中尋求精神的根源。一九三七年，經過五年多的策劃和籌備，羅馬舉行了紀念古羅馬第一個皇帝奧古斯都誕生二千年展覽會。在巨大陵墓改成的展覽廳中，陳列著各種歷史文物和對古羅馬政治機構、法律、軍事制度和顯赫武功的文字說明。展覽特設了「法西斯主義羅馬精神」展廳，入口處寫著墨索里尼語錄「義大利人必須相信：昔日的榮耀終將被未來的光榮所替代。」圍繞展覽的進行，全義大利展開了「群眾接受羅馬精神洗禮」運動，成千上萬的人到羅馬參觀學習。之後一切的建築都要遵從古羅馬的風格，帝國文化的色彩滲透到文學、藝術、戲劇、電影當中。羅馬精神的對外表現是開拓和征服的文化意識。墨索里尼政府的對外文宣充斥著「羅馬和平」和「完成義大利文明使命」的字眼，另一方面主張將地中海重新變為義大利的「內湖」（古羅馬凱撒大帝時期曾實現過這一夢想），在墨索里尼的辦公室馬克辛奇宮牆壁上赫然並列雕刻著古羅馬擴張和義大利準備擴張的大理石地圖。一九三六年五月，義大利入侵阿比西尼亞的戰爭一結束，墨索里尼向義大利人民宣布：羅馬已經再次成為了一個大帝國的首都。

墨索里尼規定藝術家應無條件地承擔國家所交付的任務，法西斯制度將文化作為履行政治的職能之一，文化成為國家的工具，由國家全面控制，對大眾的宣傳是文化的最高表現形式，官方的宣傳活動就是文化的具體表現。個人與民族，必須和國家結合成一個共同體，以實現自我的價值。墨索里尼在為《義大利百科全書》撰寫的「法西斯主義」條目中這樣寫道：「法西斯主義重申國家是個人真正的現實，……因為對法西斯主義者來說，任何事物都在國家之中，在國家之外，沒有任何人類或精神的東西存在，更談不上什麼價值。從此意義上講，法西斯主義就是極權性質的，法西斯國家也就是所有價值的綜合和統一，它解釋、發展並實現人民全部生活中的所有潛在力量。」

這種徹頭徹尾的文化專制主義，以國家名義對社會大眾進行赤裸裸的控制，實現他們「在文化領域中，必須從自由主義制度過渡到有紀律的制度」。於是，文化界的人身控制就成為法西斯專制者的首要任務。三〇年代，義大利規定所有藝術家都要參加政府組織的各種文化聯合會，同時規定入會者必須是法西斯黨員和具有「良好政治及道德行為」的藝術家。凡是不能加入到各種聯合會中的文化人，自然也就被剝奪了自由創作的權力。墨索里尼統治時期的義大利就是籠罩在這樣一種高度一致的法西斯主義文化氣氛之中。

二、德國法西斯主義的文化觀念

十六世紀初，路德的宗教改革曾經給德意志帶來一線光明的前景，但是不久農民戰爭的失敗，又使她在以後的兩個世紀中難以在歐洲抬頭。德國成為歐洲動亂的中心，列強爭霸的戰場。一六一八年至一六四八年的「新教同盟」與「天主教同盟」的三十年戰爭，德意志落後於整個歐洲的資本主義進程。十八世紀末法國大革命引發了歐洲各國以資產階級革命為主導的獨立運動，德意志開始躍躍欲試。當時的局面是：南部有奧地利帝國的強勢，北面有瑞典和英帝國，東邊是俄羅斯帝國，西側是年輕的法蘭西共和國。在這種列強環伺之下，德意志衰敗、分裂，倍受屈辱。在拿破崙發動的具有反封建和侵略擴張兩面性的戰爭之後，一八一四年的維也納會議形成了歐洲列強新的瓜分格局，德意志又一次任人宰割。一八四八年革命喚醒了德國人民，然而又只能透過俾斯麥的王朝戰爭才能實現德國統一。德國在文化上長期受到東部法蘭西文化和西部俄羅斯斯拉夫文化的衝擊和壓力。這使得德意志的精神深處潛藏著一種民族主義情緒。民族自卑感和民族自豪感交織在一起。德國人民爲民族和祖國的長期屈辱深感羞愧，又認定自己的民族有高於其他民族的優良品質。他們認爲「德意志高於一切」，全世界應當以德意志的意志和利益爲標準，德國的使命是對全世界進行審判，斷言整個歷史過程在德國達到了自己的最終目的。

在第一次世界大戰中德國戰敗，沈重打擊了德國長期以來的伸張民族主義的激情，尤其是列強對德國國家利益的肆意踐踏，傷害了德國人民的感情。戰後，整個德國存在著一種要爲德意志復仇的社會意識。一九二一年三月，歐洲協約國要求德國在四十二年內支付五百六十億美元巨額戰爭賠款，威脅要拿走德國的全部黃金儲備。面對這一威脅，德國的所有工會組織聯合發表聲明：「在非洲已被廢除的奴隸制，將被引進歐洲。德國人民準備償付所有的戰爭損失，但我們不準備爲國際資本家的利益而滅亡。」

一九二六年，作家格里姆出版了《沒有空間的人民》一書，主張德國向外擴張，爭取生存空間。隨後，霍斯胡佛（Karl Haushofer，一八六九～一九四六）在德國創立地緣政治學，他吸取了美國海軍理論家馬漢（Alfred Thayer Mahan，一八四〇～一九一四）有關海洋大國與陸地大國爭霸的理論，在《地緣政治學原理、實質與目的》一書中，強調德國作爲新興的陸權大國必定戰勝英國這樣的海權大國。因此，要東進俄羅斯奪取歐洲糧倉烏克蘭，南下奧地利，稱霸歐洲。他的理論「空間是權力的因素之一」日後成爲希特勒國家社會主義工人黨的重要口號。極端民族主義的邏輯結果必然是種族主義，德國的哲學家拉加爾德（Paul Anton de Lagarde，一八二七～一八九一）曾主張恢復遠古時代的純粹日爾曼宗教和文化，將所有非日爾曼的異族因素從德國文化中清除出去。這一理論日後也成爲納粹黨的重要理論支柱，納粹黨徒認爲，猶太人主張的商業主義是資本主義的根源，是德國社會的毒瘤，對高貴的雅利安種族構成了極大的威脅，必須從肉體和精神兩個方面消滅猶太人和猶太文化。

德國文化具有獨特的傳統，幾乎沒有受到古希臘哲學和羅馬文化的影響。中世紀以後，德意志地處天主教、東正教、伊斯蘭教幾大文化的交界地帶。德國文化對羅馬斯多噶哲學和早期基督教哲學中的「自然法則」和「人格尊嚴」等觀念一直是陌生的。由於長期受到周圍各民族的侵略和奴役，在精神上，德國一直游離於歐洲文化。俄國作家陀思妥耶夫斯基評論德國文化時說：「從來不同意將他們的命運和原則與外部的西方世界的命運和原則融合在一起，而且在所有時候都對西方的原則進行頑強的對抗。」十九世紀初，受啓蒙主義和法國大革命的影響，德意志形成了德國古典人文主義和浪漫主義兩大潮流，前者提倡人類的理性、尊嚴、科學和世界大同；後者強調情感的意志和國家至上。在這兩大潮流激烈衝突的背景下，法西斯主義文化應運而生。其先期的代表人物首推哲學家尼采、歷史學家施本格勒。

納粹黨始終將尼采奉爲思想之父，羅森堡主編的法西斯黨機構刊物《民族社會主義日報》創刊號有這樣一段文字：「民族社會主義的政治運動和尼采哲學的共同點在於兩者的世界觀基礎相同……」。尼采哲學中心思想（本書第一章有詳論）引出的政治觀念包括：「超人可以拯救世界」，「德意志民族可以主宰全世界」，「生命的永恒規律就是權力意志」，「暴力和戰爭使一切事業變成神聖」，以及要集中力量去對付猶太人等等。這些觀念顯然是希特勒思想體系和納粹文化的主要精神支柱。

另一位納粹文化的倡導者是施本格勒（Oswald Spengler，一八八〇～一九三六），他的思想深受第一次世界大戰之前「文化失落情緒」的影響，那時的哲人普遍認爲現代的、城市化的工業文明出了某種極不對稱的毛病，人類以往世紀創造的豐富價值觀迅速喪失。施本格勒出於對「漫無目標的、奮力拼搏的芸芸衆生」的蔑視，在一九一七年出版了預言西方文明衰敗的《西方的沒落》一書。

他認爲自己生活在西方文化所經歷四個階段（用四季來比喻）中的「冬季」（衰敗期），現代工業社會的商業化大衆文化，其最高成就就是產業和文化的中心大都會，是沒有根基徹頭徹尾的物質主義。他斷言復興西方文化就要建立由普魯士精神（軍國主義）和「社會主義」結合的新文化，透過「超人」的意志和發動戰爭去擴散這種嶄新的文化。施本格勒反對理性主義，認產生命統治著理性，對於在一次大戰中失敗的德國人民，他的新浪漫主義的理論具有廣泛吸引力。

《西方的沒落》成為時髦之作，人們把它與《聖經》、《佛洛伊德文集》並列。他教導人民「普魯士社會主義對於拯救物質和精神墮落的西方文化是唯一的出路」，他反對魏瑪共和國的政體，呼喚能夠把其價值論的假設變為現實的新領袖出現，以「高級人類生活的永恒形式」去實現優秀民族對劣等民族的主宰。然而，隨著希特勒國家社會主義運動得勢，施本格勒感到失望，希特勒利用民眾的民族感情和工業化社會調動大眾力量的手段，被他稱為庸俗和機會主義，是使德國文化陷入災難的代表。不論他怎樣地鼓足勇氣批判希特勒，但為時已晚，他的思想和觀念已經被納粹德國全盤利用。

德國人在思維方式和文化心態方面有著致命的弱點。無可否認，德國人善於思索，具有哲學思辨的高超能力。曾產生出康德、黑格爾、費爾巴哈、謝林等偉大的哲學家，對人類思維領域作出過巨大的貢獻。但是，熱衷於純粹哲學思辨的德國思想界，過分誇大了浪漫主義和想像的能力，極易陷入理想主義和神秘主義的泥沼。尼采曾揭示了德意志民族靈魂深層中的東西「雜亂無章具有神秘之美」，感興趣於「一切模糊、發展變化的、朦朧的、不引人注意的和隱蔽著的事物」，以至把「不穩定的、不成熟的、自行轉移的和成長著的東西都看作是『深邃的』」。

那時的德國理論家和學者從生物學、人種學、醫學、哲學、人類學、歷史學等多學科中論證國家至上的理念、戰爭萬能論、種族學說和納粹主義，其基本的文化觀念充滿了神秘主義、極端浪漫主義和受虐狂式的悲劇主義精神。

法西斯文化之所以被廣泛地接受，還與德國當時的大眾文化心理息息相關。本世紀二〇至三〇年代德國民眾的心理狀態是其基本的精神基礎。那時，德國大多數人生活在農村和小城鎮，瀰漫於人民心中的是一戰失敗後的沮喪情緒，經濟衰退和通貨膨脹更增加了他們的心理壓力，普遍渴望著出現一個權威人物來收拾殘局，使德國擺脫困境，長期受虐的苦痛導致集體的虐待心態急速膨脹，幾乎各個階層都急於尋找「出氣筒和替罪羔羊」。正是這種情緒，成爲日後迫害猶太人和不同政見者，將千百萬德國人送上戰場充當炮灰的最初根源。納粹黨以城鄉小資產階級爲該黨的社會和文化基礎。納粹黨的政治綱領和文化觀念爲農民、工人、小職員和破產商人提供了安慰和希望。它主張廢除不勞而獲的「利息奴役制」、高利貸制度和資本的無限制集中，將所有的大公司國有化、對大企業實行工人分紅制，對高利貸者和奸商處以極刑。向所有的德國人保證打碎《凡爾賽和約》的枷鎖，爲德國討回領土和權益上的公道，對猶太資本家和主張共產主義者實施肉體消滅政策。二〇年代末世界經濟大蕭條，爲納粹黨的政治生命提供了強心劑，當社會出現大量的失業和破產時，希特勒成爲德國人民愛戴的領袖，因爲他爲人民大眾的不幸找到了替罪羔羊，爲個人和民族國家理想的實現提供了行動的綱領。

一九三三年一月三十日，希特勒被興登堡總統任命爲德國總理，他迅速地利用了德國戰後的這種大眾心態，以納粹的政治綱領和文化觀念造就了全德國幾乎瘋狂的「第三帝國」狂熱，將一切社會矛盾、文化難題，都以對內迫害政治異己和猶太人，對外發動戰爭的方式加以轉移和處理。

三、日本軍國主義的文化觀念

十六世紀豐臣秀吉統一日本之後，開始試圖實踐其大陸政策，曾於一五九二、一五九七年兩次出兵朝鮮，向明王朝在亞洲實施的宗藩朝貢制度挑戰，但都被中朝聯軍擊敗。此時，中國東南沿海仍然有倭寇的襲擾，但是這批海盜已非以日本人爲主，中國福建沿海的鄭氏家族首領鄭芝龍因爲與日本的血緣關係取得了海盜首領的地位。這支由中、日、朝三國亡命之徒組成的聯合水軍幾乎控制了東亞、東南亞和中國沿海的貿易。明政府不得不對其實施招安政策，讓鄭氏家族輕而易舉地拿到了每年數千萬兩白銀的海關稅金。鄭氏家族的存在使當時中日關係出現了複雜的局面。十七世紀，日本德川家康組成「江戶幕府」，面對西方海上殖民勢力的挑戰，也實施鎖國政策，禁止西方在日本的傳教活動。當明朝為清兵所滅之際，鄭氏家族第二代首領鄭成功收復台灣，驅除了荷蘭殖民者，他希望以台灣為復興基地，藉助日本的軍力反清復明。同時，明朝親王之後裔、著名理學家朱舜水也帶弟子避難日本，德川家康以師事之，拿出自己俸祿的一半供養朱舜水。兩人從不同的角度反省明朝何以亡於區區幾十萬人的滿洲女真部落，德川家康得到的啓示是：中國周邊的力量在適當時機，有可能去逐鹿中原。而「朱舜水將理學、心學與日本的禪學結合起來，強調『誠』的概念，激勵了日本學界後來提出『尊王攘夷』的觀念和下層武士『滅心賊』的武士道精神。到十九世紀面對西方的武力開關，日本的『尊王攘夷』思想變為一場倒幕府、恢復天皇地位的運動，武士階層登上歷史舞台，為走向日後的軍國主義道路留下了伏筆。」

一八六八年明治天皇睦仁即位，立即著手「明治維新」，以「和魂洋才」為理論指導，推行全面的政體、經濟、教育、稅賦、軍事改革。睦仁曾在一封「御筆信」中顯示了日本欲侵略中國，謀求東亞霸主地位的大陸政策。其後，日本在建立國民意識和現代國家進程中始終伴隨著接連不斷的對外侵略戰爭。可以說日本的近代民族意識和國家意識的建立，離不開其侵略戰爭中宣揚的各種思想和扭曲的觀念。一九九八年初，筆者在日本參加國際會議時，參觀了靠近靖國神社的「遊就館」（名稱取自《荀子．勸學篇》「君子遊必就義」句）內舉辦的「明治維新一百三十年紀念展覽」。展覽中大量的圖片、文字和實物貫穿了對軍國主義思想的宣揚和回憶，可以看出日本當今右翼勢力的思想基礎和存在的根源。記得筆者在參觀留言簿上這樣寫道：「遊就之所，有義有不義，義在維新，咎在征伐。中日文化同一淵源，然近世擇路有異。悲夫！儒釋道之繁脈果有如此之差別。華當自警自強，自立自新；日當自省自悔，自悟自斂。此則平和處世之正道也。」我們不妨回憶一下日本「明治維新」之後的國家行為：七年以後的一八五七年出兵台灣試探清朝海防虛實，製造「牡丹社事件」；二十七年後的一八九四年出兵朝鮮，挑起「甲午戰爭」，迫使清政府割讓台灣；三十三年後的一九〇〇年參加「八國聯軍」入侵中國；三十八年後的一九〇五年與俄國爭奪中國東北的利益，發動「日俄戰爭」；六十三年後的一九三一年製造「九一八事變」，控制中國東北，扶植為「滿洲國」；六十九年後的一九三七年製造「盧溝橋事變」全面侵華；七十一年後的一九四一年發動「太平洋戰爭」，進攻東南亞地區。

本世紀，日本在不斷的對外侵略和擴張中形成了軍國主義的文化體系：

1. 對外擴張的帝國主義思想：崇拜尼采的日本政論家，東京帝國大學教授高山雩牛（一八七一～一九〇二）在所著《帝國主義與殖民》、《日本主義》、《明治思想之變遷》、《我國體和新版圖》等書中，將帝國主義的侵略與日本的民族性、生存之道結合起來，把擴張和殖民說成了日本的唯一道德以及證明和列強具有同等地位的基本手段。他主張國家至上，日本的國民應遵從皇祖天照大神的神敕，發揚「君臣一體」、「忠孝不二」的國民性，增強軍備，實現神武天皇「八紘一宇」的神論。日本法西斯理論家北一輝（一八八三～一九三七）在一九一九年出版的《日本改造大綱》中主張建立強大的陸軍和海軍，在亞洲大陸、太平洋抗衡俄國和英國，實施「三大國是」——「援助印度獨立，確保中國完整、取得南洋領土」。日本軍國主義學者，神武會發起人大川周明（一八八六～一九五七）在一九二十一年出版的《日本文明史》一書中認爲，綜合並保存了佛教和儒家思想的日本文明是「全亞洲思想的代表」，加上「皇統的連綿，從未受到異族征服的崇高的自尊和便於保持祖先思想感情的地理位置」，「使日本適於擔當亞洲思想及文明的保護者」。一九三五年出版的《日本二千六百年史》稱：「從世界史上來看，東西文明的接觸和統一，無一例外地依靠戰爭來實現……事實上代表歐洲的一國（指德國，筆者按）與代表亞洲的一國，作爲本洲所選拔出來的戰士，爲實現新世界而戰。我認爲上天選拔了作爲戰士的日本，三千年的準備不正是爲此嗎？」對於侵略中國的解釋，日本文人肆意歪曲中國傳統的「華夷之辯」和「中原逐鹿」的理論，聲稱「日本不同於遼金的那時暫時的以力壓服中國，而是代天實現爲中國人所拋棄的王道，拯救中國四億之民」。更有一些法西斯學者，稱對中國和東南亞各國的戰爭「是爲了幫助中國和亞洲驅逐俄國、英國和美國的殖民勢力，解放黃色的亞洲」。一九三四年日本陸軍省頒發的《國防的眞實意義和加強國防的主張》中寫道：「戰爭是建設之父、文化之母。」

2.滅絕人性的「武士道精神」：武士道作爲日本武士的封建道德觀念，始於鎌倉幕府時期，要求每個武士都應效忠主上，重名輕死、崇尚勇武、廉恥守信。明治維新後，武士等級雖被廢除，但是武士道不僅保留下來，而且被統治集團百般宣揚推崇，成爲發動侵略戰爭的一種精神武器。一八八二年，日本政府以天皇名義發布《軍人敕諭》，主要原則是：盡忠節爲本務、正禮儀、尚勇敢、重信義和質樸爲宗。隨著日本明確的全民皆兵的政策，武士道精神成爲日本國民意識的組成部分。日本軍人在戰爭期間的種種殘忍行爲，如虐待占領百姓、殺俘虜、自殺、「肉彈攻擊」、「神風行動」等，都是在這種武士道精神的鼓勵下進行的。當時，日本政府透過教科書向青少年灌輸這一思想，從一九〇七年到一九四一年，全國教科書經過四次大的修訂，武士道軍人形象和內容所占比重越來越大，特別是挑起戰爭之後的全國性戰爭宣傳，武士道精神簡直成爲日本國民日常生活的精神食糧，造就了狂熱的全社會好戰勇死的氣氛，直至在日本投降前夕還出現過「一億玉碎」的極端口號。

3.天皇體制至高無上論：日本軍國主義爲實現侵略擴張的戰略意圖，抬高日本民族的自信心，刻意崇拜和神化天皇。一九三七年，日本文部省出版的《國體之本義》這樣寫道：「大日本帝國由萬世一系之天皇，奉皇祖之神敕永遠統治。是爲我萬古不易之國體。基於此大義，作爲一大家族國家，億兆一心奉戴聖旨，充分發揮忠孝之美德，是爲我國體之精華。此國體爲我國永遠不變之根本原則，貫通於國史而彪炳生輝。」一九三一年以後，日本軍閥以天皇的名義實施一整套早已擬訂好的侵略方針，天皇本人也成爲發動戰爭的罪魁禍首之一，戰爭期間天皇的所有行爲，都是日本國民關注的焦點，而他提供給他臣民的啓示，幾乎都是一往無前地進行「大東亞聖戰」之類的東西。在歷史上，裕仁天皇無法開脫其發動、參與和擴大戰爭的罪責。日本投降後，由於蘇美爭霸的苗頭已現端倪，加上中國內戰中共產黨勝利在望，美國故意保留了日本的天皇體制，作爲未來與蘇聯對抗的戰略選擇。因此，日本右翼勢力始終在天皇體制之下，繼續散布「大東亞聖戰」有理的論調。二十世紀八〇年代後，日本文部省屢次修改教科書，篡改歷史，掩飾日本侵略戰爭的罪責，日本歷屆內閣官員不乏有定期參拜靖國神社者，日本的國民意識仍然以天皇體制和天皇的歷史觀念作爲解釋第二次世界大戰的依據。事實上，日本發動戰爭的天皇體制依然存在，日本的軍費已經列居世界前列，海軍和空軍力量在亞洲無人能比。日本近年又參與了聯合國維持和平部隊的行動，開始向海外派出執行任務的軍隊，對與鄰國的海疆或領土紛爭也逐漸採取了強硬態度，日本正躍躍欲試要成爲聯合國常任理事國，要成爲政治大國和軍事大國。在日本沒有對第二次世界大戰中的戰爭罪責作出徹底清算，並真誠地向受害國賠償和道歉之前，亞洲各國有理由對日本的動向保持高度的警惕。二十世紀末的最後一年，日本政府又透過了與日美安全保障合作新指標配套的相關法案，聲稱要以軍事支援等手段協助美國應付周邊地區緊急事態，尤其是其周邊概念竟然涵蓋中國的釣魚台和台灣海峽，矛頭指向中國。同時，又藉口朝鮮發展核能力和發射導彈，伺機擴充軍備，發射軍事衛星，與美國一起開發具有進攻能力的戰區導彈防禦系統，其種種作爲著實令人擔憂。

5 科學技術對文化的衝擊

科學技術有不同的面貌，孩子們眼中的科學技術，是帶著眼鏡在實驗室工作的人和他們操作的機器；平民百姓對科學技術的看法，莫過於那些日常所用的行動電話、電腦、複雜難懂的數理化公式和奇妙的各種工程；當今科學技術的象徵是電腦控制爲主的機器和網路系統，以及「複製技術」聞名的生物工程。經濟發展時，人類稱讚科技帶來的便利和效率；經濟蕭條時，人們抱怨科技造成對勞動力的否定和「技術失業」。

和平時，科技是造福的萬能工具；戰亂中，科技是毀滅生靈的利器。科技似乎是人類創造的奇蹟，又是一個難以駕馭的怪獸。石油的開發和運用使人類生活充滿光明並生氣蓬勃；原子彈的發明又增加了人類對戰爭的恐懼；化學的利用使人類改變了各種生物的存在形態，也帶來巨大的環境污染和生物鏈的斷裂。科學技術是二十世紀無所不在的社會行爲，它的本質是什麼？是眞善美的結合，還是眞而不美，眞而不善？無論給予它什麼樣的道德和價值評價，都無法否認它對我們世紀文化的影響。它令人驚喜，又使人畏懼；它使人類征服自然的能力飛升於感官界限之外，又使人類的精神世界蒼白無助，漂浮而失去大地的根基。

第一節　科技革命的成就與「工具理性」的缺失

二十世紀的科學技術在學科之間既高度分化，又相互滲透，日趨整體化；「數學化」的趨向也十分明顯；重視對過去問題和未來問題的研究；科學日益社會化。科學、技術、生產過程形成了統一的整體，出現了「科學——技術——生產過程」的雙向輪迴，進一步溝通了基礎科學、技術科學、工程技術、應用科學、哲學、經濟學、軍事學，甚至政治與政府行政制度之間的緊密聯繫。人類認識解釋自然、人類社會以及人類自身，已經和改造、控制它們不可分割地結合起來。

十九世紀，古典科學大幅度發展，在物理科學領域，以牛頓力學爲基礎統一了聲學、光學、電磁學和熱力學，其定律統治著小到微觀粒子，大到宏觀宇宙的廣闊世界。在生命科學領域，以細胞學說和生物進化論爲基礎，形成了生物學，確立了人在自然界無可動搖的地位。這些以往世紀難以想像的成就，帶給十九世紀人們一個幻想：科學已經發展到了巔峰，人們只要把各種科學的理論和原理用於自然界，人類就是自然的主人，人超過了上帝。然而，在理論科學的內部實際潛藏著種種危機。

科學家爲解決上一世紀留下來的問題，在二十世紀理論科學開始了一系列革命，以十九世紀末二十世紀初世紀之交替物理學革命爲先導，在天文學、地質學和生物學領域都發生了重大的理論變革。物理學出現了相對論、量子力學，取代了牛頓力學成爲物理世界更爲普遍適用的基礎理論。量子物理學中的誇克模型、宇宙學中的大爆炸模型、分子生物學中的DNA雙螺旋模型和地質學中的大陸板塊漂移模型，被認爲是二十世紀理論科學中最重要的「四大模型」。同時，十九世紀末以來，還發生了人類歷史上的第二、三、四次技術革命。這三次技術革命都是在自然科學理論革命的指導之下發生的。第二次技術革命是十九世紀七〇年代的電磁學發展引起了以內燃動力產生的電力廣泛使用爲標誌的技術革命。電力開始廣泛地運用於動力、照明、通訊以及工業機械自動控制。在此一基礎上創建了新興工業部門，如汽車、無線電、通訊、內燃動力螺旋槳飛機製造和鋼鐵的批量生產。內燃電力時代到來了。在現代物理學和各門技術科學綜合作用之下，二十世紀四〇年代開始出現了以原子能利用，電腦和空間技術發展和運用爲標誌的第三次技術革命。這次技術革命是生產力迅速地向難以想像的廣度和深度發展，其中電腦的應用，使人類所有的機器結構在發動機和傳動機的基礎上增添了自動控制裝置，機械運作從三個組成部分變爲四個組成部分；新的機械不僅是人類手臂的延長，也是人類智力的延伸，電腦的廣泛運用甚至部分地代替了人腦的勞動。七〇年代以來，基礎性、先導性科學技術，如核聚變的控制、約瑟夫森效應元件、超導體材料、微電子技術、空間科學、重組遺傳基因、複製物種、分子生物學技術等領域，呈現了重大的突破，從而發生了以電子和電腦爲中心的「資訊革命」、「材料革命」、「能源革命」和「生命科學革命」，這些翻天覆地的變革被稱之爲「第四次技術革命」。

每次科學技術的革命都是人類理性、社會生產力的飛躍，必然引起社會各個領域的巨大變革，尤其是勞動生產率的大幅度提高，創造了輝煌的物質文明和現代化的發展模式，給人類的生存以強大的生機和活力。

一、物理學革命的文化意義

一九〇〇年四月二十七日，英國物理學家凱爾文勳爵在《熱和光的動力理論上空的十九世紀之烏雲》中指出，類似於以太漂移實驗一類的研究給古典物理學完美的體系造成了危機。而正是對電磁傳播媒介——以太的質疑，引發了物理學革命，其揭幕人是愛因斯坦。一九〇五年他在德國物理學年鑑上發表了五篇論文，其中三篇具有劃時代的影響力。第一篇發展了普朗克的量子的觀點，認爲光是一定能量的光量子組成，能激發金屬內部的電子，以此解釋光電效應。第二篇從數學上解決了布朗發現的顯微鏡下的花粉顆粒的無規則運動。第三篇〈論動體的電動力學〉提出了相對論，建立了全新的時間和空間理論，並在新的時空觀的基礎上給動體的電動力學以完整的形式，淘汰了「以太」的概念。一九一六年，愛因斯坦在老同學格羅斯曼的幫助下，完成了廣義相對論。其一，認爲由於有物質的存在，時空會發生彎曲，而引力場實際上是一個彎曲的時空；其二，認爲強引力場中光譜應向紅端移動；其三，認爲引力場使光線偏轉。這些論點先後都在天文學方面得到了驗證。一九四三年，愛因斯坦給美國總統羅斯福寫信，以他的狹義相對論中關於釋放原子能的著名公式$E=mc$爲理論依據，建議儘早研製原子彈。愛因斯坦的理論改變了二十世紀物理學的發展方向，帶給人類探索自然的更多方法論和信心。

放射線的研究使人類對無可預知的物理學世界的大開眼界。二十世紀初，法國物理學家貝克勒爾（一八五二～一九〇八）在德國物理學家倫琴（一八四五～一九二三）發現X射線的基礎上，透過實驗證明了這種新的射線是從鈾原子中發出的。波蘭物理學家居里夫人更進一步證明了放射性不只是某個元素的獨有現象。他們的發現很快用於第一次世界大戰，居里夫人在戰爭期間還親自駕駛一輛裝有X光透視機的救護車穿梭於戰地前線。X射線導致放射性物質的發現和電子的發現，帶給人類一個新奇的微觀世界，原子物理學是打開這一世界的鑰匙，在物質構成結構領域，量子力學建立起來，並透過原子彈的研製，展現了人類難以控制的新能量。

一九〇〇年十二月十四日，德國物理學家普朗克（一八五八～一九四七）宣告了「量子論」誕生。挑戰傳統物理學有關能量的連續變化理論，提出物質的輻射能整倍數跳躍式變化的觀點。他成爲物理學新紀元的開路先鋒。愛因斯坦立即意識到量子概念的普遍意義，建立了光量子論，揭示了光的「波粒二象性」。電子的發現促使人們探索原子內部的結構，新西蘭物理學家盧瑟福（一八七一～一九三七）在一九一一年提出了原子有核模型。隨後，丹麥物理學家玻爾（一八八五～一九六二）提出量子化的原子結構理論，認爲電子只在一些特定的圓軌道上繞核運行，當它由較高能量軌道向低能量軌道躍遷時才發出輻射能，反之則吸收輻射能。一九二三年，法國物理學家路易·德布羅依（一八九二～一九八七）發展了量子論，提出了「物質波」理論，幾年後實驗物理學家觀察到了電子束穿過小孔時發生的「衍射現象」。一九二五年，奧地利物理學家薛定格（一八八七～一九六一）演算出了相對論的波動方程，波動力學由此誕生。同年，德國物理學家海森伯（一九〇一～一九七六）利用數學的「矩陣運算」以解決量子波動的可觀測量和輻射頻率強度等問題，開啓了「矩陣力學理論」。一九二七年，他又提出了微觀領域的「測不準原理」，指出粒子的位置和動量不可能同時準確測量。一個個物理學革命的成果讓人類一步步進入到無可窮盡的微觀世界，也顯現了物理學經典概念和人類認識能力的局限性。

二、天文學發展對人類尺度的擴展

二十世紀天文學將人類的視野拓展到一百五十億光年的空間距離，傳統的光學望遠鏡讓位給了雷射望遠鏡和可見光之外的各波段的天文觀測。天體物理學是天文學發展的主流，現代宇宙學更以愛因斯坦的相對論爲基礎，以大尺度、全波段的天文觀測（包括銀河外星系的普遍紅移和宇宙背景輻射）爲事實依據，展示出宇宙整體的物理特性。一九二五年，美國天文學家哈勃（一八八九～一九五三）利用威爾遜山上建造的二・五米口徑的反射望遠鏡觀察仙女座大星雲是由許多恒星組成的，又用光度方法來確定距離，計算的結果是位於七十萬光年以外，以後他又找到了新的光度標準，將人類的視野推向五億光年的範圍。同時，美國天文學家斯萊佛（一八七五～一九六九）從一九一二年開始致力恒星的光譜研究，當他對準河外星雲時，發現它們的光譜線普遍呈現了向紅端移動的現象，隨著觀測的進展和資料的累積，這種現象具有宇宙範圍內的普遍性，按照「多普勒效應」解釋，所有的星系都在遠離地球而去，換言之，宇宙在迅速地膨脹。一九二九年哈勃提出了「哈勃定律」，展示了一幅宇宙整體退移（或是整體膨脹）的圖景，從宇宙的任何一點看，所有的天體都在四處散開，像一個不斷膨脹的大氣球，任意兩點之間的距離都在改變。

一九一七年，愛因斯坦將廣義相對論用於宇宙學問題以「三向度球面」來解釋「有限無邊的靜態宇宙模型」，科學界馬上群起效尤，構造宇宙模型。荷蘭天文學家德西特提出膨脹模型。

一九二二年，蘇聯物理學家佛里德曼用一系列複雜的數學推導得出「均勻各向同性的膨脹或收縮模型」，後被哈勃定律證明正確。剛好此時的地質學能夠利用放射性同位素來測定地球上岩石的年齡爲二十至五十億年，相比之下宇宙膨脹的年限也太短了些。爲此，英國的邦迪、歌爾德和霍伊爾提出「穩恒態宇宙模型」，認爲宇宙膨脹而物質密度不變，因爲有新的物質不斷產生。然而，三〇年代到六〇年代，雷射觀測有關空間分布就是時間分布的計算，證明了天體的空間分布是不均勻的，時間也是不恒穩的。直到一九四八年美國使用了五米直徑的天文望遠鏡證實了哈勃常數比實際値小了十倍，新的計算宇宙年齡約爲二百億光年。

一九四九年，俄裔美籍物理學家伽莫夫（一九〇四～一九六八）在研究宇宙早期密集狀態中提出了「熱大爆炸宇宙模型」，預言不斷膨脹的同時是溫度不斷下降。

電磁波發現後最重大的成就是無線電的運用，由於認識到地球上空的電離層可以反射無線電波，長距離電報通訊廣泛使用。人們又發現發射電波的波長小於四十米時，它透過了大氣層飛到外太空。由此使雷射天文學可以依此接收宇宙空間的電波。六〇年代雷射天文學獲得了極大的進展：

1.發現了宇宙微波背景輻射：一九六四年，美國的威爾遜（一九三六～）和迪克在架設人造衛星天線時發現原因不明又十分穩定的噪音，經研究確定爲宇宙背景輻射，支援了大爆炸宇宙理論。

2.類星體的發現：一九六三年，發現了體積極小輻射能量極大的星體，難以用傳統的物理學定律和「多普勒效應」來解釋，至今疑惑未除。

3.脈衝星的發現：一九六八年，雷射望遠鏡測到很短周期內有規律發出短促射電脈衝的天體，它是超高溫、高壓、強磁場、強輻射的中子星。

4.星際分子的發現：六〇年代末，在人馬座發現了多原子的有機分子：甲醛分子。它在適當條件下可以轉化爲生命物質的基本組成形式——氨基酸。其深入研究將證明人類在浩瀚的宇宙空間中不再孤獨。

三、深入微觀世界的原子物理學

一九一〇年，盧瑟福用 α 粒子轟擊原子，發現了原子核的存在，建立了原子的有核模型。一九一四年，他又給陽極射線的電荷量命名爲質子。五年後，他實現了幾千年來煉金術士們夢寐以求的理想，第一次將一種元素變爲另一種元素。一九三二年，盧瑟福的學生查德威克（一八九一～一九七四）證實了中子的存在，很快海森伯建立了「質子—中子模型」（核子模型）。一九四七年，英國物理學家鮑威爾（一九〇三～一九六九）在宇宙線中發現了十三年前日本物理學家湯川秀樹預言的傳遞核力的介子，命名爲「π介子」。它的傳遞方式產生強相互作用。一九五六年，華裔美籍物理學家李政道（一九二六～）、楊振寧（一九二二～）提出了弱相互作用下的不守恒定律，不久吳健雄（一九一〇～一九九五）女士以實驗證實了這一理論。人們到此知曉了宇宙間有四種相互作用力：引力、電磁力、強作用和弱作用。六〇年代近十年間，美國物理學家格拉肖、溫伯格和巴基斯坦物理學家薩拉姆先後提出了弱相互作用與電磁力統一的模型，後來得到了實驗證明。

本世紀三〇年代發現的那些基本粒子多達近五百個，其中三十多個在高能加速器中比較穩定。最先發現的是正電子（一九三二年，美國的安德森），不久發現正負電子相遇後迅速轉化爲兩個光子。其後幾乎所有的粒子都發現了它的反粒子。五〇年代，高能物理實驗室證實了中微子的存在。六〇年代以後高能加速器的建立，使得每年都有新的基本粒子被發現，於是出現了微觀結構的排序問題。一九六四年，美國物理學家蓋爾曼（一九二九～）運用他創造的基本粒子周期表，提出了基本粒子的「誇克模型」。七〇年代以後，眾多的誇克進入了模型，引導人們探詢更深層次的規律。然而，實驗中人類至今未發現一個誇克，於是又出現「誇克幽閉」說，認爲目前的高能粒子能量仍不足以從強子「打出」誇克來；也有人認爲，誇克間相互結合力隨距離的增大而無限增大，誇克「永遠打不出來」。難道眞是「一尺之棰，日取其半，萬世不竭。」人類探索的微觀世界眞的永無止境？

四、探索生命本質的生物學

二十世紀初的那一年，三位植物學家（荷蘭的德佛里斯一八四九～一九三五、德國的柯林斯一八六四～一九三三、奧地利的切馬克一八七一～一九六二）幾乎同時發現了孟德爾曾經發現過的遺傳定律。一九〇六年英國生物學家貝特森（一八六一～一九二六）首次提出了「遺傳學」一詞。孟德爾學說的核心概念「遺傳基因」強調生物進化過程非連續突變，與達爾文連續演進的進化論不同。一九〇四年美國生物學家薩頓（一八七七～一九一六）證明了遺傳基因——染色體總是成對存在的。

一九〇九年丹麥植物學家約翰遜（一八五七～一九二七）提議用本意「發生」的希臘辭彙「基因」代替「遺傳因數」一詞。一九〇九年，美國生物學家摩爾根（一八六六～一九四五）在研究基因在染色體中如何排列的問題時，證明了染色體是基因的載體，以後十多年的研究論證了基因在染色體上直線排列；不同染色體上的基因可以自由組合，同一染色體的基因不能自由組合，而是遵守連鎖遺傳法則。摩爾根基因學說建立之後，許多生物學家競相研究基因的物質基礎，一九一一年，俄裔美籍化學家列文（一八六九～一九四〇）發現了與人體蛋白質不同的核酸，並查明它有兩種：一是核糖核酸（RNA），一是去氧核糖核酸（DNA）。一九四四年，美國細菌學家艾佛里（一八七七～一九五五）證明了DNA是遺傳訊息的載體，物理學家薛定諤提出了「遺傳密碼」的思想。爲了弄清DNA的化學結構和它在蛋白質中產生何種化學作用，五〇年代遺傳生物學引進了物理學的方法，運用X射線研究生物大分子的晶體結構。一九五三年四月，美國的沃森（一九二八～）和英國的克里克（一九一六～）經過近三年的努力，公布了他們發現的「DNA雙螺旋模型」。這個分子結構由兩條右旋但是反向的鏈條盤繞同一個軸，就像是一個螺旋形的階梯，生命的遺傳密碼刻在梯子的橫檔上。分子生物學就是這樣誕生了。一九五四年，曾提出宇宙大爆炸模型的物理學家伽莫夫受中國易經八卦組合的研發，提出了三個城基組合形成六十四種可能性的「三聯密碼」假說。六〇年代一系列實驗證實了假說的正確，排列出了一張遺傳密碼表。七〇年代遺傳工程將生物體內的DNA分離出來，重新搭配放回生物體中，創造新的物種，廣泛運用於農業和醫療衛生領域。九〇年代，生命科學和遺傳工程相結合，開始探明蛋白質的合成機制，運用基因組合，形成了「複製技術」（生命的無性單細胞複製技術）。

五、研究我們腳下的世界——地質學的挑戰

一九一〇年，德國地質學家魏格納（一八八〇～一九三〇）在偶然翻閱世界地圖時發現，大西洋兩岸的陸地輪廓線有驚人的吻合性。第二年秋天，他根據古生物學的證據，提

出巴西和非洲曾經是一整塊大陸的觀點。一九一二年，在找到大量證據以後，他提出了「大陸漂移」學說，認爲在三億年前的古生代，地球只有一塊大陸。二億年前，由於太陽和月亮的引潮力作用以及地球自轉產生的離心力作用，浮在大洋殼上的大陸殼分崩離析，距今三百萬年前，大陸最終漂移到我們今天的位置。一九二六年，在美國的一次有關大陸漂移理論研討會上，此學說遭到否決，一蹶不振。

一九六一年，美國海洋地質學家赫斯（一九〇六～一九六九）提出海底擴張理論，認爲大陸漂移的原因是地底下熾熱的熔岩從大洋中脊的裂縫中溢出，冷卻後形成了新的海底，大陸和新的海底隨著地底流體漂移。五年後，深海鑽探證實了這一理論。一九六五年，加拿大地球物理學家威爾遜提出了「板塊構造」學說，指出地球內部溫度和密度分布不均勻，地底內存在物質的熱對流，帶動了各大板塊的相對運動。一九六八年，法國地質學家勒比匈提出了「六大板塊說」：歐亞、非洲、美洲、印度、南極和太平洋板塊，現在人們對此已經深信不疑。

六、能源技術的意義

一九三四年，義大利物理學家費米（一九〇一～一九五四）用新發現的中子逐個轟擊元素周期表上的元素原子，到氟時得到了放射性同位素，幾個月內又有數十種同位素被發現。尤其是中子源發出中子經過減速後，中子引發核反應的意外發現，成爲開啓「原子時代的起點」。一九三八年奧地利女物理學家邁特納（一八七八～一九六八）提出了「分裂核」的猜想，認爲鈾核分裂過程要發生質量虧損，根據愛因斯坦的質能關係公式，分裂將釋放大量的能量。德國物理學家哈恩（一八七九～一九六八）很快在實驗室證明了這不是猜想。在第二次世界大戰爆發前兩天，波爾指出，鈾235比鈾238更能發生分裂，而慢中子更能引起分裂。科學家們此時清楚地認識到，只要約里奧－居里夫婦實驗證明的「鏈式反應」一開始，難以想像的巨大能量將在極短的時間內爆發。

在匈牙利物理學家西拉德（一八九八～一九六四）和愛因斯坦致函美國總統羅斯福，建議「搶在德國前面研製原子彈」不久的一九三九年十二月六日，美國政府成立了軍政委員會實施製造原子彈計畫，命名爲「曼哈頓工程」。在美國物理學家奧本海默（一九〇四～一九六七）的主持下，一九四五年七月第一顆鈾原子彈試爆成功。科學理論一旦變成了技術，並被政治家所掌握，科學的道德價值就難以再做善惡的評價。一九四五年八月六日、九日，日本的軍港城市廣島和軍工城市長崎遭到原子彈的轟炸，兩座城市瞬間化爲灰燼。四年後，蘇聯擁有了核武器；七年後，英國原子彈試爆成功；十五年後，法國有了核力量；一九六四年十月，中國進入了核大國的行列。

兩極對抗的核威懾之下也出現了敵對各方誰也不敢首先使用核武器的「恐怖的和平」，

原子能的和平利用提上了日程。五〇年代，蘇聯、英國、美國先後建立了核電廠。六〇年代以來，全球能源危機促使開發核能突飛猛進，然而，發展核電的後果是放射性污染、核廢料的堆積和處理。一九八六年蘇聯的切爾諾貝利核電廠爆炸事件，使核能的潛在危險成爲了現實。目前，科學家正在從事研究從核聚變反應中獲取能量，特別是氫核聚變，因爲反應的生成物是穩定的元素，沒有放射性污染。但是，實現氫核聚變需要超高溫和可以控制的程式，估計到二十一世紀核聚變發電站能夠建立起來，實現從一桶海水中提取氘的能量（相當於三百公升汽油）。

七、航空航太技術的意義

一九〇三年十二月十七日，美國人奧維爾·萊特（一八七一～一九四八）和威爾伯·萊特（一八六七～一九一二）兄弟製造的飛行器試飛成功，人類飛行的時代到來了。第一次世界大戰前後，戰爭促進了航空技術的發展，一九〇九年，美國開始生產軍用飛機，一九一八年，各國飛機總數達一萬架，英國在這一年建立了空軍。第二次世界大戰更使飛機製造技術突飛猛進，各種性能用途的飛機不斷湧現，參戰飛機達七十多萬架。戰後，飛機的動力方式發生了重要的突破，活塞式發動機被噴氣動力取代，目前飛機的最高時速接近音速的三倍，最大載重量達六百噸，成爲二十世紀人類重要的交通工具。

人類不滿足於飛機在大氣層內飛行，希望用新的動力衝到外太空，人類開始冀望於火箭。一九〇三年，俄國科學家齊奧爾科夫斯基（一八五七～一九三五）提出以火箭爲動力航太的思想，並證明了要脫離地球的引力必須使用多級火箭，火箭要使用液體燃料等。他還在幻想小說《在地球之外》中描述了宇宙航行的全部過程，後來人類的登月行動證明了他非凡想像力的正確性。一九二六年，液體火箭由美國人高達（一八八二～一九四五）一人獨自研製發射成功。一九三〇年，奧伯特的學生布勞恩（一九一二～一九七七）發明了液態氧和煤油混合燃料，一九三三年製成了A—1火箭，其後九年間，A—2、A—3、A—4火箭相繼問世，速度達每秒二公里，射程一百九十公里。第二次世界大戰中，火箭立即被裝上高爆炸藥加以使用，日後加上電子導引控制部分成爲「導彈」。一九四四年，德國造出重六噸、射程三百公里、速度達音速六倍的V—2導彈，對英國的襲擊產生了極大的威懾力。德國投降後，美國接收了德國的火箭專家。

蘇聯科學家在科羅廖夫（一九〇七～一九九四）領導下，很快掌握了V—2導彈的製造技術，一九五六年，成功發射了洲際導彈「蘇聯一號」。從此，蘇美開始了外太空技術、核技術和導彈研製爲先導的軍備競賽。

一九五七年十月，蘇聯用「蘇聯一號」三級火箭成功發射了第一顆人造地球衛星，世界各地的監測站立即收到了來自太空的電碼，美國不得不急起直追，在雄厚的資金和技術支援下，三個月後，將「探險者一號」送入軌道。一九六〇年八月，美國擁有了衛星回收技術，同月，蘇聯將裝有動植物的衛星回收。一九六一年四月二十一日，蘇聯太空人加加林（一九三四～一九六八）少校駕駛「東方一號」飛船，實現了人類歷史上第一次太空飛行，四年後，蘇聯的太空人實現了太空行走。面對蘇聯的挑戰，美國在甘迺迪總統的主持下實施「阿波羅登月計畫」，一九六九年七月十八日，「阿波羅十一號」的登月小艇載著三名太空人降落在月球表面，太空人阿姆斯壯在月球上留下了人類的第一個腳印。以後美國又進行了五次登月飛行，十二名太空人登上了月球。爲此，美國政府動用了四十多萬人、二萬家公司和研究機構、一百二十多所大學，耗費二百五十億美元。七〇年代以後，蘇美兩國的精力放在了發展外層軌道太空站和太空梭上，空間技術進入了爲軍事目的和科學研究服務的時期。

八、電子和電腦技術的意義

一九〇五年，美國物理學家德福雷斯特（一八七三～一九六一）製成了第一隻三極管，爲無線電通訊和廣播提供了技術支援。一九〇六年，美國物理學家費丁生（一八六六～一九三二）發明了調幅波，使高頻訊號帶著聲音發射出去，年底，無線電廣播和收音機同時誕生。

一九一四年高眞空管研製成功，無線電廣播進入實用領域，一九二〇年美國威斯汀豪斯公司在匹茲堡建立第一家廣播電台，一九二六年美國成立了全國廣播公司，空中的聲波進入千家萬戶。隨著四極管、五極管和微波管的發明，人類可利用的電波頻率區段不斷擴展，電子設備的功率不斷加大。一九二八年，美國的茲沃里金發明電視顯像管，十一年後，美國無線電公司製成了電視。第二次世界大戰結束後，電視技術發展驚人，並迅速影響到社會各領域，到今天已經成爲人類生活方式不可或缺的一部分。

四〇年代末，美國貝爾電話實驗室肖克萊（一九一〇～一九八七）、巴丁（一九〇八～一九九一）和布拉坦（一九〇二～一九八三）經過十幾年的努力，研製成功第一個電晶體。五〇年代，在電晶體微型化的基礎上，出現了積體電路（電晶體與電子線路的整體組合）。以後，工藝水準的提高帶動積體電路不斷微型化，價格也隨之下降。六〇年代，大型積體電路的功能越來越強，七〇年代中期，出現了在一塊矽片上容納有十萬個電晶體的超大型積體電路。航空航太技術、自動化技術、雷射技術、軍隊的各種武器裝備充分享受這種發明帶來的實惠，而電腦則是電子技術的極致。

一九四一年，德國工程師蘇澤（一九一〇～一九八三）用繼電器造出了一台完全程式控制的機電式電腦。一九四六年，美國科學家艾肯（一九〇〇～一九七三）如法炮製，但是運算速度十分緩慢，機電式電腦的發展方向十分狹窄。電子管的問世表明其開閉速度大於繼電器一萬倍，可以實現人類需要的複雜演算和控制程式。一九四五年底，美國科學家莫克萊（一九〇七～一九八〇）爲研製炮兵彈道計算表而組織製成了配備一萬八千個電子管的第一台電子電腦，它比機電式電腦的運算速度快一千倍。一九四九年，按照美國數學家馮·諾依曼（一九〇三～一九五七）「二進位」和「程式儲存」設想，英國康橋大學設計製造了現代電子電腦。一九五八年，中國也造出了電子電腦。六〇年代，美國的IBM公司耗資五十億美元研製了第三代集成電路電腦，運行速度每秒千萬次，記憶體容量數百K。七〇年代，第四代大型積體電路的個人電腦迅速發展。到八〇年代初，全世界的個人電腦超過一億台。進入九〇年代，個人電腦迅速普及進入家庭，徹底改變著人類的生活和工作方式。九〇年代大型電腦的運行速度高達萬億次（兆次）。從電腦發明以來，平均每五年運行速度提高十倍，成本和體積下降十倍。電腦的出現使人類認識和改造自然的能力大大提高，它的數學計算、分析和控制能力，模擬並部分超過了人腦的思維功能。特別是電腦網路化導致的人類溝通方式的轉變，開闢了嶄新的「資訊化時代」，這必將對人類各領域的發展方向產生無遠弗屆的重大影響。

二十世紀初，「科學萬能」的觀念激發了人類的智慧，一百年的探索和創造展現了人類的力量。但是，科學技術成就的背後，也潛藏了巨大的危機。開發、掌握、控制、支配自然；攫取能量和資源；支配人類物質生活的方向。到頭來，人類的生存基礎和觀念形態迅速崩潰。科學技術的邏輯體系中究竟隱藏著什麼樣的觀念缺失，能導致如此嚴峻的後果？

衆所周知，「科學技術中立」、「科學技術無止境」、「科學技術無禁區」是為所有科學技術發展和對現實社會影響的基本辯護詞和原則。科學技術之所以有效，是因爲它有人類智慧的幾十個世紀的累積，它有自己的領地。在那裡，客觀存在和人類的主觀精神都被洗滌了一切質的獨特性，被還原爲數學符號和一系列簡單的物理學、數學、化學等學科的公式，似乎能夠測度和控制。二十世紀科學技術的本質是還原論和控制論的，其典型代表就是數理科學。其基本目標是控制的有效性和按照人的意志和需求來決定事物運動發展的方向。簡而言之就是「征服」和「利用」。科學在征服和利用世界的過程中，遇到了客觀和主觀世界不可還原性的強烈抵抗，時空、思維等要素存在方式的「不可逆性」形成了一股巨大的引力，使得世界存在的空間發生彎曲，顯示出「無界有限性」。生命、自然、存在都在這股強大的引力之下，科技的有限性是顯而易見的。

科學技術「征服」和「利用」的意志指向了一切事物，包括人類的生命。對生命的解剖和分析產生了實驗生理學，它是近代生命科學中最強大的一支，創造的了人體的「疾病」和「治療」等概念。從前中國古老醫學爲代表的那種將生命的損害歸結爲「六因」（客觀環境）和「七情」（主觀情緒）的交互影響，現在科學技術自認爲找到了根源：認爲是微小生命——「微生物」在作怪，醫學的治療在於用「抗生素」來殺滅這些微生物。科學技術對人類生命的解析已經到了分子水準，越是進入這個微觀世界，生命的奧妙就越多。人類越是擺布生命，生命就越是頑強的抗拒，包括附著於生命中的各類疾病。如果不信的話，有一個基本的事實可以證明：你發明了一種治療病的辦法，馬上會產生出一種新的疾病。《異形》、《侏羅紀公園》和《極度恐慌》等電影中所表現的那種失控現象，活生生地說明了科學技術「控制」的觀念是多麼的荒唐與危險。

「工具理性」、「技術中立」和「價值中立」的原則是現代科技發展的強大的辯護詞，似乎能說明科學技術的美好和有效。但是，這種貌似現代性的原則，迴避了在人類哲學和存在意義上的反思和自我的批判，尤其是在人類道德和世界有機整體之道德方面的衡量。人類與動物的區別在於有無對生存環境邏輯化反映的理性。理性是人透過記憶已經發生的事情並以自己的主觀判斷為基礎進行成本收益的分析，趨利避害並依據以往的經驗改進以後的行爲的一整套的觀念。由於個人的記憶有限，人類的理性知識分散在許許多多人的頭腦中，知識的累積必然導致知識專業的劃分和科學技術的分類，二十世紀的學者願意將有限的精力放在本專業中，也是一種理性的表現——希望在學術上有一個低成本高收益的結果。韋伯曾說：「西方的現代化不過是一種理性化的發展。」由此而論，科技發展也要沾理性的光。「理性」可以分爲兩種：「工具理性」（目的理性）和「價值理性」。前者是

「爲求目的，不擇手段」；後者爲「只問耕耘，不問收穫」。形象的比喻前者是科學家，後者是宗教徒。「目的理性」指責「價值理性」爲理想而犧牲掉成本的計算，是非理性的；「價值理性」指責「目的理性」爲達成目的，而放棄價值和理想，也是非理性的。實際上，西方近代科學技術的發展是在追求「客觀眞理」和「征服客觀世界」的「價值理性」的推動之下，運用「目的理性」的結果。科學技術不可質疑性造就了「工具理性」的「理性之暴政」。

科學技術作爲「工具理性」的產品，又是一種工具，它代表了人類希望的某種特定的存在方式和對世界的態度，它的背後是科學技術所攜帶的一整套的「價值理性」（本章第三節將專門論述）。汽車是機械物理學和鋼鐵製造技術的結晶；電視機是電磁物理學的技術成果，他們導致二十世紀人類生活方式的徹底改變。任何工具都服務於目的，所有的目的都無一例外地有其價值的趨向。誰說「發明和使用原子彈」是中立的事件；誰說「複製技術」是純粹技術的行爲；人爲干預生命進程和自然規律，究竟符合什麼樣的「價值理性」？貫穿於每個人一生的無以名狀的不安和恐懼，實際上來自於對自然和生命奧秘的不解和朦朧的領悟。生命是宇宙中最偉大的秘密，是宇宙參天大樹的根脈，有了她，人類的世界才充滿了文化的、哲學的、藝術的、宗教的、道德的意義，科學技術征服世界已經無所不用其極了，爲何還要連根拔掉人類文明賴以存在的根基。

第二節 外在的征服與內在的空虛

一、網路化社會之下的全面疏離

二十世紀由於科學發展和對社會的制約，先是在歐美主要資本主義國家，隨後遍及所有國家，包括發展中國家，幾乎都在模仿科學技術爲基礎的，充分發揮人對自然征服能力的「現代化社會發展形態」。人類在二十世紀的精神生活也在這一規定之下逐步形成了特定的形態，這一形態的本質規定就是：社會在政治、經濟全面網路化的同時，人與自然界和外部世界的全面疏離。飽受現代科技觀念薰陶的人們，更加注重於現實社會中經濟利益和個人的消費感受，追求豪華住宅、汽車、行動電話、名牌服裝、出國旅遊和不同於平常人的消費標誌（如打高爾夫球、成爲某休閒俱樂部成員），把人類和他的歷史傳統、文化根基割裂開來。爲商業利潤和資訊流通而建立起來的科技通訊和電腦網路，以及社會服務系統，反而將身處其間的個人之間情感和文化的交流自然地隔閡和分離。全面疏離的直接原因是建立在資本主義經濟制度、政治體制和社會組織，以及科學技術是征服自然、滿足人類各種需求的靈丹妙藥之上的「兩極化的觀念和現實形態」。

世紀初，工業生產線的建立，使大批產業工人困守於生產的某個環節，他們在科技的規定下（如美國爲提高工人工作效率而發明的「泰勒制工作法」）只重複著某一生產程序中的一種生產動作，就像喜劇大師卓別林在電影《摩登時代》中塑造的那個小人物，只知道用扳手轉螺絲，受制於一種固定的模式。這就是當代美國學者佛里德里克．傑姆遜所認爲的，在現代社會中人們面臨著「工作場所與家庭的分裂」。這也是科學技術作用於社會各個角落形成模式化與個人化之間不可協調的矛盾。個人化意味著個性的自由，意味著個人生活的自主性，甚至意味著人對社會規範的衝擊和違背。而模式化是群體生活的一般性，它在科學理論的規定下，是以維持效率和社會規範爲目的的，人性的本質和自然的眞諦不在它的範圍之內。

個性自由和社會規範之間的矛盾是任何文化傳統和所有歷史階段的一個恒久的問題。在科技未見昌明的時代，人們不是投身於宗教或道德實踐之中，就是把個人意識納入一種強制式的普遍意識形態當中，形成信仰，抑制個人的絕對自由，這種人類特定的精神同一性對個性的制約，到了二十世紀發生了極大的變化。科學的經濟制度的規範要求是：爲了效率，勞動力作爲商品可以自由流通，個人擇業自由，對自己的愛好有自主權。但是，現代化的社會大生產在科學理論的指導之下，形成了全社會乃至國際間宏大的網路。每個人都在這森嚴的網路之中，個人生活必須受制於所有的規律和既有的科學化社會規範。在此時人們毫無自由的選擇可言。

「兩極化的觀念和現實形態」的另一個表現是都市化和回歸自然的對立。二十世紀的都市化和以往世紀的城市有著根本的不同，那就是人與自然的全面疏離。城市不斷的擴展，與其他的城市透過交通幹線和周邊的城市走廊構成城市網路。如果從空中鳥瞰大地，在綠色的原野上人類建構的城市好像是一片片的潰瘍。因爲現代化的城市意味著與自然的全面隔絕，人們被包圍在人造的環境當中，居住在人造水泥和化工建築材料當中，吃的是無土栽培的蔬菜、生物工程轉基因的水果、工廠化飼養的雞鴨魚牛羊豬等化學添加劑殘留的肉類。乘車、坐飛機的方式不過是克服自然造成的人與人的方位距離。自從三〇年代科學技術進入人類日常生活以來，人們徹底改變了依賴或半依賴自然的生存方式，爲自己製造了一個人造的世界，英國哲學家卡爾．波普（Karl Popper，一九〇二～）稱之爲「世界三」（世界一是自然，世界二是人類的精神，世界三是人造的世界）。在這個人造的消費品世界裡，人與自然隔絕了，生活環境無一不具有人工雕琢的痕跡和科學改造自然的結果。這個世界滿足了人類的物質和慾望需求，但是又令人產生精神的變化。消費品完全支配了人的生活，從電力到飲水，從衣著到交通，從上學的一枝筆到退休的醫療保險。所有人類依賴的東西不是直接取之於自然，而是由工業和科技力量製造出來的。人類失去了自我的主體性和與自然和諧的感覺。近十年，更爲快速的科技發展和消費品的汰舊換新，更使人類深感已經沒有持續穩定的生存基礎，人們渴望大自然，但又無法逃脫人造消費品和人造環境營造的「生存城堡」。

「兩極化的觀念和現實形態」在人類精神世界中所造成的影響是直覺快感和技術理性的矛盾。現代社會建立在科技產品的基礎上，一切都以技術理性為處世準則，人們兢兢業業發展科技的同時，又發現自身陷入違背人類基本情感的技術理性當中。不少人厭倦了按部就班、冰冷無情一成不變的生活，人類對情感的要求異常的強烈，非理性的直覺快感在精神生活中地位提高，佛洛伊德主義強調的「潛意識」支配了文學藝術、電影音樂等表達方式的漸變。在技術網路化的社會，人們需要感情的交流，體育場所成為直覺快感的發散地，球迷的宣洩成為一種排斥孤獨的感情需要。

「兩極化觀念和現實形態」在社會流動方面的表現是：人際隔閡與社會全方位流動的矛盾。現代人依靠科技進行的交流是背對背的交流，而以往的世紀人類的交流是面對面的。現代化和科技造就的人是社會的、網路化的人類，大生產和商業、金融、社會服務網路使個人無可避免地以社會數位化登錄的方式進入社會，不再透過家庭血緣或地域性群體，以及社會關係網與社會發生關係。這種矛盾表現為，社會流通的發達和極端的個人存在，個體之間缺少了家族、地域、群體、組織等仲介，在進入社會交流體系時感到異常的隔閡和困惑。正像荒誕派戲劇《禿頭歌女》中所描繪的那樣，在高速列車的一個包廂中，一對相互陌生男女交談來交談去，原來是住在同一城市、同一街道、同一樓房、同一間公寓中的一對夫妻。現代社會的高科技傳播和流動形式，在從事各類創造利潤和商業機會時，準確和時效是無遠弗屆、無與倫比的，網路、傳眞機、衛星電話可以解決交流的速率和形式，但是解決不了人類精神內容的溝通，人們還是願意從相逢一笑的眼神中體會世間的眞情，從相聚的歡聲笑語裡感受人類的情感。

二、價值觀的全面改變

改變之一：一元論轉向相對主義。傳統文化不論是東方的或是西方的，長期以來幾乎是受著價值一元論的統治，上帝、阿拉、佛陀也好，自然神靈也好，道德本體也好，意識形態也好。總之，塵世的最高準則是歸一的。從西方來說，中世紀是上帝的旨意，文藝復興之後是「理性」的規定。東方是社會責任、道德意願和君王的意志。其共同的文化特徵就是所有社會成員人生價值的基點和意義，是建立在一個獨一無二的信念上。二十世紀遍及全世界的文化趨勢是科學將宗教和信仰的價值推翻，成就了相對主義的價值多元論。認爲人豐富多采的生命意義不是先人本體所決定的，而是來源於個體的「自由選擇」。各種因科學技術知識所引導的價值觀念無高下之分，不應當將人生道路、行爲趨向、感情取向的選擇統一到一個價值支點上。相對主義認爲，個人生活自己來決定，與別人無關，政客求權，商人逐利，文人沽名，各取所需，無從指責。這種觀念構成了哲學上的存在主義，法國哲學家沙特在第二次世界大戰中曾告知一個求教於他的爲離開巴黎參戰還是留下來照顧母親而猶豫不決的青年，「重要的是自己的選擇」，「存在就是選擇」。科學技術理論中的多取向規律和理性的觀念，也決定了相對多元價值觀的盛行。道德、理想、信仰、同一規範反而容易被視爲違背科學理性的愚昧和迂腐之舉。

改變之二：決定論的價值觀轉向體驗論的價值觀。當科學毫不留情地揭示出幾乎一切的生命奧秘的時候，沈思的哲學家會沮喪地向人們說：「生命的行爲和生活的過程比生命的目的更重要，因生命的孕育和消失如此的簡單，你再也不能去信仰什麼了！」過去，人生的意義是一系列祖先或上帝規定和傳統的演繹，人的一生在現世的存在，是有先於人的那個先人的存在決定的，上帝、理性、信仰、向善的道德規定性是一切價值的源泉，也是評判人生活動善惡美醜的唯一標準。

二十世紀科學技術和建立其上的生命哲學的發展，人們日益傾向於一種體驗論的價值觀。認定人生的目的和意義就在於生命活動和滿足人生命慾望本身，生存不是先人本體的產物，而是人自己的一系列感覺的綜合，人活得是否有意義不在於社會、別人如何評判或自己的傳統信仰如何規定，而在於你自身的主觀感受，沒有什麼客觀的標準能做你生活的參照標準和價值評判的尺度，正像八〇年代一首流行歌曲所唱的：「跟著感覺走，緊抓住夢的手。」體驗論的基礎是理性科學將萬物奧秘的平常化，它一反決定論，帶領二十世紀幾代人走自己的路：一、把一切的價值觀完完全全地主觀化，以人的內心狀態爲價值觀念的支點，商人和金融家可以爲追求個人利潤製造出各種理性的、具有科學性的、堂而皇之的犯罪行爲而不受法律的懲罰；藝術家可以一時興起創造藝術門類和鑑賞風格，全然不顧對大眾的教化及美感引導；科學家可以在個人情感和好惡的驅使下，發明損壞自然和人類的技術、直至以複製技術複製動物甚至人類，而不必有任何的道德負疚感。因爲人類已經沒有了同一的價值支撐點；二、把生活的過程視爲理所當然的目的，而非手段，科學論證死亡的不可避免性，增加了此生享受感覺的樂趣。

充分享受生活過程中的物慾、透過自由的選擇來變更生活的目標，追尋主觀的感受以逃避對永恒死寂的恐懼。在這一過程中，人們玩世不恭地征服和享受著周圍的一切，從消費品到別人的感情，從金錢到個人的名譽，從少壯的自然物慾到老年的占有和守成。法國荒誕派劇作家阿爾貝．加繆（Albert Camus，一九一三～一九六〇）一生放蕩的生活和跟隨感覺的藝術創作，可以用他的一句名言來說明這種生活方式：「我與人做愛隨便得像喝一杯水」。以過程爲目的的結果是「存在先於本質」、「感覺高於信念」，它給現代社會帶來了無窮無盡的社會問題和古怪離奇的行爲方式。

改變之三：個性自由的價值觀轉向「逃避自由」的價值觀。現代化理論中，人文文化價值觀的核心是追求個性自由，反對用人爲製造出來的規範來制約個人精神的發展。但是，二十世紀的環境已經是人造的環境，極端個人化的精神生活方式，表面上看已經達到了相當個性自由的程度，人們生活在人創造出來的消費環境中和科技製造的合理化生活環境中，卻不願遵從以往數十個世紀人類在自然的規定下創造出來的行為準則。

如此必然造成兩大社會問題：

1. 社會組織（包括家庭、政黨、宗族、團體）的鬆散和社會結構的非精神性（社會沒有同一的精神支柱和信仰，甚至沒有基本的道德規範）：人們的個性更為獨立，精神更為「自由」，同時也就更為自私自利，人人都按照滿足自身慾望的原則進入鬆散的社會組織和非精神性的社會結構中，人與人的隔閡日益加深，就如同科學描述的在空間中寂靜運行的原子、質子和誇克結構一樣，互有軌道，在精神上毫不相干。缺乏精神黏合劑的個人之間，很難容忍他人，極端個人主義的存在主義哲學說出了個性自由的極端化——「他人就是地獄」。

2. 人們精神生活的孤獨：二十世紀大部分時間裡，任何社會和族群中的個人，都能依據某一個共有的基本價值理念、宗教信仰、意識形態或道德準則來生活，個人可以感到自己是生活在一個有精神依歸的家園和集體之中，人與人基本上可以建立共同的理解方式和感情交流的渠道。近二十年來，迅速現代化的浪潮席捲世界，所到之處由於財富分配不均和精神原則的多元化，使得人與人關係發生了巨大的改變，現代人大多淪落為像德國哲學家海德格所說的那種「喪失家園的流浪者」。個性自由使人類可以獨立自主地尋找自己的價值，同時也就失去了人類共同的價值基礎，個人與社會、集體、家族甚至民族全面地脫節，站立在自己營造的價值觀的草屋上，個人深感鬆散社會的風雨飄搖，深感自己處於一個充滿敵意的世界裡，內心體驗是一種強烈的孤寂和沮喪。於是，個性自由的價值觀反而衍生出自己的對立面——「逃避自由」的價值觀。

《逃避自由》一書是美國心理學家埃里希·佛羅姆（Erich Fromm，一九〇〇～一九八〇）對現代人心理狀況的精闢描述。

佛羅姆在《逃避自由》中指出，擺脫作為現代人所體驗的社會——文化束縛所獲得的自由使現代人孤立，身體的孤獨按其本身而言並非難以忍受，但是當代的脫離思想、價值和社會模式的孤立，脫離一種交融情感的孤立，卻構成一種「道德上的孤獨」，那才是難以忍受的，並且在極端的情況下導致精神分裂。「道德的交融」讓個人超越他在面對自己對宇宙的認識時那種微不足道的感覺。這意味著透過與人的交往和克服狹隘的自由觀念，將自己與世界社會統一起來，否則就必須透過那些損害他自由並破壞他作為一個個別的自我完整的相互交往方式尋求安全感。第一種逃避自由也許會發生一種走向獨裁的轉向，包含著一種表現為統治與屈服（施虐與受虐狂）的宿命論觀點。第二種逃避自由也許會遵循一條破壞性的道路，目的在於除去那些危險的對象——說到底是那世界本身。第三種逃避自由的企圖是退出世界，從而使世界不能傷害個人，而這也許會以精神病告終。第四種逃避自由的企圖是自我膨脹達到縮小世界到微不足道的程度。前兩種逃避自由的方式對於社會及其未來具有嚴重的涵義。相反，積極的自由產生於完整性格的自發活動。自發性要求排除理性與自然之間的人工分離，它的主要組成部分是作爲肯定他人的愛，一種既不是自我的消融，也不是占有另一個人的愛。

三、先人道德體系的分裂

人類先人道德觀的建立是以對自然規律的敬畏和對人際關係中同一性的認可，爲基本前提的。它還受到宗教、政治、文化、藝術的支撐。社會的基本風貌能夠鮮明地表現在道德體系當中。雖然，過去的歲月裡，社會歷史的變遷對道德體系的建立、調整、變化影響很大，但是，人類基本的道德原則，諸如同情心、家庭觀念、基本的善惡標準、誠實、行爲檢點等曾經恒久不變。二十世紀文化的一個突出的特徵就是：人類傳承幾千年的基本道德規範對人類的制約作用日益減少，傳統文化中的基本道德原則被充滿物慾的人們恣意踐踏。因爲，自然已經被「去神化」了，科學技術證明一切不過是純粹物質的數量關係和化學關係的不同組合而已，不論是男女之間的愛情和性的關係，還是人類追求慾望滿足的心理，都可以用理性的不同學科的科學知識來頭頭是道的加以解釋。過去那些天經地義的東西被說成是「迂腐的」、「過時的」、「無足輕重的」。

經濟發展、科技昌明為人類的生活提供了可以儘可能滿足慾望和好奇心的條件，從我們的祖父一輩開始，人類越來越強烈地挑戰傳統的道德，無分是基督徒、回教徒、佛教徒，還是儒家的弟子，不論處於何種文化環境之內，只要是沾染上「現代化」的社會發展模式（最初是打火機、香菸、機械玩具、裸體照片、小電器、滿足好奇心的日用消費品，然後是通信工具、交通工具、娛樂場所的引進、商業金融的機制和一整套的科學解釋社會的概念系統）你就會對傳統的道德觀念有了不斷增大的牴觸情緒。二十世紀遍及世界各個角落，甚至連非洲的部落文明也無從例外地先後重複著這一套——科技引導的現代化對道德體系分裂的進程。

二十世紀初，西方世界的思想廣泛地受尼采「上帝死了」命題的影響，第一次世界大戰又使兩代人對列強國家以欺世盜名的極端民族主義理論恣意欺騙人民，而對社會的道德原則充滿了懷疑和失望。到了第二次世界大戰時，存在主義哲學家薩特引用俄國文學家杜斯妥也夫斯基的名言：「上帝不存在，做什麼事都是允許的。」受到科技革命的刺激，隨著社會科學理論的自由探索，傳統的道德體系日趨分裂，暴力、未婚生子、法庭為證、巧取豪奪、婚外情大量充斥於商業化的社會中。道德的改變首先傷害的是家庭，二十世紀西方和後來追尋西方現代化之路的國家和文化區域，紛紛出現家庭不穩和離婚率增高的社會現象。家庭成為沒有了道德約束人們的負擔，家庭結構變化，獨身者增多，同居現象普遍，年輕一代對家庭的依賴減少。

失去家庭屏障的人們，下一個嘗試的目標就是「性解放運動」。從佛洛伊德理論產生以來，心理學和性醫學對其理論做了大量的實驗證明，使得西方普遍接受了關於傳統的文明方式就是對人類性慾壓抑的論點。科學技術提供人類滿足各種慾望的同時，更令人們以一種原始主義的態度對待性的問題。英國作家勞倫斯的《查特萊夫人的情人》等小說，在展現眞正人性的背後宣揚的是「慾」產生了「愛」，「慾」高於「愛」，「慾」可以代替「愛」。以後，各類文藝作品展現了大量的性內容，一點一滴地拆除人類性道德的藩籬。五、六〇年代，以美國爲代表的西方國家先後出現了性解放運動。美國著名生理學家金西（一八九四～一九五六）的性調查報告，顯示了美國各階層民衆的性生活狀態，同時文壇上出現了「垮掉的一代」，他們在生活上的一系列反叛行爲成爲時代的特徵，很快就在西方蔓延來。他們用放蕩性行爲方式嘲笑忠貞愛情的道德原則。色情文藝作品在法律上認爲可以公開，以及科技造就的新型避孕藥的出現，也爲性解放運動提供了條件，結果是整個社會青少年的性行爲在年齡上大幅提前，加上科技帶來的工廠化生產的各種食品中激素和化學添加劑的使用，兒童性早熟普遍出現。一九六八年法國發生了受左翼思潮影響的「五月風暴」大學生運動，馬爾庫塞的造反理論，爲反傳統和性解放推波助瀾。美國因捲入越戰，傷亡人數大增，國內反戰運動風起雲湧，年輕一代開始了以嬉皮士爲楷模的生活，他們聽搖滾樂、穿奇裝異服、男女雜居、酗酒吸毒、跳搖擺舞，無固定工作，四處流浪。他們嘲笑知識和正常的生活方式，放浪形骸，玩世不恭。七〇年代又出現了一批「龐克族」，他們冷眼旁觀世界，標新立異，頭型剪成陰陽狀、羅馬頭盔狀和圓餅狀，一副我行我素的樣子。這時，先鋒主義文化開始退潮，科技帶來的現代社會問題逐漸突出，環境污染、戰爭恐怖、軍備競賽、自然界物種大量滅亡等，人類似乎有傾向於回歸傳統，而愛滋病的恐懼遏止住了性解放運動的勢力，宗教又一次成爲人們關注的對象。八〇年代商業社會逐漸成型，年輕一代開始能夠較快地在進入社會不久經濟上自立。於是又出現了「雅痞」，他們對生活的追求建立在典雅的觀念之上，他們收入可觀，溫文爾雅地在辦公室裡工作，有頗具格調的社交圈子，身著名牌服裝，開高檔車，享盡人間浮華，在當代社會中顯示古典的紳士風采。九〇年代，網路化的社會形態，給人們在經濟上迅速發展或成爲媒體的寵兒提供了可能，造就新的一代更多地表現爲減少了反抗社會的野性，而是對科技建構的社會充滿了渴望，要投身其中，一顯身手。他們迷戀流行歌曲音樂和歌星，崇拜金錢的魅力，關心股市和金融，沈迷於電腦和網際網路。最爲有象徵意義的是：他們已經習慣於時間和精力被分割，對什麼都有興趣但是持續時間都很短，他們一直關注的是社會時髦的職業、行業、熱門和話題，他們已經沒有了上一代人比較統一和一致的理想和追求，他們五花八門既有網路化的聯繫，又無法形成如鐵板一塊的整體。

在高科技之下，豐富的物質生活也沒有維繫好先人道德體系，於是後天的反應情緒也岌岌可危。二十世紀人類表現出比以往世紀更突出的心理病態。

1.孤獨：傳統一元化價值觀消退之後，人們失去了共同遵守的交流方式、理解方式、觀念解釋系統和評判是非的標準。科技發展、學科分化、職業隔閡以及商業社會「高流通、低溝通」的狀況，導致了人精神生活的極端個性化。個人精神絕對自由的同時，是精神的孤立無援。

2.焦慮：二十世紀戰爭、革命、民主化、科技發展、生存危機，使一個個的社會理想和意識形態信仰逐一破滅，商業社會更提供不了新的信仰。理性主義時代，人們堅信哲學指導的概念體系，可以牽引著人類生活和社會發展的方向，但是現在人們無所適從，不滿現狀，又不知道明天會是什麼樣子，焦慮的結果是不斷湧現的危機感和大難要臨頭的「世紀末情緒」。

3.荒誕：荒誕是對生活無意義的體驗，是人與人、人與世界相互隔閡的體驗。科技已經使一切失去了神秘感，人類與自然疏遠了，人類與自己疏遠了，人類看不出生活的目標和生活的意義，甚至生存的依據也在全面否定宗教之後，黯然的消失了。

4.異化：社會化大生產、科技和商業消費文化，使人類處於完全被支配的境地，被經濟模式支配，被金融規律支配，被科技知識支配，被人造世界的一切成型和不成文的法律和習俗支配。在壓抑人的精神和物質世界的同時，不斷折損人的自信心和在生活中的成就感，人變成了社會機械體系中的一個渺小的零件，物化了的人，在精神上成為難以找到「自我」的社會經濟和消費動物。

第三節 科學能拯救人類的精神嗎？

人類對科學的崇拜來源於文藝復興後的啓蒙主義理想，思想解放運動將科學規律當作衡量一切的標準，科學創造了一整套的概念體系用以解釋這個世界，原來與人類朝夕相處、物質精神不可分離、並被人類數十個世紀擬人化（或稱「神格化」）的世界，被人為地割裂為與人類相對立的「自然」，並且成為了科學的研究與征服的對象。從培根、笛卡兒和新科學時代起，採納了在心靈與自然、理性與情感、客觀與主觀之間更大的分化，理性和客觀性的概念，以及要支配自然的意願，支援了一種特殊的科學觀，一種新的認識論被構造出來。它強調「科學的方法」，凡是被認為是「科學的知識」就等同於「眞實的知識」，它必須是公式化和邏輯的。甚至連近代哲學也開始對我們生活的世界心生厭倦，開始研究科學和如何幫助科學征服自然，於是認識論和方法論大行其道，哲學變成了科學的婢女。人類的精神偏向全面依賴於科學的解釋方法，科學擁有對這個世界的絕對眞理的獨家解釋權。

一、科學拋棄了真正意義上的「自然」

在東西方古老哲學中，世界的「自然」從來都是指人類所處世界的某種內在的根據，不同文化形態更以多種圖騰和神秘的祭祀儀式展現對內在根據的崇拜和畏懼。近代以來，科學將自然視爲無意識的自然物在特定規律下的集合，除了物質和支配其運動的外在力之外，沒有任何內在神秘的東西，曾經吸引人類幾千年的躲在事物內部的神秘力量被科學說得一文不值。一切物質的存在和事物的運動只是該事物特有的規律所支配，與自然無關，「自然」不再是人類畏懼和崇拜的對象，科學令她成爲一個人類面對的外在物質的堆積。黑格爾乾脆說，自然就是純粹的外在性。表面看來，擺脫了迷信和神話的「自然」成爲了科學研究的對象，實際上「自然物」賴以形成生動活潑關係的內在根據——「自然」，被完全忽視了，被「自然物」所取代。有了科學的人類還怕什麼？單純研究自然物的結果是「物理科學」的興盛，「自然逃之夭夭，躲避於哲學反思的視野之外，這就是我們這個時代的狀況：關於自然物的科學研究甚囂塵上，關於自然的哲學沈思銷聲匿跡。」

於是，在現代科學和哲學的教育之下，整整幾代人背負了這種對自然敵意和對象化的觀點，拼命地學習科學這種征服「自然物」的知識，自然如何駕馭她的「自然物」根本就沒有被主流思潮所關心。自然的規律運行中籠罩了森嚴的邏輯之網，哲學沒有了對自然內在根據研究染指的位置，人文科學和自然科學的分野，更使得人與自然的關係緊張起來。與人類主觀和客觀世界根本無法分開的「自然」，就是這樣地成為人類與自然界二分的犧牲品，「自然」悄悄地走開了，看看人類征服她擁有的「自然物」並對她大不敬之後，究竟產生什麼樣的後果。果然如此，二十世紀人類危機的深層根源，無不與人類忽視「自然」直接相關，科學帶來了工業，帶來了機械，帶來的對自然物的利用，帶來了能源的消耗，帶來了人類使用自然物創造出來的污染、疾病、物種的突變與消失、生物鏈的斷裂、環境的惡化……，人類忽視自然幾個世紀之後，自然開始狠狠地懲罰人類。

讓我們回想一下科學是如何分裂我們與自然天生和諧的關係。十六、十七世紀科學革命創造了新的「自然概念」，人與自然成為一種居處其中，相互對立的關係。科學革命將自然分解為一幅猶如油畫描繪出的圖景。這是一種用邏輯方法構造的宇宙和世界的圖景。在過去，希臘人和中世紀歐洲人心目中的宇宙，是一個環環相扣，層層相依的有限球體，我們居住的地球處於宇宙的中心位置。這一宇宙模型具有精神意義和倫理價值，是一個靈化了的，有神學目的論的宇宙體系。當時還沒有「空間」的概念，因此，宇宙並沒有在廣闊的空間中展開，成為一個人類描述的、可以用科學邏輯來解釋的巨大圖景。近代思想革命性的變化，用科學史家柯瓦雷的話說，是從一個有限封閉的世界，走向一個無限的宇宙。實際上就是將世界圖景化。這一思想主題反映在許多方面：天文學擺脫了實體天球的觀念，天體被視爲一個個分散的個體點輟在漫無邊際的宇宙空間。物理學拋棄了亞里斯多德有關目的論的運動概念，提出了慣性運動的概念，這種運動除非受到干擾，將沿著一條直線永遠無限地運動下去。在視覺藝術的創作方面，定點透視代替了全景透視，確立了歐幾里德幾何學在觀察世界中形而上學的抽象地位，人也就成爲觀察世界的主體，世界扭曲爲觀察者主觀視覺中的世界。

在精神生活方面，原有的對於人類有限性的深刻的哲學體認，以及對「自然」和自然化身——上帝的恭敬、虔誠和膜拜，被無神論的狂妄、放肆和對主體征服自然之無限能力的崇拜所替代。在經濟生活領域，對自然資源無限開發和索取，爲了人類物慾之滿足而進行廣泛的交換活動，惟獨輕視對自然的交換。在碩大的自然背景下，自然成爲最大的透支者，遍及全球範圍內甚至達到外太空領域的全方位開發，使人類的經濟規模早已超過了自然能承負的限度。以上所列舉的這一切，從本質意義上是科學帶動的「從封閉的世界走向無限的宇宙」這一人類主體征服意識的表現。從此角度來看，我們就可以理解爲什麼哥白尼的天體理論革命對近代世界的科學革命有著偌大的作用。因爲，哥白尼的宇宙觀爲我們展示了一個從沒有過的世界圖景，在這一圖景中沒有上帝的位置，也沒有精神價值的位置，這是一個人類生活其中的大框架，裡面堆放著有規律的自然物等待著人類去享用，科學能使人類享用的方法增多，效率提高。二十世紀的科學觀念和技術至上主義的形而上學本質，就是建立在這個世界圖景之上的。

二、因為科學，自然界的事物不再與價值和精神世界有關

科學使自然成爲一個被人爲展開的圖景，是自然物的堆放和集合的場所，從遠古累積下來的自然崇拜、靈物崇拜、對我們周遭世界所規範的精神和價值被掃地出門。一切的自然物被「非迷信化」的方式揭示所謂「眞實的奧妙」，自然界的事物不再與價值、意義相關，它是純客觀的、獨立於人的、非生命的。做爲主體的人只是自然界的「居客」和不相干的旁觀者、認識者甚至是征服者。人與自然對立是古典自然觀和科學觀的突出特徵，也是認識論上主客二分的自然哲學前提。自然一旦被對象化、物化，它在本質上就被同一化，從宏觀上歸依到天體在無邊的宇宙中運行，從微觀上描述爲原子、質子、中子、誇克結構，似乎整個自然都在毫無生氣地運行，沒有任何生命和感性詩意的光芒。由於自然的結構具有高度的同一性，構成自然物的差異只表現在量的不同上，於是自然又被科學最有效的工具——數學來剖析了，自然又一次被數學化：原子成了自然物的基本構成單位，整體是部分之和，部分的相加和組合可以構成各式各樣的整體，高層次的特性可以還原爲低層次特性的組合。數學化的結果是將自然界界定成了一架服從於規律邏輯的冷冰冰的機器。

科學革命中形成的這一類有關於自然的觀念，成了近現代工業文明的觀念基礎。正是在這種自然觀的指使之下，人類毫無顧忌地開發這一無神秘可言、作爲人類征服對象的、有無限資源和數學化結構和物質的、猶如一個大倉庫般的自然界。在古代，每一次大規模的改造自然、變動環境的行動，都伴隨者部落、宗族、國家集團有組織的複雜的慰靈儀式，表現對大自然神秘性的敬畏和崇拜。二千一百年前中國秦代的都江堰工程，分江治水動用了山石，破壞了樹林生態。但是，工程的同時在那些開山和疏浚堆石的地方開始修建新的人文景觀——山神廟並種植大量的樹木，形成了嶄新的與山水協調的景致，彌補了人類的過失，自然被視爲必須回報並呵護的聖者。宗教同樣有這樣的作用，比如中國唐代修建於四川樂山的大佛，樂山三江口的與山同體的大佛雕像的建造完全是爲了治水患，開山的石土堆成分江的堰灘，開山取石自然而然地雕成宗教崇拜的佛像，自然沒有被破壞，與人類的情感更爲貼近。如今，我們先祖那種對自然的謙卑、謹愼、崇拜的態度及行爲儀式，竟被我們看作是原始的迷信和簡單的宗教。

對於自然界盲目放肆的開發，最終導致了能源危機和生態失衡，人與自然的關係處於緊張和敵對之中。環境污染毀壞了我們的家園，資源短缺正在成爲許多國家和地區在發展過程中不可逾越的障礙，人類正在耗盡地球上的資源，而沒有替代品。日益逼近的危機終於使人類在自然的懲罰面前略微覺醒，一九七二年斯德哥爾摩聯合國人類環境會議，發出了「只有一個地球」的呼籲，引起了國際社會的高度關注；一九八七年聯合國環境與發展委員會公布了《我們共同的未來》一書，「可持續發展」口號成爲人類社會新的發展綱領。各種綠色和平組織強調人類與自然的親緣關係，主張人與自然應當和平共處、協調發展，重新拾起了宗教的一些觀念，靈物崇拜和泛神論在今天有了特殊的意義。生態學力圖恢復自然的生命性和神秘性，恢復自然界質的多樣性和不可還原性。人類在經歷了自然的懲罰和痛苦的反思之後，開始重建自然概念。一九九二年的聯合國環境與發展大會又一次呼籲，進一步建立一種新型的全球性夥伴關係，實現可持續發展。內容包括：社會對其資源的使用程度應當是該社會能在繼續其運行方式的同時不耗盡其資源；同時，保護環境，避免不可逆轉的損失，如稀有物種和棲息地。不幸的是，西方哲學和基督教是建立在人類中心論的觀點之上。上帝被視爲萬能的象徵，而上帝對人類的偏愛是上帝賴以存在的基礎。上帝創造萬物是爲了人類的生存而服務的，人類和別的生命甚至生活其中的自然界不是平等的關係。科學的發展與成就爲人類中心論提供了更爲堅實的基礎，到二十世紀人類可以毫無顧忌地塑造自己的命運並改變自然的原始面貌。科學的發展是無止境的，改造自然、利用自然的能力也是無止境的，科學甚至告訴人類，不必擔心資源問題，科學的發展會解決一切問題。科學萬能的神話就是這樣傳播開來，成爲了普遍的觀念。

我們既有的世界圖景的觀念是由物理科學這門最基礎的科學所規定的。科學哲學的信念始終是物理學哲學。物理科學是精確的科學，是近現代科學的中流砥柱，是基礎科學。從牛頓到愛因斯坦，物理科學始終提醒我們世界作爲圖景的存在，它是在三度空間和一度時間中展開的。在宇宙圖景中地球不過是一個普通的星球，它與人類的關係是偶然的、外在的。人們依據當今科學的構想完全可以設定：當地球面臨生存的危險時，人類可以移居到另外一個適合於人類居住的星球，就如同當年一部分歐洲人移居新大陸美洲一樣。

在傳統科學的理論框架中，啓蒙運動已經鑄造了如何解釋科學和人類關係的邏輯話語，一切都是那麼的斬釘截鐵，規律不可動搖，定律時時刻刻起著作用。生態倫理學的辯護往往被歸類於迷信和愚昧，甚至於被推諉到那是我們後代子孫的事情。總之，科學的解釋必然掉入人類中心主義設立的「自私自利」的陷阱之中：保護自然不過是爲了保護人類自身。在傳統科學的世界圖景中，環境保護運動只能是人類自我拯救的權宜之計，不具有終極的理由和根據，沒有哲學和宗教的意義。因爲，科學已經使人類過於理性和冷漠了，人類自認爲看透了一切的一切：宇宙洪荒，天際茫茫，萬物冷寂，地球好像是一隻孤寂的太空船，終將要老化、變爲一顆死星（坍塌的黑洞），一切生命終將被廢棄，人類作爲一個物種，難免遭受毀滅的命運，曾幾何時，恐龍稱雄於世數千萬年，最終還不是走向滅絕，人類又怎能例外。唯一的解決辦法是人類在地球遭到毀滅命運之前，征服自然，提高駕馭自身的能力，延長生命到另一個星球，拋棄自己的家園。

無可否認，科學也在重構「自然」的概念。十九世紀以來，古典物理學的自然概念被不斷的修訂、補充。如愛因斯坦的相對論否定了牛頓的絕對時空觀，將物質、運動、時間、空間結成一體。量子論在微觀領域引入了「測不準定律」不確定性的機率概念，修訂了牛頓完全決定論的世界體系；熱力學引入了物理過程的不可逆性，對傳統科學的時間可逆性提出了嚴重的挑戰；系統科學、混沌學注重世界的複雜性和整體性，與牛頓理論偏重世界的簡單性和原子構成性形成鮮明的對照。在這些變化中整體的觀念、非還原的觀念、非決定論的觀念、複雜性的觀念、不可逆性的觀念突出出來，與自然界生命的原則、有機的原則相互銜接起來。

三、對「時間」的重新認識，能夠喚醒科學的「良知」嗎？

物理科學對「時間之矢」的發現是自然概念中最爲深刻的革命。近代科學有兩大傳統：數理科學和博物學。他們最終的分別是前者用數學化的方式看待和對待自然，後者則面向自然的歷史性和時間性。進化論是博物學傳統的最高成就，與數理科學重視可控制的實驗設計、重視普遍規律的數學表述不同，博物學重視蒐集歷史資料、時間順序的證據、物種的親緣關係和比較分類。在近代生命科學的發展中，實驗生理學傳統和博物學傳統共同創造了生物學的歷史。但是，現代性重視數理傳統，偏重於實驗生理學傳統，博物學被認爲不太科學，無法進行較爲徹底的數理學分析，而放置於一邊，當今諾貝爾科學獎項的設立，充分顯示了數理科學傳統在科學界無可爭辯的霸權。然而，數理科學的最大弱點是否定人類生活時間的眞實性質。傳統科學對待「時間之矢」的態度是：時間的方向性、過去與未來的不對稱性，只是一種幻覺。相對論引入的「流形」概念，將整個宇宙變成了一個本質上沒有演化、沒有時間性的「整塊宇宙」。

二十世紀物理學重新引用了「時間之矢」的概念，力圖再度解釋宇宙的圖景。建立在廣義相對論之上的宇宙學，確立了宇宙膨脹理論，建構新的宇宙模型，重建了宇宙學意義上的「時間之矢」。熱力學第二定律本來就提供了一個「時間之矢」，普里格金的「耗散結構」理論進一步揭示了「時間之矢」的創造性。從熱力學第二定律開始，一直向物理科學領域蔓延的「時間之矢」的發現，說明了傳統世界圖景正在經歷革命性的變化。傳統世界圖景的簡單性、可還原性、時間可逆性、嚴格決定論和解析性，都不再具有獨一無二的權威解釋的地位。自然界的複雜性、不可還原性、時間的不可逆性、不可預測性、非解析性，正在成爲當代科學解釋世界圖景時的一大特徵。但是，傳統的世界圖景觀念仍然牢牢統治著大衆的思想，成爲崇拜科學、「戰天鬥地」、掌握自然、改造自然的基本哲學依據。

物理學對「時間之矢」的重新認識，能夠喚醒科學的良知嗎？或許有這種可能。自然科學已經在自覺地反省由近代科學所造就的人與自然關係的格局——人與自然被分爲兩部分。人是自然這座龐大機器的渺小而又不相干的旁觀者。傳統的自然與人類建立起來的豐富多采的關係，簡單地就被科學斬斷。人與自然的分開，帶來了哲學上主體與客體的二分，人文文化與科學的二分。現在，對「時間之矢」的強調是把時間的不可逆性作爲一個基本的事實，是一種對自然精神領域的關切，是一種哲學意義上對人與自然關係的重新認識。這種哲學信念強烈地要求尊重每一個個人的人文經驗和對生命的感受和宗教信仰，並將其作爲一個基本的哲學出發點。正是因爲生命在成長衰老，時間不可回復，人生和自然才這麼地莊嚴起來。哲學家柏格森（Henri Louis Bergson，一八五九～一九四一）曾說道：「眞正的時間是綿延，而綿延是唯一的實在。」

哲學家海德格（Martin Heidegger，一八八九～一九七六）認爲：時間性來自人這種此在的有死性。「在與死的共在中，每個人都被帶入每個人都能同樣地是的『如何』中，每個人都被帶入這樣一種可能性中——與之相關，沒有人是突出的；每個人都被帶入一切『什麼』都在其中灰飛煙滅的『如何』中。」。在這一方面，新物理學與哲學的解釋幾乎完全一致，普里格金在其著作《從存在到演化》中指出：「我們看到了某些最近結論與如柏格森、懷特海、海德格等哲學家的預期有多麼接近。主要的區別是，在他們看來，這樣的結論只是可能由於與科學的衝突而得到的，而我們現在把這些結論看作是從科學研究的內部得出的。」科學能從內部激發出對自然的「良知」嗎？或許我們指望著在不可逆性的基礎上產生出一套整合現有科學理論的新觀念架構。不過「時間之矢」的重新解釋，可能能成爲另一場觀念革命的先導，來拯救人類的精神世界。

四、科學統治我們思想的過程還沒有完結，追尋眞理猶如追尋自然一樣困難

目前，上述這種科學革命的態勢並不十分的明朗。傳統科學依然氣勢如宏，瀰漫於社會結構中的科學技術觀念，教育領域的科學理論，還告誡我們要把自然視爲可利用和可征服之外在世界。尤其是生物基因工程、複製技術和微電子技術領域，已經顯露出將自然作爲玩弄對象的不負責任的態勢。科學能否眞正走出近現代思想爲之設立的先人的理論框架，現在尚無把握。不要忘記傳統科學、技術體系、工業化和現代化社會發展模式，都受制於自然、人文兩分的共同的形而上學本質。正是這種在近代歐洲成長起來的形而上學的架構，支配著科學發展和人類思想演化的方向，支配著二十世紀人類現代化的進程，支配著人類對自然界掠奪式的開發和對環境的破壞。如果我們只是寄希望於自然科學的重新反思和重建，那麼仍然沒有擺脫人類狹隘的利己主義，仍然陷入原有的兩分法的形而上學的架構當中。如果用科學的解釋方式得出的結論就是：「人類生存的需求壓倒一切。」在地球上一方面是各民族、國家生活水準的差距，貧困的廣泛存在；一方面是無法控制的人口自然增長，使生態環境極度的惡化。龐大的人口對糧食生產提出很高的要求，耕地擴大，

土地開始貧瘠，人類追求的生活水準不斷地要求向比較開發地區靠攏，而生活條件惡化的地區又提出更多數量的勞動力需求，生育突破了生理和傳宗接代的文化慾求，成爲現實的經濟需要。人口增長、生活相對貧困、環境惡化，形成了一個惡性循環。生態平衡固然重要，但是嗷嗷待哺的嬰兒也是生命，究竟在這裡誰更重要？科學選擇了人類的生命，因爲她設想總有一天人類會用科學的方法修補自然和生態平衡。

但是，人類畢竟不是造世主，人類沒有將一去不復返的事物重新逆返恢復的能力。我們的基本思想、道德觀念和宗教信仰都必須進行根本的改變：放棄人類主宰自然的妄念，將人類視爲自然的一部分，承認人類在自然面前的軟弱和局限，尊重自然界其他生命的生存權利，人與自然和諧相處。許多科學家都在晚年信奉自然神論，他們深知人類的弱點和局限，懷有對自然神聖的敬畏和恐懼。畏懼自然絕不是人類的懦弱，而是人類的成熟和理性。

科學應當回到在哲學的指導之下，追尋人類和自然的精神本質，透過對自然規律的探究來深化對宇宙眞理的理解，強化人類生存的基礎和精神的根基。自然和眞理有一個共同的特徵，正像海德格所講的「自行隱退」、「自行回歸性」。他們作爲純粹的內在性，總是在你用科學的方法接近時，就深一層地隱退，顯而不彰。二十世紀的世界是一個用科學之手術刀解剖一切存在的時代，一切都力圖被人類揭示得明明白白，科技打碎了萬物在自然界中各種神聖的庇護，人類自以爲逼近了萬物的本質和自然的規律，但是眞正的眞理和精神實質已經自然地隱退，輕薄的科學怎能隨意揭開偉大莊重的自然那厚重的神秘的眞理面紗。正像哲學家們所說的那樣，科學對自然越是探索揭示，眞理和自然眞諦的隱匿就越爲深沉。因爲科學永遠也代替不了哲學的思考，永遠也拯救不了人類追尋永恒眞理的精神世界。今天，人類享受了科學技術帶來的實惠和人類自然性淋漓盡致的發揮，但是人類的社會性呢？道德性呢？向善性呢？每天我們都面臨著層出不窮的危機和對危機的恐懼，因爲我們人類在物質享受中漸漸地喪失了人類精神的寄託和存在的根據。我們的人文根基如此匱乏，以至於今天擁有各類財富和知識的我們，在精神上並不比我們窮困潦倒的祖先們更富有。

因爲，存在的根基在於自然和大地，當大地遠離我們而去，自然被支解的破碎不堪，人類精神的營養來自哪裡？人類本該和自然毫無界限，本該和自然融爲一體，二十世紀人類對自然的大不敬，只能告訴我們一句話：「科學能滿足人類的好奇心和滿足人類的物質慾望，但是，科學不能拯救人類的精神。」

6 東西方文化的碰撞

第一節　世界格局改變的文化意涵

一、世界格局的演變歷程

十六世紀新航路的發現（一五一九～一九二二年麥哲倫環球航行），商業、工業、交通發展為資產階級登上歷史舞台創造了條件，海上殖民的動機客觀上引發了世界市場的建立，在此基礎上，全球性的國際關係才成為可能。一六一八～一六四八年因歐洲新教同盟與傳統天主教同盟進行了三十年的戰爭。簽訂了「威斯特伐利亞和約」劃定了歐洲的領土範圍和國家的邊界，瑞士、荷蘭獨立。此和約僅限於歐洲局部地區，尚不能稱之為世界格局。

真正的世界第一格局是「維也納體系」（一八一四～一八七〇年，持了近六十年）：一七八九年法國大革命之後，法國共和體制發揮了掃蕩歐洲封建勢力的作用，到拿破崙發動擴張與反封建的兩面性戰爭，歐洲的封建君主聯合對抗法國資產階級政權。一八一四年維也納會議上，俄、奧、普、英結成「神聖同盟」劃分歐洲領土，分割海外殖民地，同時，做仿法國在各封建國家內部進行體制改革。俄、法、英在此時期加緊擴張殖民地。在這一格局的後期，列強在世界範圍興起。一八六一年美國南北戰爭、義大利統一、清朝「洋務運動」、俄國廢除農奴制，一八六八年日本「明治維新」，一八七〇年普法戰爭之後德國統一。各國加緊改良制度，增強國力，準備戰爭。此一格局在世界進程上的基本特徵是：法國資產階級大革命引發了歐洲各國的現代民族國家獨立運動。

對二十世紀產生巨大影響並導致東西方在政治、經濟、文化、軍事等方面全面對抗的是在世界上形成的「第二格局」——列強瓜分世界體系（一八七〇～一九一四年，持續四十四年，八國爭雄、瓜分世界）：各西方列強國力強盛之後，進行了一系列對外殖民擴張的戰爭，如美墨戰爭、美菲戰爭、一八九四年甲午戰爭、一九〇〇年八國聯軍入侵中國、一九〇五年日俄戰爭。英、法、德、美、俄、日、義、葡萄牙八國爭雄，從爭奪殖民地到瓜分世界。此一時期，因土耳其改革，奧匈帝國參與到世界格局中來，國力日漸增強。在此一格局中世界進程的特徵是：現代民族國家以列強戰爭的形式爭奪海外殖民地，劃分勢力範圍。

第三格局——凡爾賽—華盛頓體系（一九一九～一九三九年，持續二十年，列強互相牽制）：一九一四年至一九一八年第一次世界大戰中德國戰敗，奧匈帝國解體。戰爭後期，潘興將軍登陸歐洲大陸，標誌著美國成爲對歐洲產生重要影響的世界強國。一九一七年俄國十月革命成功，一九一九年巴黎和會（引發中國「五四運動」），美國實施對華「門戶開放，利益平均」的政策。各大國對世界瓜分完畢，準備新一輪市場和資源地域的爭奪。各殖民地、半殖民地國家開始了以社會革命爲先導的民族解放運動。歐洲充斥著和平重建氣氛下英、法對德國先勒索、後綏靖放縱的政治作爲，西方各國開始將俄國革命成功建立的蘇聯視爲勁敵，德國的崛起使戰爭再一次逼近人類。這一時期的歷史特徵是：俄國的無產階級革命引發了世界範圍內的社會革命和民族解放運動。

第四格局——雅爾達體系（一九四五～一九九〇年，持續四十五年，美蘇兩極對抗、意識形態對抗主導下的冷戰）：一九四五年二月，在蘇聯雅爾達，美、蘇、英三大國劃分歐亞勢力範圍：歐洲被一分爲二，德國一分爲四，後分爲東西兩個德國；在亞洲，蘇聯承認美國控制日本以及在華利益，美國同意蘇聯占領南庫頁島和千島群島、外蒙古獨立、大連港國際化、旅順口爲蘇聯海軍基地、中國的中東、南滿鐵路由中蘇共管。後劃定了朝鮮半島的南北分界線——三八線。

一九四五年七月，在德國波斯坦三大國又完成了雅爾達體系。一九五〇年六月，朝鮮戰爭爆發，美國認爲東西方對峙開始，搶先占據有利的戰略位置，第七艦隊協防台灣，阻撓中國解放台灣。一九五一年八月美日簽訂「舊金山和約」，以反共爲由，提出台灣地位未定論，並將釣魚台的行政權交給日本，爲中日關係留下隱患。美國還以參與並擴大越南戰爭來表現它對社會主義陣營的遏制。

亞非拉美在十九世紀中期到二十世紀中期成爲西方列強控制的勢力範圍，第二次世界大戰後，這些地區的民族解放運動風起雲湧，成爲在有別於東西方世界兩大陣營的中間地帶。美、英、法等西方國家仍然堅持對亞非拉美地區的傳統控制，而蘇聯不承認這些地區是西方領地，也開始用輸出革命方式，鼓動亞非拉美殖民地國家以民族解放和國家革命爲手段，對西方全面挑戰，兩大陣營對第三世界爭奪戰於是開始。中國在進入社會主義陣營之後，乘勢而爲，以同亞非拉各國的相互聲援和支援爲基礎，確立了自己的世界地位。隨即在一九七一年，以國家利益至上的戰略判斷，毅然和美國修好，形成了中、美、蘇「大三角」戰略均勢，爲結束雅爾達體系，開了先河。一九七九年中美建交，中國宣布和平統一的對台政策，同時開始改革開放，中國初步吸收了東歐國家經濟改革的經驗，意識形態進一步務實和有中國的特色。中國經濟的高速增長，鼓勵了東歐國家以經濟改革擺脫蘇聯在主權方面的控制，蘇聯也在與美國的軍備競賽中消耗了國力，國內經濟不堪負荷。八〇年代中期，「民主化」浪潮席捲第三世界國家，原屬兩大陣營的國家都被波及，東歐各國、亞洲的南朝鮮、菲律賓、中國的台灣地區不得不進行一系列政治改革。一九九〇年以後，東歐「民主化」加上擺脫蘇聯對東歐各國有限主權束縛的運動，成爲分裂雅爾達體系的一劑「靈丹妙藥」。隨著東歐巨變、蘇聯解體、德國統一，雅爾達體系迅速崩潰了。

第五格局——趨向多極化的體系（一九九一年至今，持續不斷的經濟全球化、政治多元化、社會資訊化和安全機制化）：本世紀的最後十年，呈現了新的格局，從文化意義上看，產業資本主義、商業資本主義和金融資本主義大行其道，金融資本跨越了所有的人爲界限，在世界範圍內自由的流動，並對各種文化不同的國家帶來一系列問題。全球化經濟強化了市場的瓜分和競爭，各地區不得不採取集團化的方式來對應。歐洲在一九九九年第一天統一了貨幣，北美自由貿易區形成，亞洲雖然有「亞太經濟合作會議」（APEC），仍面臨著必須迅速整合的巨大壓力。趨向多元化的大國關係更爲複雜，美國挾經濟強勢，建構一元世界的企圖越來越明顯。同時，核擴散導致一些中小國家在國際社會的聲音增強，「地區主義」隱然成形。資訊技術和透過各種網路的物流方式，帶動社會發展的進一步開放，文化傳統的保持和政治制度的改革糾纏在一起。多元化的大國關係也正在促使各地區形成了安全機制，但是這種機制的本質仍然在於，保證西方國家的經濟優勢和國家利益。從而造成對其他國家，特別是西方能源儲備地的中東地區和西方夕陽工業轉移地的亞洲地的政治規則正在廣泛而普遍地支配著國際社會各個領域。清醒地看到，未來的多元化格局雖然相對均衡，但絕不是公平的格局，西方文化背景之下區的嚴重傷害。多元化目前只是一個趨勢，也是世界愛好和平力量的良好願望，同時也要

二、東西方文化衝突與中國的「自強運動」

中國從一八四〇年開始被迫走向近代化、現代化之路，是由世界格局的變化和中國歷史的特殊性所決定的。十八世紀，再加上十九世紀前期，是歐洲歷史進步最快，變化最大的時期。工業革命、交通革命、法國大革命、美國獨立於英國建立新型的國家；哲學、政治經濟學、科學上的新理論和發明層出不窮；西方世界的本質發生了根本的變化，封建勢力迅速退出歷史舞台，資本主義勢力強勁。西方文化隨著西方殖民擴張和爭奪世界市場而必然與東方文化相衝突。反觀中國，在清朝乾隆年間已經出現了衰弱的跡象，英皇特使馬戛爾尼來華，他和隨從都觀察到當時中國社會管理存在著衰敗的問題。馬戛爾尼從住宿圓明園的客房壁紙脫落、守園官兵和太監私下與園外鄉民串通盜竊園中物品等現象，在日記中感慨到這個「天朝上國已經開始外強中乾了」。當時，馬戛爾尼使團中不乏學者和科學家，曾有人表示願意留在中國傳播科學知識，馬戛爾尼也向軍機大臣和珅談到歐洲的文明和科技發明，建議在北京表演一些諸如熱氣球升空、火炮快速射擊之類的專案，希望與清

朝互換使節，平等貿易。臨行之前，他告訴兩廣總督長麟，中國的工業、化學、醫學等知識落後，英國願意幫助中國，否則中國這樣下去，無法面對外來的進攻。可惜當時的清朝不願意睜開眼睛看世界。中國封建社會的危機，二十世紀初中國現代化進程的落後，外因是帝國主義列強擴張、侵略中國，以強盜邏輯強加給中國一系列不平等條約；內因「癥結並不全在近百年之內，實遠伏於百年之前，特別是百年前的百年」，其根本在於「閉關自守」和「故步自封」。

衰敗爲其一，其二是「半邊緣化」。中國在明代中期開始有了資本主義萌芽，可惜因爲中國封建社會周期律的作用，王朝更迭，打斷了近代化的進程。中國走向近代化、現代化是被迫的，是外力入侵使然，又適逢世界資本主義正從自由市場轉變爲軍事帝國主義階段，英國向中國要「市場」，美國要別人出頭得來的「利益平均」，俄國要「領土」，日本要「沿海島嶼」，法國要中國的南部「藩屬國」。中國面臨著經濟崩潰和亡國滅種的雙重危機。中國曾經與日本幾乎同時進行變法，一八六一年開始「洋務運動」，日本在一八六八年開始「明治維新」。但是，由於中國沒有在政治體制上實施根本的變法，沒有跟上當時世界格局——列強格局之下的世界潮流——各國都在盛行國家主義，強化國家的職能，實行憲政革新，建立法制化國家。清政府雖然花了大把的銀子買來了「船堅炮利」，在器物文明方面有所長進。但是，政治上依然是絕對的封建腐敗。一八九四年中日「甲午戰爭」中國的失敗，中國被摒棄於世界列強格局的主流之外，不僅在世界格局中沒有一席之地，處於「半邊緣化」狀態，而且直接面對著民族存亡的問題。

中國救亡圖存的近代化發展之路，在這種背景下不得不選擇了革命手段。從一八九八年「戊戌變法」失敗，譚嗣同等六君子流血開始，中國革命不得不走上一條激進流血之路。這種社會進化過程的特點是，首先經歷了內部嚴重衰敗與帝國解體，同時，在外部逼迫下成爲列強的瓜分地域。隨著苦難日益深重和社會各類矛盾劇增，唯有透過革命才能達成「內懲國賊，外驅強權」的雙重目的，才能達成社會重組、走向現代化、重新回到世界格局中去的目的。自十九世紀末以來，爲了擺脫民族危機與實現富強，中國的政治精英與知識分子在思想和精神生活方面，面臨著前所未有的全新難題。由於國內與國際的政治、經濟、軍事、社會文化與價值因素的制約，由於不同時期面臨的不同困境和矛盾，使得具有不同經歷、文化背景與價值觀念的人們，不得不作出種種政治選擇。從「戊戌變法」、「清末新政」、民國初年的「議會政治」，到軍閥爲基礎的「威權政治」，以及後來的「五四運動」，都是中國走向現代化過程中不同階段的政治選擇。中國的近代化、現代化進程大致經歷了三個階段：

1.自上而下的「洋務運動」：力圖在「器物文明」方面趕上西方列強，結果由於沒有觸動政治體制、法律制度和社會組織層面，遭致失敗。

2.自下而上的「國民革命」：推翻了清朝的帝制，建立「共和制」現代民族國家基本形式，以城市為中心，透過國家集權的方式進行現代化，力圖實現「制度文明」。但是，由於封建經濟制度沒有被觸動，「制度文明」也因人民受長期封建影響，帝制之後沒有絕對權威，社會分崩離析，軍閥混戰，西方的法制和政治形式在中國徒具其表。雖然經歷了一九一九年的「五四運動」，稍稍開始了「國民性的改造」，民主、科學的精神進入中國的文化體系，此時又遭逢外部世界資本主義體系進入壟斷帝國主義階段，西方列強開始貪婪的軍事擴張。中國內部救亡的緊迫性已經壓過了社會「啓蒙」和改良制度的要求。加上中國知識分子組成的各種政治組織有著深刻的國際列強支持背景，中國的政治局勢和經濟狀況在內亂中百般坎坷。一九三七年日本帝國主義全面侵華，徹底打斷了中國現代化的進程。

3.一九四九年中國革命（特別是農民革命）的成功結束了中國百年來內部衰敗和外部邊緣化的趨向：建立了現代國家強有力的政權形式和高度的馬克思主義、反帝國愛國主義的意識形態，實現了國家民族的政治統一（除領土面積二百六十分之一的台灣島外）。毛澤東主席等一批革命家，面對冷戰格局下中國重新被隔絕域外的形勢，亟待實現百年來強國的理想，透過強化政治手段和大規模群眾運動的方式，進行一系列激烈的社會變革，探索迅速實現工業化的道路。由於一九五七年以後的國內和國際形勢，中國的「器物文明」、「制度文明」和「國民性改造」都沒有繼續進行下去，造成了中國後來的「文化大革命」，導致文化遭到極大的破壞，現代化進程大幅度倒退。

一九七九年到一九九九年的中國的現代化建設，從文化學意義上看，仍然是中國「自強運動」的延續，中國重新在「器物文明」方面採取了改革開放的政策，小心謹愼地進行「制度文明」的政治改革，但是在「國民性改造」方面效果不彰，未實現人的現代化的基本標準。當然，中國成功地實現了持續二十年的經濟增長，在二十世紀的最後二十年在「器物文明」上實現了幾代中國人爲之奮鬥的目標，中國具有成爲世界強國的基礎、能力和國際資格，有了重新弘揚民族文化的信心，有了致力於「國民性改造」和全面邁向「制度文明」的勇氣。我們今天從大文化意義上來反思中國現代化的進程，絕不能否定我們先輩創造的歷史，無論是「工業救國」、「教育救國」、「軍事救國」、「科學救國」、「醫學救國」，經歷了那個時代的中國人，他們或許在某一個歷史階段都有其政治局限性，但他們的初衷都是爲了中國崛起和強盛。一百年過去了，個人和黨派之爭的恩怨、誰是誰非的評價，基本上已經塵埃落定，許多激烈的感情色彩也多少有了些淡化，我們應當心平靜氣地思考這一百年中國現代化進程留給後代的啓示，特別是在文化方面的啓示。

二十世紀中國現代化進程在文化上的基本特徵是從一個傳統封建權威主義的政治社會，轉型爲一個社會主義的「現代全能主義公民社會」。從一九〇〇年以後，中國社會演進爲日益革命化的趨向，主要是內部衰敗和外部列強瓜分造成的。革命的目的就是「雙重救亡」，內抗衰敗化，外抗邊緣化。這種歷史條件下，革命是中國現代化的特殊表現形式，前期的興中會、同盟會、國民黨和後來建立的中國共產黨都是不同歷史階段推進現代化的政治力量，中國共產黨領導中國人民革命成功，標誌著達成了「雙重救亡」的任務。西方文化對於中國來講，只要不符合「救亡」的基本價值取向，就很難與中國文化相融合，從這一點上不難理解爲什麼來自西方的馬克思主義能在中國生根、開花、結果。當然，新中國建立後，強大全能的國家政權及迅速的工業化戰略，曾經爲中國的現代化準備了經濟基礎和社會動員能力，但是也帶來了巨大的社會成本。正像已故的歷史學家羅榮渠教授所言：『「左」的負面效應，如被動、自卑和抗拒地對待世界的態度，『畢其功於一役』的急功近利，你死我活和好大喜功的盲目急躁心理，過於集權的『倒果爲因』的思路，這一切都成爲我們進行歷史反思的遺產。」

自一八九八年的「戊戌變法」以來，激進的政治理念與價值，一直支配著二十世紀大部分時間中國政治選擇的基本走向，主流的政治精英與知識分子的思維模式，在不同程度上受到它的影響。形成了中國人現代文化和思想價值中激進的變革思維模式持續化的深層「同構性」（引用蕭功秦先生的概念）。正是在保守與激進的不斷對抗當中，中國傳統文化中的那些文化資源，某種程度上成爲了被攻擊的對象，不斷的流失消散，從而使中國的現代化過程中始終沒有眞正地與中國傳統文化相融合。

好在中國共產黨在一九七八年認清了中國走向現代化必須要對社會進行漸進全面的改革，而基礎就是與民生相關的經濟領域。以鄧小平、江澤民爲核心的中國共產黨第二代、第三代領導集體，對世界發展趨勢判斷準確，跟上了時代的潮流，採取各種方式將百年來中國近代化和現代化的進程銜接起來。在他們手中，實現了社會的進步、制度的完善、教育的提高和國際地位的穩固提升。尤其是香港、澳門問題的解決，標誌著中國徹底洗刷了百年來遭受帝國主義列強欺凌的恥辱。改革開放二十年在文化學的意義上，是中國「器物文明」進一步落實，「制度文明」逐漸深化，「國民性改造」全面展開的時代。

第二節　後殖民主義文化的困惑

一、什麼是後殖民主義文化?

後殖民主義文化是指在擺脫了殖民地或半殖民地處境之後的那些國家或地區，其殖民統治時期文化的基本價值和經驗由於物化（變爲殖民地的生活方式和各種物質形式）、異化（指西方殖民思想加上被殖民地區的傳統文化）進入該社會文化體系中，由一部分受殖民教育影響的知識傳承，充當了維持與前殖民國家的不平等依存關係的知識解釋。「後殖民主義學」是指對後殖民文化進行批判的各種理論。

二十世紀後期，隨著全球內殖民地解放運動逐漸取得成果，各獨立民族和新興國家幾乎都面對著如何重建文化價值的問題，由於長期的殖民文化影響，在新興國家走向現代化進程中，西方強勢文化往往依附於西方物質文明對弱勢文化給予遏制。各民族傳統文化往往被剝奪了自我闡釋權，幾乎所有的古老文明都要經過西方科學和哲學進行功利性的評判，以往的歷史都經由西方的理論加以闡述，一些非洲國家甚至喪失了自己的語言。這種狀況造成了後殖民文化特有的知識霸權，科學哲學家哈爾丁（Sandra Harding）認為以科學為例，西方在殖民化過程中，發展了航海、天文學、礦物學、動植物學、武器設計等等。其核心目的是取得對自然和其他文明的壓倒性優勢，強勢推銷的歐洲文化自然而然地在這些殖民優勢科學幫助之下，幾乎徹底摧毀了其他民族的文明。

在客觀中立的名目下，歐洲中心主義制訂了通行全球的所謂衡量「文明」的標準，不符合歐洲文明規範的一切文明文化都被說成是「落後」和「野蠻」的。在殖民化時期，西方知識界中的一些人一直充當西方文化種族主義的工具。當時的西方，「自由民主」思想與「殖民」思想並行不悖，「平等人權」觀念竟然以對西方文化的服從為基本前提條件，換言之，你成為西方文化的順民之後，再給你「平等人權」。十九世紀中葉到二十世紀二〇年代，西方列強殖民最為興盛的時期，正是社會達爾文主義成為文化主流的時期。非西方知識分子幾乎都學會了在歐洲文明的前提下進行邏輯思維、觀察問題、蒐集材料和尋求答案。西方文化爲中心，其他文化爲邊陲的意識就如此這般地、潛移默化地形成了。

比如對伊斯蘭教世界的看法，最能反映出西方標準的蠻橫。美籍阿拉伯學者薩伊德在《東方主義》一書中認爲，幾百年來歐洲對回教世界有一種幻覺，最早由歐洲知識階層中的文學家以宗教優先的自我意識，在文學作品中塑造了歪曲的阿拉伯回教徒形象（文化貧乏和教法邪惡）。以後這種偏見滲透到西方的各個領域，似乎是歐洲的殖民者才給伊斯蘭世界帶去了眞正的文明。直到二十世紀下半葉，西方對中東地區的外交政策仍然在沿用著這一思路。區分異己和描繪敵方的邪惡，由此來肯定自己強者和主導地位是西方列強在本世紀一貫玩弄的手法，不信你可以看一看西方的地理概念，他們創造出來的「中東」、「近東」和「遠東」等概念，其背後的內涵就是用西方文化作標準對這些地區文明做出惡意的評判。後殖民主義文化在這種既要追求民族獨立和傳統文化主體性，又無法擺脫西方文化中心論束縛的景況下，陷入極大困境。這一點二十世紀非洲革命建立國家時，在國家認同的文化定位上，反映得極爲典型。本世紀的非洲文化認同是十分複雜的，有以追求人性爲主要政治目標的「泛非主義」；有反殖民地的「非洲認同」；有以國族爲基礎的「部落主義」。「泛非主義」是典型的後殖民主義文化觀念，其所強調的既非極端推崇非洲傳統文化，也非全面排斥西方文化，而是站在普遍人性的立場上，對非洲人民所受到的壓迫作人道主義的關注。而「非洲認同」和「部落主義」兩種文化定位的觀念，正是非洲團結組織幾十年來持續與西方鬥爭的兩條道路。「革命的非洲也是一種泛非主義的認同，強調的是非洲與其他地區絕對的不同，忽略的則是，非洲內部所存在的剝削壓迫模式未必與殖民主義的剝削壓迫有本質的不同。另一方面，部落主義在主權國家的掩飾之下，只肯追求非洲各國之間的結盟，但反對非洲一家的革命終極目標，這就是爲什麼非洲團結組織接受了殖民主義在非洲劃定的國界。」

二、後殖民主義文化對中國的影響

中國在二十世紀上半葉經歷了半殖民地化的過程，但是中國的經歷又是十分複雜的。第一，中國沒有成爲西方單一國家的完全喪失主權和民族獨立性的殖民地，而是多個殖民主義國家局部殖民的對象；第二，多國殖民主義的殖民方式不一，有時同時出現，比如各西方國家上海、廣州、天津的租界；有時先後出現，如葡萄牙對澳門的殖民統治；英國對香港徹底的殖民統治，對西藏軍事和政治控制式的殖民統治；日本對台灣直接實施殖民統治；在東北地區以「滿洲國」形式的殖民統治；第三，同一殖民主義者在不同地區實施統治之後，留下的印象截然不同，比如日本帝國主義在中國的東北大連、華東南京和台灣地區的統治有著不同的意義，在大連是直接的統治者（大連當時併入了日本的關東州），在南京是屠殺的劊子手，在台灣是恩威並施的殖民者；第四，中國在受到非西方民族的殖民者傷害的經歷（如日本帝國主義）與受到西方殖民主義者傷害的經歷有著微妙的不同。

中國（包括大陸、台灣、香港、澳門）正是在這種特殊的歷史際遇之下，在抗拒或是接受殖民文化影響時，表現出不同的反應方式，彼此之間甚至各自內心中存在著矛盾和衝突。中國一百年來不同政治派別之爭未嘗不是由此引發；中國目前仍未統一，台灣島存在著強烈省籍意識、「新台灣人主義」、「兩國論」和強化與祖國大陸的文化隔閡，未嘗不是由此引來；在處理香港、澳門主權回歸問題上鄧小平考慮採取「一國兩制」的方法，未嘗不是由此引致（即香港是中國的，但是香港又是受到西方文化薰陶的、與內地有很大不同的地區）；百年以來，中國文化界、知識界持續不斷的西化與傳統之爭、崇洋與排外之爭，未嘗不是由此引燃。

三、本世紀中國知識界持續不斷的西化與反西化思潮

中國在經歷了一九一九年「五四運動」和隨之而起的「新文化運動」之後，啓蒙與救亡的雙重主題，增加了文化認同的蒼涼感，現代化和民族獨立的雙重任務令中國幾代知識分子分爲不同的政治陣營。雖然他們的基本目標一致，但採取的方法卻千差萬別，從「全盤西化」到「整理國故」，從激進左派到保守主義者。他們之間因方法不同而相互攻訐，卻往往忽略了正是由於中國社會半封建、半殖民地的狀況和一定程度的「後殖民主義」的影

響，才決定了知識界持續不斷的西化與反西化爭論。一九四九年到一九七九年，這三十年間西化與反西化的思潮是以不同政治傾向表現出來的。在幾次政治運動中，西化往往被貼上「右傾」、「賣國主義」、「洋奴哲學」、「爬行主義」等各種標籤，反西化則經常以「極端革命派」、「左傾」、「愛國主義」的面貌出現。兩種思潮都在政治鬥爭中走向絕對和極端，失去了對社會正常發展的指導意義。文化大革命中，西化思想幾乎銷聲匿跡，文化界、知識界一面倒地成了反西化思想的大舞台。

七〇年代末八〇年代初，「實踐是檢驗眞理的唯一標準」大討論遍及中國知識領域，社會科學特別是哲學，全面引進西方當代思潮和科學方法論。在此基礎上，西化思潮再度興盛。到八〇年代中期，中國大陸知識界曾出現「新五四啓蒙運動」文化熱潮，主題是中西文化討論，主流是以西方文化爲武器，批判傳統文化。到了一九八八年，西化思潮顯然開始走偏了，對中國文化全盤否定，連帶著要否定中國的現行政治制度並挑戰中國共產黨領導地位。當時，最爲典型的是文化界出現的電視政論片《河殤》，該片對中國數千年文化入室操戈，指桑罵槐，以「藍色文明」比喻西方文化，要求中國「走向蔚藍色的海洋，去實現全面的現代化」。

九〇年代以後，社會風氣大變，反西化又成爲知識界的主流。綜合起來，大概形成了三種流派：

1.對後殖民文化進行批評：運用薩伊德（Edward Said）的思想，從文化的角度重新審視五四以來中國的現代話語，認定它們無非是西方「東方主義」在中國的內在化，這種現代化應當就此打住，代之以具有本土意識的「中華性」。

2.海外新左派：以西方的「分析馬克思主義」、「批判法學」、「新進化論」爲工具，主張「第二次思想解放」——從西方現代化道路的迷信中解放出來，在中國透過「新集體主義」和「新權威主義」等多種制度創新，實現超越資本主義與社會主義兩分法的中國式的現代化道路。

3.對西方文明的批評：以制度經濟學的理論重評歷史，認爲西方文明主宰的近現代國際關係是「弱肉強食」的社會達爾文主義，中國文明的內在平和性決定了具有拯救世界免於核災難的使命。

反西化浪潮的主將們知識背景幾乎都是西方知識譜系的主流話語，他們曾相信西方文化能給中國現代化的社會改造大工程，提供學理資源和操作工具。而在中國特殊歷史背景下，西方文化的「普世性現代化原理」（所謂放之四海皆準的眞理）無法產生他們所期待的效果（即學到了西方的科學和治理社會的方法，又不傷及中國的傳統和政治現實，更能得到西方的尊重）。於是，他們開始關注於他們從不當回事的國學，他們反西化實際上只是反對西方主流觀點，他們的思維方式仍然是西方式的。另一方面，反西化浪潮也是中國改革開放綜合國力提高之後，參與世界政治經濟秩序重建中與西方發生直接利益衝突所決定的。中國知識分子發現，在西方各種令人眩暈的理論背後仍然是低俗醜陋的權力關係，在不同的文化體系和民族主義的背後，的確代表著人類不同文化集團在政治和經濟利益方面的對抗、競爭和衝突。

當今世界面臨的問題仍然是民族生存和社會發展問題。一九九九年，占全世界人口的百分之二十的富人的收入是另外百分之二十窮人的一百倍。占世界人口百分之二十五的已開發國家，消耗了世界能源的百分之七十，金屬的百分之七十五，木材的百分之八十五，糧食的百分之六十，卻製造了百分之八十的垃圾和污染源。發展中國家則是經濟落後，人口膨脹，教育低落，勞動力過剩，環境惡化，社會動盪不已。民族生存和社會發展的不同要求，決定了已開發國家之間，發展中國家之間存在著激烈的矛盾。也由於國際政治經濟新秩序建立過程中，力量對比的失衡而在文化層次上的矛盾和衝突更為加深，這使得反西化思潮有了廣泛深刻的社會和心理基礎。

八○年代中國知識界注重的是「理性的啓蒙意識」，對西方知識攝取過於理想化，幾乎是不加反思的，近似於「迷信」；九○年代逐漸形成了「理性的主體意識」，摒棄後殖民文化的影響，重建中國知識界的文化認同提高到一個新的層次，此時的文化認同，簡而言之就是認同中華文明是中國人的基本價值來源，中華文明應當在世界文明中占據一席平等的地位。由此在社會各個領域形成了強烈的「中國情結」，無論是有關本土化與全球化、民族主義、後殖民文化和新保守主義等問題的爭論，都離不開文化認同這個基本主題。

然而，由於中國知識界對中國傳統文化繼承的主脈斷裂，一些人對中國文化精神的理解是有著偏差的，一些人最爲缺少的就是中國傳統的「中庸」思想，一些人對於各種外來文化不是盲目接受，就是一無是處。由於非理性情感因素干擾，使重建文化認同出現了文化烏托邦的天眞傾向，「文化認同的方式仍然是一種初級的『事實認同』的模式。因此，一旦受到主觀認知和客觀環境的刺激，就急急地到中國文化傳統或現實因素中主觀地尋找作爲文化認同的對象，然後加以理想化的解釋，誇大成爲一種具有普遍意義的文化認同價值，以此作爲對抗西方化的靈丹妙藥。」

這種以「兩極判斷」和「整體主義思維」爲工具的文化認同觀念無助於中國的現代化，特別是思想的現代化。文化認同的建構應當依循「創造性轉化」的思路，注重四個方面的問題。

1. 文化認同與現代化不是與中西文化的全部附著或決裂，而是建立包容各種文化精髓的多元結構。不應強求某一文化整套的價值取向爲主導，而應注重結構中諸多要素均衡協調所產生的整體效應。

2. 文化的現代化應當去除「自我中心意識」，對世界各類文化平等相待，兼收並蓄。

3.文化的現代化應摒棄那些非理性的，情感支配的兩極判別的思維趨勢。

4.文化的現代化過程中應注重實踐層面的價值體系「創造性的轉化」。

我們理應以一種更加理性的精神，超越中國和西方文化的界限，探討中國融入全球化浪潮後應當承擔的文化與歷史的責任，我們是一個民族共同體，也是一個世界文明創造進程的主動參與者，文化認同應當是兼收並蓄的整體關照、全面吸收，引導我們的民族、國家、世界走向和諧、均衡發展和各國各民族持久和平的生存，用中國古話來講就是「為天地立心，為民立命，為往聖繼絕學，為萬世開太平。」

第三節 碰撞與融合之後的「世界秩序」基本輪廓

在二十世紀，是戰爭與革命、殖民地解放運動與民族獨立、冷戰體制解體與多元化格局建立交織在一起的歷史進程，所有的重大歷史事件，說到底都是東西方文明以及世界各種文化相互碰撞和融合的具體表現形式。在二十世紀最後十年中，世界秩序形成了基本輪廓，它大致可以表現出在當代技術縮短人類不同文明和地域之間的距離之後，人類各種文明和文化模式是如何相互作用並交互影響的。俄國、獨聯體國家和東歐各國在恢復本民族和地域文化的同時，基本上放棄了集中計畫的經濟模式。中國、印度、越南和拉美國家的國民經濟在自身社會制度的特色之下，正在進行徹底的改革，這就意味著在各種文明非軍事對抗的格局下，全球統一市場的經濟結構初步形成。

這種結構的基本原則或是第一個特徵是社會文化的多元化，以及在多樣化基礎上，自由的企業活動和私有財產受到保護。一九九九年初，中國人大常委會宣布要對《中華人民共和國憲法》進行修改，增加將鄧小平理論和給私有制以合法地位的內容寫入憲法，標誌著中國在恢復傳統文明和融入當代國際發展趨勢方面邁出了重要的一步。二十世紀八〇年代約有十億人在自由經濟的範圍內活動，而二十世紀末，有三十億人口進入這一體系。目前，國際貨幣基金組織的成員國有一百九十個，一百二十四國參加了世界貿易組織。

世界經濟體系全球化的另一個特徵是貿易在許多國家國民生產總值中的比重急劇增長，表明國際商品和勞務力、各國相互依賴和聯繫的程度及多樣性提高。容量在三十兆美元的統一的有價證券市場的形成過程，以及跨國公司的作用大大提高。約五萬家此類公司如今控制著世界上三分之一的資產和約十兆美元（相當於美國國民生產總值的一倍）的貿易額。在大多數已開發國家和發展中國家國民生產總值中，農業的比重正在迅速下降，以金融、保險、銷售、資訊、媒體、旅遊、服務業和電腦軟體設計爲代表的服務業的比重不斷提高。已開發國家只有十分之一的勞動者在物質生產領域工作，這種現象引起了社會政治結構包括教育體制、工會、政黨以及意識形態領域的重大變革。階級矛盾進一步緩和，腦力體力勞動差別進一步縮小。

經濟迅速發展和經濟結構的重大變化帶來的直接問題是大量的失業，當今世界上約有百分之四十的勞動力失業，比二十世紀三〇年代大蕭條時還要嚴重，發展中國家的高失業率和已開發國家人口壽命增加形成的「老齡化」，為人類的社會保障制度提出了新的課題，在二十一世紀人類生產高效率之下，究竟要採行何種生活方式。世界經濟力量的對比也在發生重大的變化。美國、歐盟和日本仍然是世界經濟重要的支撐部分。維持這種支撐主要靠著金融資本的規模、勞動力的品質（教育程度高）、市場的占有量和制訂規則的優勢。同時，亞太經濟特別是被西方經濟學家稱之為「大中華經濟區域」（包括中國大陸、香港、澳門、台灣和新加坡）和拉美工業國在波及全球的經濟危機中，仍然繼續保持增長，成為抑制衰退的重要力量。亞太和拉美經濟的巨大潛力，決定了二十一世紀初世界經濟力量對比將重新分配，各國之間和各大文明之間的政治關係也將隨之變遷。

當然，冷戰後意識形態衝突不再居於主要位置，新的矛盾因素，尤其是傳統國際政治中的歷史因素也在重新啓動。近年來，民族主義和文明、宗教、文化模式的衝突是顯而易見的。以美國前國務卿基辛格為代表的「均勢」派觀點認為，國際關係的主要動力不再是意識形態，而是傳統的國家利益和國家力量對比。正在形成的國際新秩序越來越像十九世紀歐洲政治，綜合國力的對比決定了外交遊戲、文明對抗、同盟的形成和瓦解、勢力範圍的變化。英國前首相柴契爾夫人在一九九六年出版的回憶錄第二卷也附和了類似觀點。一些西方的著名學者，諸如美國政治學者亨廷頓一九九三年七月在發表〈文明的衝突〉論文中預言，各種宗教文化文明，如基督教、儒家和穆斯林文明的衝突必將代替原來冷戰體制之下的意識形態對抗。這種「文明衝突的理論」，其本質是將文化和文明單純地視爲政治鬥爭和經濟競爭的工具，以文化霸權主義、殖民主義的姿態來宣揚繼續保持西方文明優勢的必要性，要求鞏固西方正在削弱的政治和經濟強權。筆者在一九九三年六月出版的《諸神的爭吵——當代國際衝突的宗教根源》一書中也對這些問題作了深入的分析和論述，並預言了中東持續不斷的衝突形勢、波黑戰爭、海灣未來、印度的地區主義爲頭和北非的原教旨主義浪潮。

強調亞太地區儒家文明優越性的趨勢近些年也表現出來，比如西方學者和台灣地區、日本、韓國的學者對東亞經濟發展模式的文化總結，頗有些批判西方文化的味道。在新加坡前總理李光耀的一系列論述中，不難看出一個鮮明的主題——「亞洲傳統的生活方式，特別是儒家道德原則指導下的生活方式」優於「西方物質文明至上的頹廢的生活方式」。他的觀點受到亞洲各國的認可，馬來西亞總理馬哈蒂爾甚至將這種觀點發展成爲一種政治理論對抗西方對其政治制度的干涉。亞洲生活方式的意識形態也在中國持續發展中表現出來，其中社會利益、國家利益和家庭穩定優於個人利益的文化原則，以生存權利的方式對抗著西方的「民主化」浪潮。於是，東西方矛盾在意識形態方面表現顯然越來越集中在對於民主和人權問題的解釋上。

一九九七年開始於泰國隨即蔓延到整個亞洲和世界的金融危機，又對這種自認為東亞模式不敗的思潮當頭棒喝，西方似乎是有預謀地對亞洲經濟和政治制度動手了，大規模的金融狙擊和投機行為，使亞洲國家蒙受重大損失。隨後，西方的資本大量的撤離，造成亞洲嚴重的經濟衰退。原因簡單得不能再簡單，西方要保證他們在世界經濟、政治、文化各個領域的絕對優勢，他們要壓迫亞洲全面服從他們所制定的規則，他們表述為「使亞洲各國成為國際大家庭中負責任的成員，使之能遵守通行的國際規範」。西方許多人於是大談東亞模式的失敗反映了東方文明弊端重重，但事實上並非如此。西方在經濟領域制定的規則對非西方國家傷害極大，這一點正是西方許多學者故意迴避的問題。到二十世紀末，中國、東南亞、印度、中亞、中東、非洲都開始運用自身傳承了十幾個乃至幾十個世紀的文明和文化來與西方制訂的國際規則對抗，越來越多的非西方國家認識到，西方文明主導下的國際政治、經濟、軍事、文化的遊戲規則對非西方國家的文明和地位始終是一種居高臨下的壓制態勢，而改變態勢的唯一方法就是在發展經濟、增強綜合國力的同時，努力保持自己的文化傳統。

7

社會流動、婦女解放思潮和全球化浪潮

第一節 傳統社區的解體與移民的文化互動

經歷歷史上每次大型戰亂以後，都不可避免地要出現大規模的調整人口分布，必然出現各種不同文化的交流和融合。羅馬帝國崩潰後，歐洲進入一個驚心動魄的大動盪時代：盎格魯—撒克遜人從丹麥海岸侵入不列顛，法蘭克人進入高盧，奧馬尼人進入德意志，勃艮第人、汪達爾人、西哥特人在原來的羅馬帝國西部地區獲得了新的地位。與此同時，匈奴人從外高加索和北亞遼闊的大草原威脅著亞洲東部，其中一部分甚至進入了中亞和歐洲，而摩爾人則從北非向歐洲前進。

近代移民與上古和中世紀的人口遷徙道理基本相同。一是宗教戰爭，二是軍事殖民，三是航海貿易，四是販賣人口。十五世紀以來，世界經歷了前所未有的大規模人口流動和遷徙：從歐洲移入美洲，從英倫三島移入非洲和澳大利亞，從非洲移入美洲，從印度移入東非、東南非洲，從中國移入東南亞……，這些人口的流動都是足以影響到世界歷史發展進程的國際間的移民。

二十世紀的此類移民更爲突出。從十九世紀各帝國主義列強推行炮艦政策的武裝殖民，到爲爭奪全球市場形成的海外殖民地及在各國的租界地。西方文化靠著這一方式開始強行進入全球各個角落。第一次世界大戰期間，各參戰國的人口流動主要是以政府掠奪兵員、勞力和民眾大規模避難等方式實現的。戰後，歐洲各國人口遷徙是在重新劃定德國、波蘭、法國邊界和重新制訂英、法、美、日、德、俄等勢力範圍之後，以民族國家的干預方式進行的。二〇、三〇年代，歐洲、南美大量移民進入美國，加重了美國「世界種族與文化大熔爐」的色彩。第二次世界大戰前後，猶太人數以百萬計地移居世界各地，直至戰後在中東巴勒斯坦地區建立猶太民族國家——以色列，引發了到今天爲止仍未了結的以巴衝突和中東的猶太教與伊斯蘭世界的鬥爭。四〇年代末，中國內戰造成了一定規模的移民，其中在中國國內不同地域的遷徙尤爲突出，國民黨集團帶著二百萬人逃亡台灣的事實再次證明了中國自古以來的人口遷徙規律——中原每一次的內亂和改朝換代，都要造成原在核心地域的統治集團及民眾不得不南下和向邊陲地區逃亡，這也是中國核心地域文化往往留之於邊陲地區的重要原因之一。七〇年代以後，殖民地解放運動造成許多殖民地國家舊政權崩潰，出現了新的移民浪潮。八〇年代以後，已開發國家對移民開始用法律嚴格限制，主要是為了對付由於世界經濟發展的不均衡導致日益嚴重的未開發國家難民潮。第三世界國家移民也出現了新的趨勢，主要以各國民眾到西方留學和知識分子向西方流動等方式實現。八〇年代，中國改革開放政策實施，大批知識分子前往西方留學、探親，大批沿海民眾到海外依親，造成了新一代移民浪潮。九〇年代東歐劇變、德國統一、蘇聯解體，歐洲移民潮又呈現了新景觀。隨後，前南斯拉夫地區由於傳統的民族與宗教矛盾，出現了新的戰亂，人民的遷徙在混亂中苦不堪言。同時，非洲地區此起彼伏的內戰、災荒、饑饉、種族屠殺，造成了大批的難民，在非洲地區漫無目標地流動著。九〇年代中期，中國沿海福建、浙江、廣東、上海和東北地區，出現了大量向美國、歐洲各國、澳大利亞、紐西蘭和日本人口流動的跡象。究其根源，大多數為打工賺錢然後實現移民目標的農民、城市居民、大學生和商業白領階層。目前，不同文明地域人口流動的另一種重要的方式就是短期的旅遊者和長期的商業投資人，以及跨國公司的經營管理人員。在日益經濟全球化的條件下，這種流動對文化互動的影響是巨大的，因為每一個旅遊者或是外資企業的外商都可以是一種文化的商業廣告，他們的行為又是經濟行為，最容易被經濟落後國家和地區的人民接受。

在多種移民和社會流動方式的作用之下，傳統的、不同國家比較封閉的社區和單一的文化形態已經不存在了，尤其是融入世界市場和西方經濟模式的各國城市，或多或少地成爲了國際社區和多元文化地域。無論是哪一個洲，哪一個國家，他們的首都和重要的商業城市無一不是國際城市的標誌，紐約、舊金山、芝加哥、巴黎、法蘭克福、開羅、內羅畢、北京、上海、香港、台北、新加坡、曼谷、東京、新德里、倫敦、馬德里、里約熱內盧、開普敦、莫斯科、布魯塞爾、奧斯陸……，既是各國本土文化的重鎮，又是融合國際社會不同文化的樞紐。傳統社區的解體主要是由城市重建中的移民成分和移民目的所決定的。人口遷移的主要起因是什麼？回答這一問題是十分困難的，因爲不同地域，不同民族，不同階層，不同文化，不同政治傾向的人群的遷徙動機是多方面的，遷徙是各種因素共同作用的結果。當然，我們還是能夠找到導致大規模移民和特定的遷徙行爲的主導因素。回顧二十世紀不同文化地域人群的移民遷徙軌跡，我們可以歸納爲生存需求和經濟、政治吸引兩大類。前者爲「求生移民」，後者爲「求全移民」。

「求生移民」是爲了維持自身的生存而不得不離開故土，遷入其他地區定居的人口，或者說是以改變居住地點爲生存手段的遷徙。產生這類移民的主要原因是原居住地對生存的危害和惡劣的生存環境的壓力，如戰亂、自然災害、人口擁擠、環境污染、種族歧視、政治迫害等等。「求生移民」特點是大規模的族群移動或不分族群的大規模地區人口移動，其影響往往是局部的，一般是將整體的文化模式移植到另一塊居住地，即使與另一塊居住地的原有居民打交道，也能儘可能地保持著自己原有文化體系和特色。政治因素帶來的生存危機也是「求生移民」遷徙的主導因素，如驅逐出境和流亡海外，二十世紀初開始的猶太復國主義，四〇年代在英、美等西方國家支援下建立在阿拉伯心臟地帶的猶太人國家－以色列，六〇、七〇年代蘇聯、東歐各國的持不同政見者、古巴的「自由船隊」和越南的「海上難民」屬於此類。當今世界的地區戰爭更造成大批的國際移民，文化壓制和宗教迫害也導致數以百萬計的人民遷徙。一九四七年四月，當英國殖民者從印度撤出，故意分割出信奉印度教和伊斯蘭教的兩個國家之後，宗教衝突在印度所有的城市中蔓延，多達一千五百萬的穆斯林人口從印度遷往巴基斯坦。

一九九二年以來，前南斯拉夫地區的克羅地亞、波黑、科索沃等地區的克族、塞族、穆族、阿族的人民分別逃離異族控制區以避免種族屠殺，則交織著宗教壓制和民族仇視的多重恐懼。

「求全移民」是爲了物質生活和精神生活狀況的進一步改善而遷入其他地區或國家定居的人群，或者說是爲了提高物質和精神生活品質並追求一種信仰、理想、意識形態爲目的的遷徙行爲。產生這類移民的主導因素不是原居住地的壓力和推力，而是遷入地區的拉力和吸引力。二十世紀中，這類移民在整個世界移民中的比例最高，占總數的百分之六十。

二十世紀初，澳大利亞、美國的淘金熱，促使數十萬中國南方農民和城鎮居民漂洋過海尋找發財的良機。當時，南美洲和澳洲最具誘惑力的是就業機會、未曾開墾的土地、豐富的礦藏和等待分配的財富。四〇年代以後，由於冷戰體制形成，東西方意識形態爭鬥、經濟發展水準拉開差距，「求全移民」基本上來自於東方陣營國家和第三世界。一些人嚮往西方的「自由民主」和生活方式，希望在西方社會找到更爲適合自身的發展機會和人生目標，這類人群基本屬於以追求實現信仰和政治傾向爲外在包裝、以追求更高層次生存爲目的的移民。

國際都會的形成幾乎都是人口遷徙和商業發展的結果，不論是政治、經濟、文化或社會的原因，國際都會的不斷增多和擴展，都是以外來人口的大規模遷入爲基本前提的，當然有本國不同地區的人口，有外來文化形態的人口，也有掌握著通行世界知識的各國的精英人才。西方優越的經濟條件和政治地位無疑是吸引外來人口的主要原因，而大量高品質、有較爲完整教育背景的各國移民，反過來又增加了國際大都會的文化多元和包容力，增加了它的競爭力和經濟力，使之保持地區性和世界性文化中心的優勢地位。同時，透過全球化的經濟、政治、文化行爲和商業社會的人口再流動，釋放出沖決傳統社區和各國文化壁壘的力量。

第二節　婦女解放思潮

一、爭取參政權和性別平等

一九一三年六月四日，英國艾普遜草原正在進行周年賽馬，正當數萬名觀眾歡呼駿馬爭先恐後奔向終點之時，一名叫做埃米莉．戴維森的年輕女子突然闖入跑道，挺身搶奪狂奔在第一位的英皇名駒的韁繩，結果慘遭鐵蹄踐踏，數日後不治身亡。這一事件立即引起社會秩序大亂，遊行抗議不斷，公共建築遭到襲擊，倫敦四處火起，而主要肇事者竟是婦女。這並不是一次簡單的治安案件，它是持續了數十年的婦女解放運動在二十世紀初的又一高潮，核心是爭取選舉投票權。女權運動是與十八世紀法國大革命同時誕生的，啓蒙主義思想認爲，自由、平等是人人應當享有的權力，包括婦女在內。拿破崙時代，在《拿破崙法典》中明文規定保障婦女權益，但是不能與男子平等。到十九世紀，激進的女權運動件隨著歐洲無產階級革命運動而時起時落，主要的領導者一般是資產階級婦女，而此時的工人階級婦女仍在要求縮短工作時間和改善工作條件，很少涉及自身的政治地位問題。

婦女組織有效地爭取參政權利，首先發生在英國，美國婦女隨後響應，形成世紀初的婦女解放輿論熱潮。法國婦女在一九〇七年爭取到婦女自由支配自己工作薪資的權利。第一次世界大戰爆發延緩了婦女解放運動的進度，戰爭後期，英國婦女才獲得了選舉權，成爲完全的公民。一九二〇年，美國婦女爭取到了平等的參政權。二十世紀初，德國、奧地利、俄國和中國相繼發生了社會革命，封建政體向現代民族國家轉型過程中，婦女的政治權利自然列入了社會改革的範圍內。但是，這些國家由於不同的文化和歷史背景，婦女權利的實施有很大的差距，革命和各種主義雖然給了婦女自由爭取權利的充足理由，同時也限制了婦女運動的獨立性，這些國家的婦女解放運動基本上屬於不同的意識形態和政治集團。在一些西方國家，二十世紀前半葉開始，女性享有了新的權利，在社會生活中開始扮演和男性一樣的角色，幾乎社會各個部門的所有職業都向婦女開放，不分性別的教育、婚姻制度的改變和男女同工同酬，也促進了婦女地位的大幅度提高。

二、更深層次的思考和目標

自由主義的女性主義產生於西方資本主義體制的調整時期，爲歐美等國的婦女贏得了選舉權、財產繼承權、享受高等教育權和平等就業權。然而到了二十世紀三〇至六〇年代，西方婦女面臨著更爲深層的婦女解放問題，因爲在資本主義制度下，爭取得來的公民平等權利並不能代表男女經濟、政治、社會地位的完全平等。而在當時新確立的社會主義制度下，勞動婦女享有比西方婦女更爲廣泛和平等的地位。自由主義的女性主義認識到，實現婦女解放的歷史使命必須與改造資本主義社會制度結合起來，於是乎，馬克思主義的女性主義得以發展。這派觀點認爲，婦女受到壓迫是生產力私有制的產物，女性不是被男性壓迫，而是被資本主義制度剝削和壓迫，解放婦女必須消除這種將婦女從屬於男人和資本的觀念。

七〇年代，社會主義的女性主義理論開始在美國、法國和德國的知識界登場，並迅速地變爲社會運動。這派觀點承認婦女受到壓迫主要是在經濟層面，同時也認爲性別關係在決定社會關係中是與階級關係同樣重要的。主要代表人物是美國學者米切爾（J. Mitchell）在一九七一年發表了《婦女的地位》一書，明確提出：「我們應當提出女權問題，但是要試圖給出馬克思主義的回答。」

該書認爲早期馬克思主義雖然非常重視婦女與生產之間的關係，卻忽略了婦女的依附地位一直都維持在家庭範圍內這樣一個關鍵的因素。書中對家庭進行了結構主義的批判，斷定婦女解放須要在生產、再生產、性和兒童社會化這四種結構上進行革命。這派觀點主張婦女解放既要廢除資本主義，也要消滅以男性爲主宰的性壓迫。七〇年代中期，產生於美國和歐洲的激進派女性主義把社會主義女性主義關於性壓迫的思想進一步深化，確信男性對女性的壓迫是最根本和最深刻的社會壓迫。她們的理論指導是米利特（K. Millet）在一九七〇年出版了《性政治》一書，該書全面批判當今所有社會制度下的父權制度。這派觀點認爲，父權制度是一種社會、家族、思想和政治制度，男性或是透過權力和直接鎭壓，或是利用禮節、風俗、習慣、語言、傳統、法律、教育和社會分工等方式，確定女性應當或不應當扮演的社會角色，使女性永遠從屬於男性。婦女解放運動的根本目標是打碎父權制度。七〇年代以後，隨著第三世界婦女的日益覺醒，第三世界女性主義運動逐漸形成，並對西方女性主義提出挑戰。這派觀點認爲，傳統的西方女性主義只反映了歐美已開發國家白人中產階級婦女反對性別歧視的願望，將婦女受壓迫的根源局限於父權制度上。實際上，帝國主義和已開發國家與第三世界國家在政治、經濟和文化上的統治與被統治關係，以及第三世界國家中不平等的權力結構才是問題的根源。薩宛（M. A. Savane）在一九八二年所寫的〈與婦女的另一種發展〉文章中透過對西方跨國公司在第三世界建立自由貿易區的研究發現，已開發國家爲了牟取最大的利潤，選擇的投資地區往往是勞動力最廉價、失業率最高、勞動保護法律最薄弱、工會組織最不健全的國家，這些國家的婦女所受到剝削，與階級、種族、經濟、文化歧視等因素密切相關。

一九九一年默罕提（C. T. Mohanty）在《第三世界婦女與女性主義政治》一書中，對西方女性主義者倡導的不分階級、種族和國家界限的「姐妹情」進行了無情的批判。同時，第三世界婦女運動反對那種只有西方理論才能指導人類的婦女解放的思想。此後，第三世界女性主義和西方女性主義分道揚鑣。美籍華人周蕾（Rey Chow）發表論文〈在其他國家中的暴力：把中國看作危機、奇觀和婦女〉指出，西方女性主義者應當正視自身的歷史局限——西方婦女運動是在物質高度豐富、強調思想自由和個人充分發展的資本主義發展時期產生和發展的。這個社會的發展是建立在剝削和壓迫發展中國家的基礎上的。西方女性主義者要與第三世界國家婦女對話，應當首先認識和批判自身殖民主義和帝國主義影響，以平等的態度對待第三世界婦女運動和理論，不要把自己的想法和利益強加在第三世界婦女身上。

二十世紀中國的婦女解放運動是社會的近代化、現代化的重要組成部分。早期的婦女運動主要是爭取婦女受教育的基本權利，爭取婚姻自由，隨後爭取同工同酬，爭取參政權。一九四九年新中國成立後，中國的婦女解放運動與中國的社會革命和文化改造同步進行，取得了令人矚目的成就。中國婦女擺脫了幾千年封建的枷鎖，走上社會與男子平等，爭取到了各種權利，也承擔各種義務。中國婦女在各行各業的傑出表現，展現了中國男女平等的嶄新的社會性別結構。當然，在改革開放的二十年間，中國社會封建餘孽在性別問題上的醜陋傳統又有回潮，西方資本主義對婦女性別的商業化利用也開始泛起，性別歧視，男女不平等，虐待婦女的情況時有發生，這是社會多元化之後，商業至上和金錢萬能的社會價值氾濫的必然結果。解決問題的根本出路在於社會的法制化以及建立全民有效的道德教育和性別教育機制。

三、對傳統女性主義的挑戰——後現代主義女性主義

由於第三世界女性主義對西方女性主義的批判，女性主義的理論日益多元化，爲了擺脫理論上的內在衝突，九〇年代有越來越多的女性主義者運用後現代主義思潮的流派方法論，包括傅柯的後結構主義、拉岡的心理分析、德希達的結構主義以及各種新馬克思主義思潮，形成了後現代主義女性主義理論的兩大系統：一是「本質論」，二是「構成論」。

本質論的主要代表人物是盧賓（G. Rubin）、麥金儂（C. Mackinnon）等。盧賓借鑑了馬克思、恩格斯關於社會分工和階級出現是女性受壓迫之源的觀點和結構主義人類學家史特勞斯關於信物交換、亂倫禁忌的理論以及佛洛伊德—拉岡的「戀母情結」思想，總結了「性別制度」說。認爲，歷史上每個社會形成的控制性生活和人種繁衍的「性別制度」，它建立在交換基礎上，婚姻是交換女人的儀式和形式。人類的生理性別社會化之後，男女有了不同的社會分工，出現了男權爲主的性別制度。要解決性別壓迫和歧視，就要解決文化上的「戀母情結」，男女雙方眞正分擔養育下一代的責任，解決社會再生產領域的性別分工機制，建立平等的性人格。麥金儂主張在性別平等的原則下，重建國家的法律體系。她指出，在當今商業資本主義社會充斥流行的色情刊物，是社會所規範的「男性統治，女性服從」之性關係的肉感化、圖解化、具體化，是兩性不平等關係的集體表現形式。

構成論主張應當徹底否認「兩性平等」理論，應當放棄對女性解放具體目標的追求，只是從學術研究的角度來深入解構社會意識、思維習慣、人的主體性和男權思想對女性主義的影響。構成論認爲，如果要說清楚兩性不平等的根源，以及性壓迫的發展過程，實際上等於掉入了單一性權力的陷阱，就會誤以爲女性受壓迫是歷史的必然。構成論指稱到目前爲止，一切女性主義研究的理論和概念都是「男性話語」，用男性話語和邏輯來解決婦女問題無疑是南轅北轍，女性必須創立一套自己的話語和邏輯。巴特勒（J. Butler）在一九九〇年發表的《性別麻煩》一書中指出，世界上並不存在著類似傳統女性主義描繪的男權制度，傳統女性主義過分地自我中心化，把自身的經驗當成了全球婦女的普遍經驗。她認爲，性別角色和性別特徵是靠性表現來決定的，服裝、舉止是表現的道具，破除男權制度的有效方法是打破男女性表現的界限。哈拉威（D. Haraway）更爲極端地認爲，人類科技發展和生物遺傳技術的發達，最終能夠解除各種差別，包括兩性的、種族的、體力和腦力的等等，破除男權文化。構成論的觀點出現後，受到不少的指責，其中最切中要害的是指出這種理論是「社會性別懷疑主義」，用抹煞社會中男女性別差異來達成所謂的婦女人權平等，結果是放棄了女性正當社會權益的爭取，放棄了婦女在幾千年人類歷史中自然形成的社會責任，這就等於是用另一種極端逃避的方法否定婦女解放運動。

第三節　全球化浪潮的文化意涵

一、全球化意識

全球化是指人類各種聯繫增加到形成不可分割的網路之後，產生了彼此關聯，牽一髮動全身的全球性問題的狀態。全球問題不是孤立存在的，是當代世界政治、經濟、軍事、科技、文化、教育等全部社會因素和整個自然界因素的相互作用、綜合發展的結果。在經濟方面就是世界經濟全球化；在政治方面就是世界格局多元化；在軍事方面就是一些國家主張的建立多邊安全機制；在社會方面就是交往的網路化、資訊化；在文化方面就是商業文化主導的後現代化；在對待自然環境方面就是生態工程。全球化是一個從多角度觀察認知世界各種關係概念。全球問題是指那些危及人類生存，而一國又無法單獨解決的重大問題，如環境問題、資源問題、人口問題、生態問題、核擴散問題、不平衡發展問題、移民難民問題、戰爭問題、跨國犯罪問題、愛滋病問題、販毒問題等。大致可以分爲三類：第一類是不同文化背景的社會之間的全球性問題，包括戰爭與和平問題、宗教衝突問題、文化差異問題、南北關係問題、東西關係問題等。第二類是人類與社會之間的問題，包括文化教育、科技革命、醫療衛生、養老和社會福利保障、社會管理方式問題等。第三類是社會與自然界之間的全球性問題，包括自然資源的合理利用、環境保護、生態平衡、外太空的利用等。

全球性問題必須具有兩個基本的要素：一是全球性影響；二是關係到人類根本利益。由此產生了觀察問題的全球意識——承認國際社會存在著共同利益，人類文化現象具有共同性的基礎上，超越社會制度和意識形態的分歧，超越文明模式的差別，克服民族國家和集團利益的限制，從全球的角度去考察和認識社會生活與歷史現象的一種思維方式。全球意識在廣義上講包括生態環境意識和求同存異意識。長期以來，人類將進一步理解生產物質財富的無限制增長和人類對自然界的控制、改造與利用，其結果導致能源危機、資源匱乏、生態破壞、環境污染等全球性問題，只有確立「大生命意識」，天人合一地思考人類和自然的關係，才能從根本上解決全球問題。而求同存異意識要立足於各個國家和民族相互依存度日益增加的「地球村」趨勢，改變長期以來對抗性和不容異端的政治思維，超越意識形態和政治制度的分歧，認識到人類生存在「地球村」上的生命的共性，求同存異地處理國際事務，建立公正、平等、合理、相互尊重的國際新秩序。「全球意識並非排斥主權，也不否認民族和地區的差異和世界文化的多元性。它只是表現一種『超越構成現代世界體系的民族國家的複雜多樣的相互聯繫和結合』的精神。」

二、全球化理論的發展

全球化概念產生於羅馬俱樂部在《增長的極限》（一九七二年）等一系列報告中提出的全球性問題以及理論思考。此後，圍繞著全球化的概念，許多西方國家的知識界形成了一股思潮。由於全球問題錯綜複雜，涉及面極廣，是「世界性的難題」，於是採取了全新的方法論，從資訊理論、控制論、系統論、混沌論等新學科中得到啓發，將電腦作爲重要的分析工具，創造解決方法上的「數學模型」。並從全球相互配合的需要，分析各國和地區應爲整個世界承擔何種義務，採取何種共同行動。特別是將人類生存的基本單位，超越不同信仰和不同文化的藩籬，從國家和民族的層面上升到全球的高度，使這一理論具有了跨學科、跨國界、跨文化的特徵。七〇年代末八〇年代初，研究成果大多由各種全球模型理論反映出來，著名的有：米都斯模型、梅薩羅維奇——彼斯特爾模型、拉丁美洲模型、聯合國里昂惕夫模型、美國政府全球模型、日本的世界經濟模型、蘇聯的全球模型等。八〇年代中期以後，所有學科都加入到全球性理論的研究當中，研究領域急劇拓寬，由生態環境、人口危機、資源開發利用等，擴大到南北關係、戰爭與和平、國際反恐怖主義、防治愛滋病蔓延等。各國官方不無涉入這一領域的研究，而且立即採取行動由科學宣傳和學術探討轉向應用開發，直接爲政府決策服務，爲國際社會特別是聯合國有組織地全球規劃服務，為各國的外交政策服務。

九〇年代以後，全球化理論研究開始分化出不同的觀點和方法，大致有如下分類：「技術有害論全球學」認為科技是導致全球性問題的主因；「後工業全球學」將有關社會的「後工業」狀況及其影響和全球性問題的解決聯繫起來考察；「生態——民粹主義全球學」重點研究「人與社會」關係中產生的問題，如環境污染對人類生存的威脅，人口問題等。「存在主義的、文化的全球學」探討戰爭與和平問題，主張確立國際政治、經濟、社會新秩序，關注社會之間的全球性問題。「進化——決定論全球學」注重自然進化的規律性和技術進步的不可逆的內在動力，認為人類未來取決於科技進步。

在當今西方文化占主導地位之下，談到全球化問題，必然涉及到國家主權這一十分敏感的問題。多數研究者認為，全球化不排斥國家主權，然而全球化所表現出的跨國界、跨地區力量，不可避免地使傳統主權國家間的關係準則受到挑戰。而且，由於全球化將不同社會制度、不同意識形態的國家納入符合美國或其他西方國家利益的集體安全和經濟合作的同一框架內，全球化必然帶有西方國家主導的色彩，從文化的角度看，又引伸出一個文化的同一性與多元性問題。最為重要的是：在解決全球性問題的過程中應當遵循哪些原則，這些原則有沒有文化特性和政治功利性？人類在解決全球性問題時有沒有比較統一的利益標準？目前，國際知識界比較一致地推崇用人道主義精神作為基本的標準，並強調要具備三個要素：全球意識、公正和非武力。恰恰在此問題上，已開發國家和發展中國家存在著嚴重的分歧，難以達成共識。發展中國家甚至認爲這種全球化意識是帝國主義擴張和干涉的變種，是「新干涉主義」，是將「人權」和「人道主義」凌駕於主權、一個國家的基本利益和立國準則之上，是不能容忍的。北約在科索沃危機中對南斯拉夫聯盟實施空中打擊，使這一問題異常突出，發展中國家開始對全球化問題警惕起來。

近幾年，隨著全球性電腦網際網路的迅速發展，新的問題不斷湧現。如已開發國家的文化侵略，繞過國界和新聞檢查，直接透過網路進入每一個家庭，其中有大量主張意識形態對立和毀損非西方文化的內容，有大量淫穢內容，有大量違背基本人性和社會通行道德準則的內容。這一問題也已經上升到了全球性問題的層面，是人類社會未來重大的衝擊之一。無論如何，全球問題的研究和解決已經全球化了，自一九七二年以來，聯合國每年召開一次環境與發展會議，極力促進國際社會對全球問題的重視與研究。從一九七二年斯德哥爾摩《人類環境宣言》到一九九二年《里約熱內盧環境與發展宣言》和《二十一世紀日程》，記錄了人類在解決和認識全球性問題上所走過的歷程和作出的種種努力。

三、全球化的文化邏輯

「全球化」可以藉助跨國界和超越空間的全球資訊網路，成爲資訊社會的時代精神。因爲在網路之下，世界從時空概念上來講的確收縮了，全球相互依賴形成一個不可分割的命運共同體的可能性不斷增加。這必然導致文化上的問題，因爲全球領域作爲一個整體首先是一個社會文化的「系統」，所以說全球性是現代化進程的一個突出的文化特性。全球化背後的主要推動力是什麼？顯然應當從幾個方面去考慮：商業資本主義經濟、國際體系規定下的國際分工、大國的軍事霸權和席捲全球的工業化浪潮。

二十世紀全球化的文化邏輯可以從以下幾個方面去認識：

1. 普遍化與特殊化：它使當代社會的各個層面都趨於普遍化、標準化。同時，又以同樣的方式鼓勵各國的本土化和文化的多元化。在全球化的今天，民族主義、種族主義、國家主義、傳統文化又有了復興的跡象。

2. 同化與分化：它給當代生活的表象帶來巨大的同一性——電冰箱、洗衣機、電視機、吸塵器、公寓住宅、生產線密布的工廠、旅遊飯店、高速公路、好萊塢電影，同時它又重新建構全球與地區環境的特殊關係，如市場分工之下的特色商品和文化消費。

3. 整合與分離：它使跨國、跨地區的共同體和組織增多，充分發揮著各種整合的功能，同時也在傳統的民族國家疆界內或在民族國家之間，劃分出不同的專業化組織和集團，他們之間日益拉大距離。

4. 中心化與離心化：雖然全球化促進了權力、知識、資訊、財富、資本、金融和決策機制的集中，但同時也促進了各地區多中心的形成，造成國際關係中強有力的權力分散過程和多元化行爲。

5.並立與融合：全球化縮短了時空，從而使不同的文明形態、生活方式以及社會實踐空前地聯繫在一起。這種情況既突出了社會與文化的差異，又創造了「共享的文化」和社會空間。在這個空間中不同的觀念、價值、知識和制度相互取長補短，互相融合。

全球化未來趨向究竟如何，我不是算命先生，但可以透過展示不同的研究觀點來勾勒出二十一世紀全球化文化邏輯的基本遠景：

1.全球文明論：全球化必將形成全球社會，它是建立在不同文化的民族國家基礎上的命運共同體，展現出的全球文明是「動態的融合形式」。全球化可能動搖主權概念、民族共同體和領土界限的國家關係，可能出現政治共同體的模式，形成跨國、跨地區多種共同體的交錯局面。

2.世界體系論：認爲商業資本主義在資本和西方文化樣式的自由流動下，必然導致形成以資本市場爲網路的一統天下的「世界體系」，而這種體系的壽命也只能到二十一世紀中葉。

3.兩重世界論：全球有兩個社會同時並存。一個是現在的「國家社會」，民族主義優先，國家利益至上，外交和國家權力是不可讓度的。另一個是「多中心社會」，或稱爲「高度多文化的跨國社會」，包括跨國組織、各種國際組織和聯盟、跨國事件、跨國的社會行爲等。兩個社會各有不同的規則和結構，他們之間的關係是互動的。

4. 國家社會論：認爲全球化並沒有改變全球體系的基本結構，世界的普遍聯繫在加強，但全球化是歷史進程中隨著西方已開發國家的戰略和政治利益而出現的，是西方國家的給世界發展趨勢的定義。它仍然是以維護西方國家意識形態主導世界、西方國家在全球權力關係中居於有利位置和西方國家維持戰略優勢爲基本條件的，是以西方國家的意志爲轉移的。全球化不會導致公平的「全球社會」的產生，也不會有所謂凌駕於民族國家之上的全球權威和全球文化的存在。它只是西方國家畫給發展中國家的一幅迷惑人的烏托邦圖景。

8

「現代主義」到「後現代主義」——文學藝術與社會的裂變

第一節　從「現代主義」到「後現代主義」

十九世紀以來，人類的文學藝術發生了巨大的變化，傳統的現實主義、浪漫主義創作方法和古典主義風格漸漸地消失了，先是現代主義風行，而後「後現代主義」興起，儼然成形，取代而之以各式各樣的新潮流派。現代主義到後現代主義演進過程中呈現出四種特徵：

1.絕對主觀化：藝術形式不再作爲表現客觀世界和社會生活的手段，其主流意識是宣洩個人主觀的心靈體驗和對客觀世界的反應。藝術形式的規律性運用被全面扭曲，藝術資訊的傳遞和表達更爲不確定且難成定論。

2.抽象化：現代派和後現代主義的文學藝術作品較難看到文藝復興時期至十九世紀各個藝術門類中那種栩栩如生、逼眞且生動的形象。相反，人們看到的多是爲表現一種觀念和體驗、追求一種「是不是」的效果，將各種文學藝術的表現形式和手法，割裂開來，重新組合，打破規律，竭力營造一種抽象的意境，一種主觀理念的演繹，甚至擺脫具體的生存環境和社會場景，超越時空，揭示宗教或哲學的蘊涵。

3.反傳統：隨著二十世紀文化觀念的改變，傳統觀念、價值體系和人生信仰劇烈變化，文學藝術家充分發揮其敏感的預知能力，苦苦尋找人類生存價值和道德宗教的新支點，用特定的藝術形式和主觀體驗重造對宇宙、世界、人生的理解。所以，在二十世紀文學藝術主流中，始終有著一種用荒誕不經、揶揄嘲弄、反叛社會、離開人群的格調來表現在激烈轉型過程裡的無奈、難以適應、人生虛無的情感，以及亟待建立秩序的焦躁和渴望。

4.迅速更新流派：二十世紀文學藝術一般以社會發展階段特徵所左右的流派一一應運而生的方式而表現，並且越來越受物質、文化觀念和行爲變化的影響。流派產生、分化迅速，在商業化社會形態的支配下，藝術流派追求適合某一特定人群的需要，並與物質生產和消費傾向緊密相連。文學藝術不斷分裂，分類更爲龐雜，更新速率極快。

狹義文化史上的任何新藝術形式和流派的崛起，都帶有鮮明的時代特徵，二十世紀與其他世紀在文學藝術上的最大區別可以概括爲：從現代主義向後現代主義演進。若按時間順序劃分，第二次世界大戰及五〇年代是分水嶺，其背景是西方社會進入了「後工業社會」和「後現代」時期，「各種客體（包括文學藝術）實在無不打上這一時代的印記，因此文學藝術當然不可能超凡脫俗，儼然以貴族的氣派（現代主義所特有的）自命清高，它必定也要表現出這一時代的各種特徵。」

「現代主義」（十九世紀末到二十世紀五〇年代所有反現實主義傳統的文學藝術流派和思潮之總稱）是一種創作原則、諸多流派鬆散的結合體，它挑戰傳統的理性觀念和現實主義文學藝術，弘揚個性和自我，探索新奇和符合時代物質文明發展程度的形式技巧和表現手法，遠離客觀眞實和浪漫的個人情感，挖掘潛意識和心理深處的本能。它所代表的現代精神影響產生了達達主義、未來主義、超現實主義、表現主義等流派。作爲一場深受時代和社會文化背景影響的文化運動，現代主義在西歐、北美曾占據主流位置，但在東歐、中國和日本、印度和非洲等地則以變形的方式，給上述地區的文化藝術造成一些波瀾。到了二〇年代末三〇年代初，經濟危機、社會動盪，現代主義文學運動內部發生分化，大批作家因反對資本主義而普遍向左轉，一些人甚至偏向於法西斯主義。現代主義衰落的標誌是喬伊斯的巨著《芬內根的守靈》出版，該書完全不循任何既有的文學規律，意識流汪洋恣肆，帶人們進入一個更新的意境之中。

第二次世界大戰之後，那些不入現實主義和現代主義之流派的所有文化現象都被稱之爲「後現代主義」，它是西方戰後「後工業」和「後現代社會」在文學藝術上的折射。它由「現代主義」而生，超「現代主義」而去，完全擺脫了其規則和審美意識，開始了一系列的激進實驗和向原始主義和眞實主義回歸，特別是物質文明的支援（電視電影和各種新式的傳播手段）下，衍生了通俗文學藝術和大衆傳播藝術，沖決了現代主義傳統的「等級」、「規則」等網羅。它與現代主義雖然同受非理性主義哲學的影響，但是哲學基礎卻判然有別：現代主義尊奉叔本華、柏格森、尼采、佛洛伊德等人的學說，而後現代主義追隨存在主義者如海德格、沙特等人的學說，並和七〇年代稱雄理論界的後結構主義有著共鳴和契合。

現代主義與後現代主義的主要差別是：現代主義（除了達達主義和超現實主義之外）之所以創造出自己的藝術權威形式，因爲「中心」不復存在。因此，後現代主義便走向藝術的無約束狀態，配合著分化的世界和觀念上分裂的事物，走向全面的通俗。這種對所有權威、所有高雅語言和藝術形式和所有「中心」一律否定的後現代主義意識，致使人們對「混亂」、「無序」、「低俗」和「愉悅感官」予以全面地接受。這種文化觀念的兩大特徵是「不確定性」和「內在性」。前者代表了「中心」和「本體」的消失，後者代表人類心靈開始擺脫權威的引導，而自己適應所有現實本身的傾向。不確定性趨向於反文化的各種意識，如魔幻主義、神秘主義、超驗主義和啓示主義，或導向存在主義、後存在主義、「非人性化」、生態主義、新未來主義等。不確定性突破了西方傳統文化各學科的界限，宗教與科學，神話與科學技術，直覺與理性，通俗文化與高雅文化，女性原型與男性原型……開始彼此限定和溝通……一種新的意識開始呈現出輪廓。

既然任何理性和道德體系、任何感悟現實的方式都被拋棄，那麼也就沒有所謂在本體論意義上高於別人的東西。於是，「整體多元」的看法甚囂塵上，文學藝術領域充斥著公開性、異端邪說、多元主義、折衷主義、隨心所慾、反叛、扭曲變形這些意念，在文化學術的領域也出現了「反創造」、「解體」、「解構」、「分解」、「無中心」、「轉位」、「差異」和「斷裂」等概念。

在缺少本質和本體論中心的情況下，人類可以透過文學化的語言和藝術形式創造自己和世界，透過虛擬的現實來脫離客觀世界，這種「內在性」的結果是人類更加依賴於自身創造的媒介和文化環境，而不是自然和客觀世界。它的直接社會影響是：生活準則的多樣性，結構價值的破裂，自由慾望的孳生蔓延，各類解放運動風行，全球的分裂和派系傾軋，利益爭奪，國際恐怖主義的嚴重。

後現代主義文學藝術家的作品表現出一種傾向：不僅不相信「外在」的物質和歷史的

世界，也就是那個早已被現代主義者所放棄的信念；而且再也不相信那些爲「內在」世界設置的大部分現代主義的權威，也就是人的智性或想像的內在世界。如果說現代主義的明確特徵在於，對價值斷裂和人際關係疏離持反諷的立場，那麼，後現代主義在觀念上更爲激進，乾脆將世界打碎了給你看，告訴你需要修補的世界已經是一個無法修補的世界。現代主義受到工業社會壓力之下的焦慮所驅使，試圖在藝術秩序的自立中或在自我的「潛意識」中重建恢復整體性，總是在慾望和幻滅的深刻刻畫裡走向英雄主義和高雅。後現代主義在後工業社會價值崩解的絕望的刺激下，對「修復」的努力也產生了懷疑，索性表現出反英雄、反高雅、反文化的特徵。面對迅速變遷的社會，它採取隨意和玩世不恭的態度，隱含著對萬物複雜關係的無奈和寬容。

現代主義在文學藝術語言的革命方面已經作出了很大的努力，後現代主義走得更遠。現代主義仍然可以用自身的優雅形式和寓意深邃的內容給人以美的愉悅和享受，而後現代主義是一種自由無度、賦予「展示性」和「破壞性」的文化，日常瑣事、販夫走卒、垃圾廢料都可訴諸於藝術，展示於文化殿堂。它所關注的是語言文字和藝術形式的操作遊戲，甚至與形式高於內容，反美學、反意義、反形式、反常理，追求一種絕對自由選擇，不受任何規範和機構限制，藝術家可以聚村而居、晝息而作，遠離社會，顚倒道德。

二十世紀六〇年代之後，文學藝術走出了現代主義時期的自我表現和個性化的趨勢，分兵兩路發展：一、徹底反叛的激進派；二、融入資本金融流通的商業化社會，朝向通俗和大眾文化的方向發展，歷史和虛構的界限被打破，精英文化與俗文化合作，大眾傳播媒介以強烈的穿透性吸引藝術家去追求「虛擬現實」和「新寫實主義」。人們從當代的各種文化藝術作品中似乎可以看到，一個破碎的世界毫無中心意義，經歷的空間和時序可以任意顛倒，主體和自我失落了，一切的終極意義永無揭示的可能，留給世界的從來都是更多的神秘和不可知。

中國的文學藝術界在二十世紀有著自身發展的規律和道路，在「啓蒙」、「救亡」、「抗戰」、「革命」、「反思」、「開放」和「全面進入世界體系」的社會發展特徵的決定下，文化藝術始終具有中國的特色，也符合世界歷史發展的一般規律。中國也曾出現過受現代主義和後現代主義影響的作品，但沒有形成流派。主要原因是產生於西方後工業社會和後現代社會的文化現象與中國的社會條件和文化土壤有根本的區別，少數具有西方文化因素影響的文學藝術家的作品雖然具有探索性質，能在藝術圈中產生一時的轟動效應，但是難成中國當代文化的主流。八〇年代以後，中國文化藝術界隨著社會迅速變遷，特別是對西方思潮的引進，表現出後現代主義文化因素，但是始終在經過本民族文化的篩選過濾，衝突和交融，所產生的結果是符合中國國情和文化習俗的「變體」。從歷史上來看，現代主義曾在中國文學中掀起過兩次浪潮，一次是五四運動前後至三、四〇年代；另一次則是一九七八年至一九八五年，但由於各種複雜的政治、經濟、文化、社會等因素，致使現代主義始終未能成爲中國文學的主流，至多只和現實主義文學形成「二元對立」的態勢。

後現代主義自然地在二十世紀的歷史中登場，摧毀了人類幾千年營造的文化大廈，並用大廈坍塌的碎片展示世紀末的情緒。在它無本體和無主體的世界裡，一切原有人類特定情感的存在都變成平鋪直敘散點構造，無中心也無秩序，生命感和主觀意識同時消失，精神的超越變爲內在的沈淪。後現代主義的文化從現實的混亂折射出藝術的混沌，擺脫規律的藝術形式不僅描述後現代社會的無序，而且以放棄追求宇宙眞諦顯現靈魂的無助和信仰的蒼白。所有的價值都被顚覆，荒誕理直氣壯的宣揚虛無。後現代主義和現代主義一樣嚐到了全面反抗「工具理性」的苦果，不追求價值和生命的意義，就要被價值和生命否定，藝術形式的遊戲不能給人類精神帶來避風港和安靜的樂土，差異性的絕對化只能使每一個人成爲浮漂海上的落葉。這個有序和無序、褻瀆和虔敬、意義再釋和價值重估互相衝撞的時代，使那些喪失反思之維的人們在樂不知疲的「玩」之中，感到有些沈甸甸的東西飄逝而去。在一切都可以「虛擬化」和複製的商業化資訊時代，人類的的生命和精神是無法虛擬和複製的，後現代主義能解決整體的解構，但難以承擔世界和人類精神的復原和生命的回歸。

人類體驗過封閉和保守的苦悶，但也正忍受著全面開放和無主體的價值衝擊的痛苦。

回到單一模式和等級秩序中對文化來講似無可能，繼續前行進入純粹本能和無理性的深淵更令人恐懼。當代的文學藝術何嘗不面臨這種兩難困境，每一個文化的消費者又怎能不感到在商業資訊社會的生存和文化的雙重壓力。二十世紀文化藝術經歷了「探索深度」的現代主義嘗試，也正在經歷「嘲笑價值」、讚賞多元平庸的本能衝動（如對銀幕醜陋形象的欣賞，對傳統藝術形式的嘲諷）。後現代主義也有自身的衰落過程，它不會是人類文化的歸宿，畢竟人類還要生存，而且要生存得更好；畢竟人類還要有信仰，而且仍要以生命秩序的道德爲依歸。文學藝術永遠會發揮點綴人類生活、支撐人類精神、昇華人類情感的功能，不可能總是成爲低俗之輩玩世不恭和附庸風雅的犧牲品。

第二節 二十世紀的文學

一、神秘的象徵主義詩歌

現代派文學登上歷史舞台是十九世紀六〇年代的事，當時法國詩人波德萊爾（一八二一～一八六七）的著名詩集《惡之花》問世，他首次以藝術審美的態度對待工業化社會裡種種人類以往視之爲醜陋的存在與現象，這就是象徵主義詩歌，不久這一流派風靡歐美文壇，形成了象徵主義的美學原則和創作方法，著力使用隱喻、烘托等手法激發人們的聯想，暗示在現象世界之後有一神秘的理念世界。到了二十世紀的二〇至四〇年代，象徵主義詩歌再度震撼歐美，由於經濟大蕭條、國際政治關係的惡化以及戰爭興起，敏感詩人的筆端所流露出恐懼、孤獨、迷惘和絕望情緒更爲強烈，被稱爲「後期象徵主義」的詩人有愛爾蘭的葉慈（一八六五～一九三九），英國的艾略特（一八八八～一九六五），法國的瓦萊里（一八七一～一九四五）、克羅戴爾（一八六八～一九五五），比利時的維爾哈倫（一八五五～一九一六），奧地利的里爾克（一八七五～一九二六），德國的勃洛克（一八八〇～一九二一），美國的龐德（一八八五～一九七二），義大利的蒙塔萊（一八九六～一九三〇）等。西班牙詩人洛爾卡（一八八〇～一九三六）在《哀鬥牛士之死》一詩中渲染了這一流派的風格：

牛不認識你，無花果也不，
馬不認識你，你自家屋裡的螞蟻也不。
小孩和整個下午也都不認識你，
因為你已溘然長逝。
……

二、戰爭與「迷惘的一代」

第一次世界大戰之後，西方知識分子首次經歷人類有計畫的大規模屠殺和對所有價值觀的物質與精神方面的詆毀，陷入深深的迷惘、悲傷、無助和絕望之中，在文學上「迷惘的一代」作家登場。

英國小說家奧爾丁頓（一八九二～一九六二）的《英雄之死》，德國作家雷馬克（一八九八～一九七〇）的《西線無戰事》，美國作家海明威（一八九九～一九六一）的《太陽照樣升起》、《永別了，武器》等。

三、表現主義和未來主義文學

二〇至三〇年代興起於德國的表現主義文學是二十世紀文壇重要的流派之一，它反對描寫眞實的客觀事物，強調表現精神觀念的抽象意味。在這類作品中，爲達到抽象地表現人類本性的目的，採用夢幻、獨白、旁白和意識形態等手法，刻畫人的潛意識。直覺表現主義文學的代表人物有奧地利作家卡夫卡（一八八三～一九二四），他在《審判》、《城堡》、《變形記》等小說中，描繪了工業社會人的生存危機和精神分裂現象。瑞典作家斯特林堡（一八四九～一九一二）的《鬼魂奏鳴曲》，德國劇作家凱撒（一八七八～一九四五）

的《珊瑚》和《煤氣》，德國作家托勒（一八九三～一九三九）的《群眾與人》，美國劇作家奧尼爾（一八八八～一九五三）的《毛猿》和《瓊斯皇帝》等。二十世紀初，風靡南歐的文學流派是未來主義，它產生於一九〇九年的義大利，那一年詩人馬利涅蒂（一八七六～一九四四）發表了《未來主義宣言》，得到廣泛回應，畫家博菊尼也呼籲創作未來主義繪畫。未來主義讚美現代工業文明和大機器生產，歌頌速度、力量、衝擊力和大規模建設，用審美的觀點評論戰爭和暴力。以虛無主義態度對待文化史，喊出了「摧毀一切博物館、圖書館和科學院」的口號，在藝術形式上，廣泛使用變態和扭曲。代表人物還有法國詩人阿波里奈（一八八〇～一九一八），蘇聯詩人馬雅可夫斯基早年也躋身於此運動。

表現主義、未來主義等流派強調描述人的主觀心靈或感覺，意識流文學就是在這種文化背景下誕生的，它著重表現人的心理活動過程，特別是在潛意識和無意識層面的心理活動，「內心獨白」充斥於作品之中。意識流文學的代表人物是英國的沃爾夫（一八八二～一九四一）和喬伊斯（一八八二～一九四一），後者是二十世紀的文學大師，他的巨著《尤里西斯》以獨特的、龐雜的文體，揭示生活於當代社會的人那種混亂、卑俗、徬徨的精神狀態。美國作家佛克納（一八九七～一九六二）完善了意識流的觀念和創作方法，其作品《喧囂與騷動》描寫了一個白癡對時間和空間的混亂感覺。法國的普魯斯特（一八七一～一九二二）在其數百萬言的長篇巨著《追憶似水年華》中透過對一個叫萬斯的法國青年一生心路歷程的描繪，反射出二十世紀初法國一代人的精神苦悶和心靈空虛。不屬於這一流派的文豪海明威在晚年的小說《乞力馬紮羅山的雪》中也廣泛採用了意識流的表現手法。

四、超現實主義文學

超現實主義文學受到佛洛伊德學說的影響，把人的潛意識和無意識作爲文學創作的中心內容。這一流派是由達達派發展起來的。在第一次世界大戰期間，有幾位文學青年聚集在瑞士蘇黎士一家酒館裡，議論戰爭是腐敗和過度工業文明的必然結果，民族主義、唯物主義、殖民主義等等都是社會混亂的根源，他們突發奇想地提出要文學革命，提倡描寫人的潛意識，聲稱要推翻一切傳統的思維和語言方式，認爲文學作品就是要把一大堆無意義的言辭堆砌在一起。他們當中有一名叫查拉（一八九六～一九六三）的羅馬尼亞人，他爲這種文學起了一個牙牙學語的小孩的無意義發音「達達」。不久，參加達達派的幾個法國人：布雷東（一八九六～一九六六）、艾呂雅（一八九五～一九五二）、阿拉貢（一八九七～一九八二）、蘇波（一八九七～一九八〇）等脫離達達派，組織了超現實主義文學派別。三〇、四〇年代，隨著阿拉貢、艾呂雅等人的退出，該流派衰落。超現實主義的特點在布雷東《超現實主義宣言》中表述的十分明確，反對傳統文化的理性主義，認定非理性的潛意識才是人性的眞實，要求文學摒棄傳統的邏輯，成爲記錄潛意識的工具。布雷東聲稱自己的創作是「掙脫理性的束縛」的「自動寫作法」。一九二九年發表的宣言曾一度主張與共產主義結盟，改造世界。在該流派的作品中，充滿了對夢境的描繪，語言形式極度混亂，甚至打破了基本的語法規則。配合著二十世紀文化對理性主義的反叛，超現實主義文學波及到文化各個領域，出現了超現實主義繪畫、音樂、攝影和電影等。該流派的貢獻是集中注意人類心靈的奇異世界，把它的深邃和繁雜刻畫得比任何心理分析理論的文字更爲生動，揭開了人類內心的幻想，暴露了人性荒謬和非理性的一面，發現了人類潛意識是激勵個人與社會的原動力。

五、荒誕派文學

二十世紀四〇、五〇年代出現了以調侃、諷刺、揶揄等風格反叛傳統理性主義的文化現象，開其先河的是荒誕派戲劇，它的產生深受存在主義哲學影響，主題大多是存在主義哲學的觀念。荒誕派戲劇最早出現在法國，後波及英美，這種戲劇形式沒有中心情節，更遑論戲劇衝突，展現在觀眾面前的是人物對白的胡言亂語、邋遢外表、莫名其妙的動作和俗不可耐的玩笑。代表人物有愛爾蘭的貝克特（一九〇六～一九九四）、法國的尤涅斯可（一九一二～）、阿達莫夫（一九〇八～一九七〇）、勒內（一九一〇～）、英國的品特（一九三〇～）、美國的阿爾比（一九二八～）等，其中最爲著名的是貝克特的《等待果陀》，透過兩個流浪漢漫無邊際的對談，用「等待果陀」這一反覆出現的話語，寓示現代人的焦慮心態。正像劇中最後一句台詞所說：「他們在墳墓上繁衍，光閃了一下，一切又回歸於黑暗。」

尤涅斯可的《椅子》和《禿頭歌女》，後者透過兩個在火車上邂逅男女的對談，一步步揭開兩人原來是居住在一國一城市一街道一屋的一對夫妻，反映西方社會人與人的隔閡和疏離狀態，以及和戰後西方文化心理中普遍的焦慮和迷惘情緒。在荒誕派戲劇誕生之前，存在主義哲學家已經開始運用文學形式詮釋自己的學說，如沙特的小說《厭惡》、戲劇《隔膜》，加繆（一九一三～一九六〇）的小說《局外人》塑造的主角對外部世界和自己的生活完全失去感覺，他所張揚的觀念是「生存就是荒誕」。存在主義哲學與荒誕派文學互為表裡，從抽象和形象思維的兩個面向來嘲弄現實。尤涅斯可曾說：「因為現代人的宗教、形而上學以及超越經驗的根已被切斷，人們失去了方向，所有行動也就毫無意義了。」

六、「垮掉的一代」和「黑色幽默」

五〇年代，與法國文壇的荒誕派遙相呼應，美國出現了「垮掉的一代」，留長髮、穿黑色夾克衫、吸毒、酗酒、追求刺激、逃避正常生活、狂放不羈的「嬉皮士」登上了文學藝術界，他們男女雜居、四處流浪、憤世嫉俗、玩世不恭，以無政府主義態度對待社會，破壞中產階級營造的高雅體面生活方式和道德規範。主要代表人物有凱茹阿克（一九二二～一九六九）和金斯堡（一九二六～）。前者的小說《在路上》，後者的詩歌《嚎叫》，是垮掉的一代文學的典型。繼此之後，美國又出現了一個「黑色幽默」文學流派。他們的作品中浸透了「大難臨頭」的預感，認爲人類對災難無可逃避，與其如此，到不如臨危不懼，開危機和災難的玩笑，幽自己一默。代表有約翰·巴斯（一九三〇～）、海勒（一九二三～）、馮內果（一九二二～）、品欽（一九三七～）。他們的作品充滿了悲劇式的幽默、對事理入木三分的剖析和玩世不恭的情緒。海勒的《第二十二條軍規》用誇張的喜劇筆調描述了第二次世界大戰期間美國一支空軍部隊在戰爭愁雲慘霧的壓力下，發生的種種荒謬可笑的故事。

七、法國的「新小說」

戰後，現代主義宣揚的生存荒謬觀念和自我表現的藝術形式逐漸成爲昔日黃花，代之而起的是後現代主義「客體自足性」的概念，反主體化、個體化、整體化、邏輯化和追求目的之解釋，強調外部世界的絕對客觀存在。整個文學藝術領域充斥著一種不動感情和聲色地、逼眞地描繪客觀事物的風格，在繪畫中有「超寫實主義」、「照相寫實主義」，文學上突出的表現就是五〇年代法國的「新小說」。代表人物有羅伯·葛里葉（一九二二～）、娜塔莉．薩羅特（一九〇二～一九七八）、布托爾（一九二六～）、西蒙（一九一三～）等，他們的作品沒有其他先鋒派小說那種狂放的情緒和變態的語言方式，所描寫事件和客觀景物極盡寫實之能事，作品中幾乎看不到作者的任何主觀的想法，給人一種冷漠無情的純粹客觀感受。表面上新小說在探索新的寫作形式，其實隱藏在背後的是戰後對迅速變化的環境的厭倦和對生存意義的困惑。

八、魔幻現實主義文學

六〇年代以後，隨著後現代主義思潮將一切分解、拆散、無意義化的工程接近尾聲，加上電影、民俗音樂和其他娛樂形式的普及化，歐美文學探索精神的能量已經消耗殆盡。再也沒有出現能與大文豪卡夫卡、佛克納、肖洛霍夫併肩的文學家，各個新興流派難成潮流。詩歌方面曾有「拼貼風格」（將各種印刷品的文字剪下來，拼湊在一起，形成隨意理解的文字），成爲對文學的褻瀆。另外，由於社會問題和全球衝突劇增，紀實文體大眾風行，「新新聞體」小說在各種媒體上氾濫成災，揭露內幕，展現醜惡，充分迎合大眾的窺視和好奇心態。比較而言，六〇年代拉丁美洲的魔幻主義文學堪稱異軍突起。這一流派的代表人物有墨西哥的魯爾福（一九一八～）、瓜地馬拉的阿斯圖里西斯（一八九九～一九七四）、古巴的卡彭鐵爾（一九〇四～一九八〇）、秘魯的略薩（一九三六～）、哥倫比亞的馬奎斯

（一九二八～）等。魔幻現實主義文學以現實主義和浪漫主義筆調描繪充滿神話和巫術的拉丁美洲文化，展示了拉丁美洲在近代以來歷經殖民統治、獨立運動、社會改革、軍人政變和西方控制等風雲多變的歷史畫卷，給人以強烈的夢幻與眞實交相輝映的震撼。馬奎斯創作的《百年孤寂》，以宏篇巨著勾勒哥倫比亞乃至整個拉丁美洲一百年的歷史圖景，其情節的離奇和人物事件的眞實可信，交雜著大時代的悲愴氣氛，讀來懾人魂魄。一九八二年他因此獲得諾貝爾文學獎。

九、二十世紀的中國文學

十九世紀末二十世紀初，隨著西學東漸和中國人大量以留學方式走出國門，文學主流的「變法自強」主題進一步深化，文化傳播方式的變更，報章政論和出國遊記成爲文學革命的先導。世紀初文壇上最有影響力的作家梁啓超發起「文學界革命」，散文、小說、詩歌、戲劇擺脫傳統的方式，翻譯的興起和報刊的發展更加助長了新思想、新文學的傳布，一大批文人在爲之吶喊助威。代表人物有：黃遵憲、譚嗣同、夏曾佑、康有爲、丘逢甲、蔣智由、金天羽、柳亞子、高旭、馬君武、秋瑾、黃節、褚宗元、嚴復、林紓、周桂笙、章太炎、王國維等。二十世紀前三十年，經過康有爲、梁啓超、陳獨秀、胡適、魯迅、周作人、冰心等人的努力，大致完成了從中國傳統文學到現代文學的轉變，其根本標誌就是

「五四運動」衍生的新文化運動，再具體到文學領域就是白話文運動和中西文化的幾次論戰。

二十世紀二〇年代中期，由於社會革命出現了不同道路之爭，五四新文化運動以來形成的新文學隊伍出現分裂，在中國共產黨領導之下以上海的文人圈爲中心成立了中國左翼作家聯盟。新月派、「現代派」作家繼續按照自由主義、個人主義和唯美主義文學模式建設新文學，吸收了西方文學發展的經驗，塑造中國新文學的現代品格。魯迅在這一時期成爲左翼文學運動的旗手，「社會剖析」的創作手法提高了中國文學的藝術水準，郭沫若、巴金、老舍、曹禺在各自的領域大展才華，葉聖陶、郁達夫、王統照、沈從文等人，沿著「五四」開闢的道路，結合個人在大時代中的體驗豐富了文學的各種形式。在軍閥混戰中勉強統一中國的蔣介石，開始意識形態和文化領域的專制獨裁，透過「新生活運動」推行「領袖」、「國家」、「紀律」、「道德」等觀念，一些文人爲之幫襯，創作了一些「國家主義」的文學作品。

一九三七年全面抗戰開始，除了少數淪爲投敵文人之外的幾乎所有文學家、藝術家，包括左聯作家、民主主義作家、「歐美派」或現代派作家、通俗文學派作家、傳統文人等，無一例外地參與到抗日救亡的民族戰爭當中。他們透過各種形式喚醒民眾的抗戰意識，歌頌民族氣節，針砭時政，抨擊專制統治。在與廣大下層民眾的接觸當中，許多作家開始考慮到新文學的「民族形式」問題，在以延安爲中心的中國共產黨治轄區和敵後各游擊區，文藝爲工農兵服務的創作運動興起，國民黨控制地區先後有「國防文學」運動和反對專制獨裁新民主主義文學運動。在淪陷區、日據台灣地區和租界地區，不屈的中國文人集團開創了表現民族精神的淪陷區文學和「孤島文學」，挫敗日僞統治者對中華民族新文學的扼殺。「孤島文學」中值得一提的是傳奇式的女作家張愛玲，她在淪陷區特定的歷史環境之下，支撐著通俗小說的轉型。通俗文學發展的二十世紀四〇年代，其本身似乎需要一位才華洋溢、新舊文學功底俱佳的文人來完成向通俗小說轉化的過程，張愛玲的小說將中國傳統與西方現代小說的技巧結合起來，創造了一種嶄新的藝術境界，至今仍令人回味不已。

中國文學的「現代文化」觀念占據了社會思潮的主流位置基本上是在三〇年代完成的，到四〇年代以後逐漸成爲覆蓋都市社會新的文化傳統。但是，這是一個相當功利性的文化，其基本的觀念無不是爲應付現實的政治危機和民族危機提出來的，對遠離危機的其他主題，諸如人性和哲學性思考，很少有人觸及。

五〇年代以後，國家意識形態對社會精神生活全面干涉，大大制約了新文化傳統的自然發展，片面強調文藝爲政治服務，爲工農大眾服務，束縛了文學形式、創作風格和時代主題的多樣化發展，特別是反右運動對文學造成了巨大的傷害，直至「文化大革命」，文學幾乎成爲了一種單一的宣傳口號。一九七八年以後，文學又成爲政治變革的先鋒，「傷痕文學」、「反思文學」、「改革文學」、「尋根文學」、「知青文學」等題材交錯盛行，承擔了過多的社會責任。隨著西方哲學理論的引進，現代主義和後現代主義文學思潮開始影響文學的藝術探索，「朦朧詩」、「意識流小說」、「探索性戲劇」紛紛出現。八〇年代中期以後，興起先鋒實驗的各種詩歌與小說，包括被稱爲表現「生活原生態」並保持作者「零度感情」的「新寫實主義」小說。九〇年代以後，文學日益依賴市場和經濟效益，文學的主題延伸向全社會的各種問題和領域，大眾化使文學更加貼近現實，融入社會各階層。同時，文學幾乎成爲眾人可以涉足的領域，檢驗的標準不斷降低，以至於出現媚俗化傾向。

回顧一百年來中國文學經歷「啓蒙」、「救亡」、「國家化的意識形態」、「反思」和「商業化」幾個階段的交相強化，使人對現實的反應也不斷地簡化。不斷的強化和簡化使得中國社會在精神上的路越走越窄，對現實的感知和理解，對歷史變遷的體認和把握，以至對人生意義的探索和領悟都是那麼的單一化、暫時的深化和缺乏長遠的傳承性。尤其是當社會危機加重之時，在這種危機之下，中國文學有特定的價值，承擔了過多的責任，許多應該屬於思想界和政治的東西卻以文學的形式生存著。那麼多的作家和作品顯示了這個巨變社會精神的古老和尋求創新的豐富性。正是這些各不相同的體會和疑慮，透露出二十世紀中國人對於現實功利之外的廣大世界的感受和關注，對個人和人生的基本生存意義的苦苦尋求。

九〇年代和接近世紀末的這些年裡，中國文學又有走向另一個極端的危險，文學由於有過度經濟功利的目的，迷失道德的基本責任和文化對傳統的繼承，宣揚色情暴力和反文化反道德的社會污垢，文化的生產與消費方面也出現了難以遏止的低級趣味的狂潮。正統文化和精英文學縮一隅，文學發展的基本脈絡模糊不清，通俗文學大有登堂入室，占據主流之態。我們希望這只是轉型期的暫時「脫序」，文學的精神價值意義終將在社會價值體系的重整過程發揮出來，成爲中國民族精神生活的重要組成部分之一。

第三節　二十世紀的繪畫與雕塑

二十世紀美術領域中，傳統的寫實主義繪畫難以再站得住腳，這個世紀的畫家和雕塑家無論在專業訓練階段如何刻苦地學習歷代大師們寫實的基本技法和風格，一旦他們走出校門，很快就融入當代藝術潮流之中。十九世紀開始，文藝復興以來以傳統色塊、構圖和焦點透視的繪畫技法受到了印象派的強烈挑戰。條件色、感覺化、擺脫線條和構圖革命等因素運用於繪畫當中，出現了主觀化的發展潮流。印象派之後，在歐洲又出現了以追求新奇表現方式爲主旨的美術流派，如「落選者沙龍」、「獨立畫家協會」、「二十人團」、「納比派」、「分離派」和「點彩派」等等。二十世紀初，參加這些畫派的藝術家成爲幾大先鋒畫派的主將。

二十世紀繪畫和雕塑的突出特徵是背棄了文藝復興以來的客觀寫實風格，將繪畫和雕塑變爲一種抒情的藝術。色彩、構圖、線條、造型不再是描繪人和自然的工具，成爲畫家和雕塑家主觀心態的外化的視覺形式，客觀一般的標準被拋棄了，不再追求對客體描述得「像不像」，而是力求達到用抽象形式表達主觀上「是不是」的情感。世紀初在法國出現的後印象派繪畫，促進了藝術的主觀化傾向，他們發展了印象派用光和用色的理論，強調光與色在人視網膜上瞬間產生的印象，自然主義和寫實主義被他們棄之如敝屣。代表人物有塞尚（一八三九～一九〇六）、高更（一八四八～一九〇三）、梵谷（一八五三～一八九〇）、土魯茲．勞特雷克（一八六四～一九〇一）等。塞尚在繪畫的形式方面取得了巨大的成就，色彩和構圖達到了高度和諧統一的境界。

一、野獸派和立體主義

一九〇五年的夏天，馬蒂斯（一八六九～一九五四）和後來成爲野獸派主將之一的德蘭到法國南部寫生，在那裡由羅丹的學生、著名雕塑家馬約爾介紹，認識了高更的朋友蒙佛雷。在他隱居的地方參觀了高更的繪畫，馬蒂斯興奮不已，領悟到：突破傳統的繪畫技巧，運用平塗法，更能表現作者的主觀感受，繪畫的本質在於它的非自然性。從此，開闢了一條屬於自己的道路。這年秋天，以馬蒂斯爲首的一批青年畫家拿出了極富創新精神的作品參加巴黎的「秋季沙龍」，當評論家沃克塞爾看到數幅風格狂放的繪畫包圍一件杜納泰勒風格的學院派拘謹的雕塑時，驚呼：「杜納泰勒讓野獸包圍了！」以後，馬蒂斯等人的風格被稱之爲「野獸派」。他們的作品線條飄逸，色彩亮麗狂野，構圖奇特，藉助物象的變形宣洩主觀情緒。與此同時，挪威畫家蒙克（一八六三～一九四四）也用變形的人物，冷沈昏暗的色調來表達壓抑的情緒。

二十世紀初的一九〇六年，後來成爲二十世紀藝術大師畢卡索（一八八一～一九七三）結識了馬蒂斯，在經歷過自己創作的「藍色時期」和「粉紅色時期」的畢卡索迷上了馬蒂斯的黑人雕塑中的原始氣息和幾何線條。不久，法國畫壇上出現了立體主義繪畫，畢卡索開創了二十世紀繪畫抽象化的新路向。一九〇七年，他在法國創作了《亞威農少女》，這幅畫徹底否定了自文藝復興以來繪畫以三度空間爲目的的手法，改變了對人物的自然寫實，人體分解成爲幾何化的平面拼湊。畫面中原應有的量感和三度立體要素全部轉化爲平面的表現方式，爲人類藝術的主觀體驗方式注入了新的因素，成爲現代藝術發展的里程碑。一九〇八年，畢卡索和布拉克等人在巴黎成立了「巴托——拉瓦」集團，他們的作品扭曲正常視覺，消除縱深感。到一九一二年，他們被稱爲「分析立體主義」。一九一三年以後，立體派創作的色彩受限制、造型也過於死板，與現實感覺差距甚大，爲避免陷入純粹抽象，畢卡索嘗試在加入寫實方法之後，再用實物拼合的形式表達抽象概念，被稱爲「綜合立體主義」。

二、德國表現主義繪畫

在法國的各種先鋒畫派蜂擁而上地進入藝壇的同時，德國的先鋒派形成了自己的風格——表現主義。在德國繪畫界「橋社」和「青騎士」兩個組織成爲表現主義的基本力量。「橋社」成立於一九〇五年，主要成員是當時在德雷斯頓技工學校學習的幾位青年藝術家，他們沒有名望，但是朝氣蓬勃，追求新奇，力圖在各種藝術風格之間架起一座橋樑。一九一三年，「橋社」成員由於觀點的分歧而解體。「青騎士」是從原來的「新藝術家協會」中分離出來的一個組織，主要代表有康定斯基（一八六六～一九四四）、馬爾克（一八八〇～一九一六）、克利（一八七九～一九四〇）等。一九一四年隨著第一次世界大戰爆發而解散。「橋社」致力於融合各民族的藝術特徵，如非洲黑人的雕刻、日本的浮士繪、阿拉伯的裝飾藝術等；「青騎士」一方面向德國介紹英法的現代派藝術，另一方面創造自己的新的藝術風格。尤其是旅德俄國藝術家康定斯基，實驗一種新的繪畫表現方式：畫面上沒有客觀物體的繪畫同樣具有感人的魅力。曾經是莫斯科大學法律教師的康定斯基，在三十歲選擇繪畫之路。幾年後，他創造了絲毫不反映外界所有物象的形態，留下的只有色彩和線條的構圖。這種以純粹藝術手段創造視覺形象的繪畫，最終成爲了二十世紀現代繪畫的主流。由於康定斯基有憑有據地把抽象繪畫帶進了人類的認識領域，很自然地他被公認爲抽象主義繪畫之父。

表現主義繪畫以強烈的主觀色彩著稱，他們筆下的形象呈現扭曲、變態，充滿了狂放鮮豔的色彩和神經質的線條，造就了一種令人難以解釋的感覺。三〇年代，由於納粹政治迫害，表現主義運動在德國銷聲匿跡。表現主義在南歐各國的發展比德國更加狂放，因爲融入了超現實主義藝術觀念，強調要按照佛洛伊德所指出的那樣用藝術方式揭示人類的潛意識，尤其是人類的幻想和夢境。西班牙畫家達利（一九〇四～一九八六）擅長用柔和的線條和明亮的色調表現夢境，被認爲是現代超現實主義藝術大師。

三、俄國的「至上主義」

本世紀初到三〇年代，俄國藝術界的先鋒派思潮也不甘人後，在詩歌方面有未來派、阿克梅派，美術界出現了馬列維奇（一八七九～一九三五）的「至上主義」（或稱「絕對主義」）。一九一三年，馬列維奇在一次舞台設計布景時突發奇想，以極度抽象化來表現藝術主題。由此開創了至上主義繪畫，強調繪畫的藝術魅力在於形與色的構成，它們是一些象徵的符號，藝術不能功用化。這一流派與康定斯基的表現主義引導了二十世紀的繪畫朝向「無物象繪畫」發展。

各國各種文化背景竟不約而同地在繪畫方面出現抽象化的趨向，絕不是偶然的，它是人類對藝術認知在物質文明發展之後的一種更高的體驗形式。到了二十世紀二〇年代以後，抽象繪畫逐漸匯成了一股洪流，貫穿在各種先鋒派繪畫的風格當中。其共同特徵是：超脫物體的自然表象，用極端簡化的線條、色塊表現抽象的主題。點、線、面成爲精神世界主觀狂舞的基本媒介，遠離了傳統繪畫的寫實和模擬自然物象。以後的抽象繪畫有三個主要潮流：一、蒙德里安所代表的「冷抽象」；二、康定斯基所代表的「熱抽象」；三、波洛克爲代表的「抽象表現主義」。

四、「新造型主義」

荷蘭的抽象畫家蒙德里安（一八七二～一九四四）對線條有特殊的體驗，他曾說：「直線和橫線是兩相對立不同力量的表現，這一類對立物的平衡隨處可見，它控制著一切。」他用線條的新造型顚覆了人們傳統的視覺模式。第二次世界大戰中，蒙德里安和一大批歐洲藝術家爲逃避戰亂來到美國，紐約的光怪陸離和大都市的節奏，觸發了他的色彩動感和線條的活潑。他的作品帶動和鼓勵了一批年輕藝術家在美國藝術界掀起了一場革命，美國後來縱橫於繪畫界的硬邊抽象、光效繪畫和包場繪畫都可以追溯到他的風格。他的理論和實踐不僅影響了整個西方的繪畫和雕塑，還對現代商業廣告、家具、服裝設計、印刷品裝潢和建築等方面產生了巨大的影響，以至於美國當代藝術史家阿納森認爲，他的藝術對二十世紀人類生活的影響超過了畢卡索、布拉克和馬蒂斯。

五、「行動藝術」

蒙德里安喜歡用垂直、平行線條和紅黃藍三原色構成幾何體組合的色塊構圖，因爲過於和諧和理性，被人稱爲「冷抽象」。相比之下，康定斯基使用了反理性的抽象繪畫技法，並在《論藝術裡的精神》書中提倡繪畫應像音樂那樣，以媒介表現個人主觀情緒，充滿熱情和激情，因而稱爲「熱抽象」。冷、熱兩種抽象的方法畢竟還是畫布上的圖形，而到了二十世紀四〇、五〇年代，美國的抽象繪畫藝術已經變爲一種表演，作畫的過程被認爲高於最終的作品。這種藝術是「行動繪畫」，代表人物是：波洛克（一九一二～一九五六）、德庫寧（一九〇四～）、克萊因（一九二八～一九六二）等，他們追求即興表演的創作方法，作畫時像著了魔的跳神巫師，將自己潛意識的自發動作用繪畫的形式留在畫布上，稱之爲記錄精神活動的軌跡。行動繪畫中，強化了第一次世界大戰中抱持虛無主義的藝術家創造的「達達派」風格，用超出繪畫的物質手段綜合性地表現繪畫藝術，不同於「達達派」用日常生活用品黏貼在畫布上，「行動繪畫」則用怪異的繪畫行爲表現反傳統、反理性的傾向。

六、「集合藝術」與「普普藝術」

抽象繪畫形成潮流之後，一些藝術家力圖尋找新的繪畫形式與之抗衡，他們用更爲極端的形式，乾脆拿具體生活器物來重新組合，表現情感。五〇年代這種創作方法登上舞台，很快風靡美國和法國，直到七〇年代才逐漸消退。美國藝術家羅森伯格（一九二五～）成爲典型代表，他從垃圾堆裡撿來各種生活廢棄物，組合成爲大量的作品。一九八五年，在北京中國美術館裡展出了他的作品，許多人還記得，那些廢舊的紙箱、破輪胎，隨意塗鴉的床單和動物標本構成了怪異的藝術，那些都市文明和消費文化的器物對他來說，恰好可以象徵現代文化的雜亂無章和墮落。與集合藝術同時出現的「普普藝術」是從屬於前者的，不過正像它的詞意一樣，更爲接近大眾和商業消費。美國的約翰斯（一九三〇～）從追求平面構成硬邊的視覺效果開始，逐漸採用了大眾消費文化的形式：廣告、商標、招牌和造型。沃荷（一九二八～一九八七）完全取消了藝術創作要用雙手的觀念，把製版印刷和照相的方法移到畫布上，表現主題放在超級市場中人們的日用商品上。這顯示了普普藝術對現實的態度：客觀物質不再是具有特性和獨一無二的，現代工業的製造成品，抹殺了一切存在物的基本界限。普普藝術的登場帶動了電影宣傳畫、廣告、連環畫的發展，藝術與非藝術之間的差別越來越縮小，與生活用品之間的界限越來越模糊。以後的「塔希派」、「活動雕塑」、「大地藝術」、「人體藝術」等也都追隨這一潮流。

七、「照相寫實主義」、「光效應藝術」和變態藝術

抗衡抽象主義的還有流行於六〇年代美國的「照相寫實主義」（或稱爲「超級寫實主義」），這種藝術追求用繪畫達到攝影的效果，那就是絕對的眞實。爲表現眞實的強烈質感，動用了諸如聚酯樹脂、乙烯莖、玻璃纖維等化工原料。現代藝術對人們感官的刺激形式不同與以往的造型和色彩，由於科學的發展，許多理論和成果直接運用於繪畫和雕塑藝術當中。六〇年代的奧普藝術（OP Art）運用了光學原理，被成爲「光效應藝術」，代表人物是法國的瓦薩雷利（一九〇八～一九八四）、美國的艾伯斯（一八八八～一九七六）等，他們的作品畫面多是色彩奪目的抽象幾何體和光譜效應的色彩搭配，令人產生強烈的視覺動感和畫面錯位的體驗。七〇年代後，現代藝術日趨多元化，似乎已經分辨不出來流派，音樂、戲劇、舞蹈、攝影都介入了繪畫創作，各類創意層出不窮，畫法怪異荒誕。比如「塔希派」以隨意在畫布上塗鴉爲藝術；「大地藝術」在荒野或利用人造工程來表現藝術構思；「人體藝術」索性讓人裸體沾上顏色在畫布上摸爬滾打，留下「藝術痕跡」；「行爲

藝術」更是將戲劇表演、離奇情節和廁所的污穢塗鴉文字搬入畫廊。八〇年代以後，尤其是電腦技術的發展，更使繪畫藝術難以抵擋電腦數位化的抽象和極端眞實的模擬表現形式，許多繪畫淪爲商業和消費的裝飾。有些甚至完全爲了愉悅和刺激人的感官，已經沒有任何觀念和規律可言。

八、現實主義藝術的延續

二十世紀由於戰爭、革命和劇烈的社會發展變革，相當多的藝術家始終站在時代的風口浪尖上，用繪畫的形式表現豐富的觀念內涵和現實變化給人類生活帶來的主觀感受。他們承襲了十九世紀法國畫家庫爾貝的寫實風格，描繪時代的主題，如德國版畫家珂勒惠支（一八六七～一九四七），墨西哥畫家里維拉（一八八六～一九五七），美國的羅克韋爾（一八九四～一九七八），蘇聯的戰爭題材畫家群，中國的徐悲鴻（一八九五～一九五三）、劉海粟（一八九六～一九九七）、李苦禪（一八九九～一九八三）、蔣兆和（一九〇四～一九八六）、董希文、艾中信、羅中立、陳逸飛，第三世界各國在社會變革中產生的畫家等。他們的作品是時代變遷的客觀紀錄，也是激勵時代精神的藝術動力之泉源。

九、二十世紀的雕塑潮流

二十世紀的雕塑風格基本是與繪畫風格的變遷同步的，或者說兩者是很難分開的。馬蒂斯對二十世紀的雕塑有重大貢獻，但他的抽象靈感竟來源於非洲的黑人雕刻。在一次他拜訪美國女作家斯坦因的路上，在一家小店裡買下了一尊小的木雕黑人頭像，在斯坦因家中剛好畢卡索也在那裡，他們對雕像的風格感到震驚，以後兩人現代立體造型的作品中都可看到黑人雕刻藝術的痕跡。二十世紀的雕塑主要有兩大潮流：一、以法國的布朗庫西（一八七六～一九五七）和英國的亨利．摩爾（一八九八～一九八六）爲代表的抽象雕塑；二、以美國的考爾德（一八九六～一九七六）爲代表的活動雕塑。布朗庫西用簡練的線條構成抽象形體，首開現代雕塑的抽象風格。亨利．摩爾用雕塑造型中的「洞」增加「虛實相生」的三度空間感，在現實中寓含抽象，在抽象中表現現實。他的靈感來源於自然物的天然造型，骨骼、貝殼、卵石、岩石成爲他的朋友，堆滿他的工作室。即使在他最爲極端變形的人體作品中，仍有古典意涵的存在，他塑造的女人體和家庭群像伸揚了人類的愛戀和美好。考爾德由於早年學習機械工程的背景，一九三〇年開始師從蒙德里安，以後深受達達派藝術的影響，創造了活動雕塑，他使用金屬片、金屬絲和其他物品製成精巧的活動雕塑，有些以機械或氣流爲動力，甚至還可以發出聲響，令人產生變換時空和音樂方面的聯想。

第四節　二十世紀的音樂與建築

音樂是時代的聲音和流動的建築，建築是凝固的音樂。二十世紀的音樂雖然沒有和繪畫那樣出現眾多的派別，但是仍然表現了時代的風格，出現了種種反傳統的創作方法和美學原則。二十世紀的建築始終受到功利主義、經濟實力，甚至意識形態的影響，藝術普遍沾染的抽象和純形式化的傾向對建築影響不大。三〇年代，包豪斯建立起來的關於建築「簡潔結構」和「功能實用」的觀念成爲現代建築基本的美學原則。現代建築的突出特徵是基本上放棄了古典的柔美曲線、繪畫構圖影響下的「三一律」和黃金分割比例等審美原則。幾何型的整體觀和新型建築材料，配合色彩和立體空間布局，左右了建築的設計規則。

一、音樂與二十世紀文化

早在十九世紀末期，德希西（一八六二～一九一八）就突破了傳統音樂的表現手法，開創了印象主義的音樂，描繪人對大自然的主觀視聽感覺。二十世紀初，西方音樂界致力於探索新的表現方式，擺脫古典派和浪漫派的程式。西方之外的受到西方影響的民族，無一例外地出現引進西方樂器和西方音樂傳統的進程，日本、中國、印度都出現了在西方音樂形式之下，加入本民族音樂傳統和素材的嘗試。大批留學日本的中國學生從東洋學到了西方音樂的知識和技法，李叔同甚至將西方的民歌曲調塡入中國的詩文，並爲中國開創了初期的學校音樂教育。而在西方，有的音樂家在音樂語言上進行變革；有的引入其他民族的音樂特色；有的運用現代科學造就的技術在樂器上創造新奇的音響效果。

眞正現代音樂的開創者是「現代音樂之父」斯特拉溫斯基（一八八二～一九七一），他生於俄國，後入法國籍，第二次世界大戰後定居美國。他的作品充滿了原始的靈性和表現主義風格。一九一三年他在舞劇《春之祭》的音樂裡大膽挑戰傳統，運用了不和諧音、複合拍節和雙調性手法。五〇年代中期，他逐漸受到奧地利作曲家遜貝格（一八七一～一九五一）等人的影響，接受了十二音體系的作曲方法，創作了一系列無調性的序列音樂作品。使音樂更具現代性的作曲家還有奧地利的遜貝格，他在無調性音樂的基礎上創造了「十二音音樂」的作曲體系，利用半音音階的十二個半音構成基礎音列，以轉位元、逆行等方式衍生出四十八種變化組合。他揚棄了大小調的自然音階體系，適應了現代藝術抽象化和形式化的審美觀念。他的兩個學生貝爾格（一八八五～一九三五）和韋伯恩（一八八三～一九四五）在他的基礎上加以豐富和發展，更爲序列化和形式化，並引入了數學化的邏輯規律，四〇年代之後成爲風靡世界的「序列音樂」。

「序列音樂」不再是表達感情的工具，是一種十分理性和尊重規律的音響遊戲，它用十二個半音階進行序列組合，在節奏和力度上也遵從一整套的組合配比原則，音樂成爲數學演算一樣的形式展現。它恰好說明了社會變遷中的組織化和程式化對人類主觀藝術形式上的震動，而形成了模仿式的結構特徵。尤其是這種形式必然能夠與科技成果，特別是電腦對音響程式的控制相結合。現代音樂更爲遠離自然賦予人類的感覺和客觀表現形式，人類的聽覺系統被人爲地分割了，由綜合的直感到零碎的分析，從感情的激盪與共鳴，到邏輯的判斷和形式的愉悅。

四〇年代，由於戰爭的原因，各國民族音樂無不適應戰時鼓舞士氣，激勵民心的需要，蘇聯的戰時交響樂，德國、美國的軍中歌曲，中國的抗戰歌曲都在時代的呼喚下，自覺的完成了對民族音樂的現代轉型。

到了現代聲學和電子技術對音樂產生革命性影響之時，音樂開始離開了人類的心靈和雙手，成爲科技和技術理性物化形式的吶喊。五〇年代以來，電子音樂登上舞台，電子琴開始演奏古典的、現代的、鄉村的、各民族的樂曲，電子合成器也開始錄製各種風格的音樂。七〇年代，電腦作曲大量地運用於影視和通俗音樂當中。在電子音樂中，德國的史托克豪森（一九二八～）被認爲是電子音樂的權威。最能表現現代音樂特性的是錄音技術的發展，錄音帶的廣泛運用使音樂的傳播方式大變，欣賞完整的、情緒的、氣氛的音樂，幾乎成爲生活節奏緊湊和時間分割零碎的大多數現代人的負擔。錄音技術無疑幫了現代人的忙，先鋒派的「具體音樂」完全靠音響來製造音樂。電閃雷鳴、禽獸鳴叫、城市嘈雜，甚至模擬宇宙太空的聲音，都可以藉助電腦、雷射數位答錄機和磁帶光碟等機器來混合、重疊、變速、變音，強調一種非自然的效果。

現代音樂與高科技的結合，似乎創造一種嶄新的觀念：人的聲音和視覺感受互動結合，出現複合的空間和相位感覺，把科學理論所描述的抽象概念，用音樂加以闡釋。這種「混合效應」產生了「事件作品」——音樂演奏的同時用幻燈機和電影電視的手法映出畫面，後來成爲「音樂電視」和「卡拉OK」的先導。六〇年代，出現了「環境音樂」——把音樂與雷射、射燈、噴霧、轉換畫面、場景相結合，霓裳迷幻、煙霧繚繞，帶人進入一種特定的審美環境。現代音樂的抽象極端是「概念音樂」和「偶然音樂」。前者是用聲音來暗示藝術家的某種概念，演奏者依據作者的說明來自由發揮，沒有具體的旋律和節奏，隨心所慾。後者強調表現某種不確定性，作曲者只寫下一些特定的符號和說明文字，演奏者用偶然的方式來決定用什麼樣的節奏、旋律和音調來演奏。這類音樂的代表是美國作曲家凱希（一九一二～一九八八），他認爲音樂是「無意義的遊戲」。概念音樂和偶然音樂決定於現代文化的兩種觀念：一、後現代社會的變化無常，世界萬物和人生的不確定性；二、對既有的價值體系徹底的反叛。

二十世紀音樂的現代性更多地表現在流行音樂上，那就是爵士樂、搖滾樂、流行歌曲和音樂電視（多媒體音樂）。爵士樂來源於美國的黑人音樂，那種原始的非洲情調加入了美國黑人幾個世紀在美洲大陸的苦難，在二十世紀初已經形成了一種苦中作樂的風格。起初，黑人在酒吧和夜總會即興表演憂鬱的blues，先後加入了小號、單簧管、薩克斯風或鋼琴的獨奏。後來到了二〇年代，白人爵士樂隊出現。四〇年代，爵士樂融入了現代音樂的色調，和聲、調式等方面更加符合現代都市緊張、恍惚和迷醉的風格。一些作曲家也從中汲取營養，愛好蒐集民謠的美國作曲家科普蘭（一九〇〇～一九七六），把爵士樂作為其創作素材。大音樂家格士溫（一八九八～一九三七）甚至在大型交響樂《藍色狂想曲》的一開始使用爵士樂的手法。晚於爵士樂的搖滾樂其源頭是美國的「鄉村與西部音樂」，又融合了黑人音樂中的「節奏與blues」。有強烈的節奏、簡潔的旋律、和聲。配唱的歌詞內容一般是現代都市年輕人的愛情和青春期的苦悶和發洩。當時，美國正經歷朝鮮戰爭之後的越南戰爭，第二次世界大戰後成長起來的一代青年人不明白為什麼要在異國他鄉去送死，搖滾樂成為他們反戰的文化標誌之一。以後，甚至過渡成為「代溝」和反叛傳統社會的代名詞。搖滾樂很快流行歐洲，風靡世界。六〇年代，出現了英國的「甲殼蟲樂隊」，當中擔綱的四名歌手不僅帶給年輕人狂野憂鬱的格調，還教會了他們怪異的行為穿戴，甚至吸毒。

七〇年代，又出現了爵士搖滾樂、流行歌曲配合電視媒體的音樂電視，隨著商業社會將音樂與市場結合，透過製作和商業操作，賺取利潤，卡拉OK進入家庭，電腦的普及和資訊化時代的到來，又使流行歌曲大行其道，音樂作品成爲了定期滿足大眾趣味的商業消費品。音樂的現代性更多地與大眾的媚俗格調，以及市場的追求新奇怪異結合一體，音樂又爲許多重大的世界性商業性活動（如奧運會、各種政治紀念活動、名目繁多的節日和行業演唱會、堂而皇之的賑災義演、電影頒獎、選美競賽等等）捧場，爲資本流動和各階層商業慾望的滿足而吶喊。

二、建築與工業革命的文化意義

持續一百多年的工業革命給建築帶來了極大的影響。二十世紀初，在歐美流行一種建築的新藝術，在德國稱爲「青春風格」、義大利是「自由風格」、奧地利是「分裂風格」，建築設計不對稱的曲線拋棄了傳統的裝飾手法。運用於當時商業飯店的建築中，發揮了「鐵」這種建築材料的裝飾作用，很快法國的火車站和歐美的百貨商店都模仿這種設計，成爲商業建築的一大標誌。而在美國迅速發展的大都會中，土地和空間的激烈競爭促使建築師探索向空中爭奪商業空間。一八八〇年電梯的產生解決了人利用空間的問題，並開始廢棄磚石這種限制向高空發展的建築材料，美國首次使用了鋼架結構。二〇年代，美國建成了超過一百層的摩天大樓，它們成爲美國經濟實力的象徵。

三、包豪斯藝術學校對建築的影響

第一次世界大戰前，德國的「德意志製造聯盟」爲提高工業設計的品質，曾經喊出了「改革藝術教育，把藝術家逐出名流學院，讓他們到工廠裡做工。」持這種觀點的青年建築家三十歲的瓦爾特．格羅皮厄斯（一八八九～一九六九）在戰後的一九一九年將魏瑪工藝學校和魏瑪藝術學校合併成立了「魏瑪國立包豪斯學校」。「包豪斯」意爲中世紀教堂泥瓦工人的住所，學校宣言闡釋：教育新一代的藝術家去建設、裝飾、布置一個工業的、社會主義的未來。由於該校有意識地把自己與現代的抽象思想聯繫起來，一大批歐洲的藝術家慕名而來，構成主義論者、風格派理論家、新客觀派社會主義者，包括康定斯基、克利、法寧格和漢內斯．邁耶都曾到該校執教。師生們研究建築和現代生活用具的設計，反對貴族主義，開闢了現代材料與機器文明相結合的風格。傳統勢力無法忍受這種新興的教育和藝術運動，五年後，才被歐洲所重視。一九二五年德國通貨膨脹，包豪斯遷校柏林西南方的德紹，成爲歐洲新藝術的中心，新校址是現代建築的代表作之一，不加裝飾的混凝土、玻璃和鋼筋增強了工業機械的美感，割斷了與過去的一切聯繫，強調以造價低、效率高和品質好爲標準。在家具製造、內部裝修、建築和廉價住房建造中，貫徹了這一標準。在法國，一九二二年克比西埃在〈現代城市〉一文中討論了交通分類問題，認爲有必要興建與郊區的綠化地帶形成對比的高層住宅區，增加城市中心的人口密度。他的設計概念是：把房子組成部分縮略爲一兩個人活動的範圍，視之爲「居住的機器」。這一觀念對第二次世界大戰後歐洲的重建影響極大。

俄國革命之後的蘇聯，排斥了構成主義的建築設計，主張新古典主義。墨索里尼上台後的義大利對羅馬古城大規模修復。一九三三年，希特勒上台立即關閉了包豪斯學校，採用施乃爾的帝國式古典建築風格。日本在二〇～三〇年代流行大屋頂的東方建築樣式與羅馬帝國建築風格的結合，在東京和中國的東北長春、大連等城市留下許多建築。中國的建築師受日本影響在當時的北京和首都南京也建造了大量的中西合併的政府公共建築。

四、現代主義與建築

戰爭中，大批歐洲藝術家進入逃亡美國的難民行列，建築的「國際風格」在美國紮根，其典型是一九四八年興建的聯合國大廈。美國經濟在戰爭中的急速發展，爲現代建築設計風格的廣泛運用提供了資金支援，「國際風格」放棄了社會主義的內涵（設計上反映奮發向上的意志和激情），修正爲框架鋼結構、玻璃落地牆和標準化單元，適合於表現非人性化的提高合作效率的形象，整齊劃一的「密斯式玻璃箱」建築在商業建築中大爲流行，政府、學校、住宅、商店和藝術殿堂，在建築上已經進入了分不清社會功能角色的特徵。歐洲重建也採取了「廉價住房計畫」的「國際風格」，強調集體意識和社會服務化功能，同時，繼承歐洲傳統，與美式風格保持距離。

到了七〇年代以後，建築方面的現代運動似乎已經失敗，其整齊的建築理想，遭到商業社會強調個人主義的抵抗。在實用角度上，中東戰爭造成的石油價格上漲，玻璃摩天大樓的效能受到懷疑；原來打算爲改善城市平民和工人生活的住宅區，成爲導致各種精神緊張和街頭暴力行爲大量增加的原因。在藝術視覺上這一風格更爲糟糕，單一性和全部脫離古典，使人心生厭倦。反傳統的必要性在實際審美中受到強烈的質疑。新一代的建築師開始重新使用與當代和歷史有關的風格、主題，已開發國家的建築設計傾向已經有向古典回歸的苗頭。但是，在發展中國家（包括中國）仍然在步西方國家的後塵，許多都市化的建設簡單乏味、毫無文化可言，既無國際潮流的現代藝術觀，又喪失了本民族的基本傳統，看起來令人扼腕長歎不已。

第五節　二十世紀的電影與電視

本世紀初，電影演員還是一個不太光彩的職業，一九〇七年的美國洛杉磯居民在貼出房屋招租廣告中還這樣地註明：「帶狗者和電影演員謝絕應租。」二〇年後直到今天，電影明星是多少少男少女崇拜的偶像，又有多少人夢寐以求地尋求在影視界謀得一個職業。電影成爲了二十世紀人類生活的一個夢幻王國。

一、電影藝術的文化意義

電影發明之後，很快與戲劇結合起來，梅里愛在電影史上的重要作用是把戲劇美學完整地搬進電影當中。後來，隨著蒙太奇表現手法的出現和發展，電影不再以場景而是以鏡頭爲表現要素，然而戲劇的美學法則依然在電影中產生重要的作用。戲劇電影的基本特徵是以衝突作爲展開劇情的動力，其時空比較集中，強調語言元素，情節結構按照戲劇結構開始、展開、高潮來演進。二十世紀的電影是隨著二十世紀其他文化形式的發展而自然演進的，其中也有其自身發展規律，有著對二十世紀文化的巨大影響。從文化學的角度來看，電影是一門綜合性的藝術形式，其中運用了攝影、繪畫、音樂、戲劇、舞蹈、建築等多項藝術學科。小說式電影的特點不是強調衝突，而是著重於敘事，特別是三〇年代以後，有聲電影的出現使小說技巧對電影的影響極大。電影藝術形式爲主的發展趨勢，電影的觀念不是強調敘事、衝突，而是將電影作爲一種活動的繪畫藝術，調動聲、光、影、象、節奏和時空的變幻等要素，向觀衆傳播一種美感。西方先鋒派強調節奏電影不需要人物、情節，構成了新的一種電影觀念。蒙太奇手法的發明（畫面至上主義）使電影成為與其他藝術並駕齊驅的重要資本。在西方國家，格里菲斯所強調的蒙太奇，一直發展到了美國的好萊塢電影對剪接技巧的重視，透過蒙太奇造就各種的視覺效果，三〇至五〇年代，美國好萊塢電影的製片人迷信蒙太奇的魅力。在蘇聯，愛森斯坦和普多夫金等人從辨證的角度，從思想的角度，從電影反映現實生活等方面確立蒙太奇的作用。當然，在蒙太奇至上主義橫行的同時，也有一派主張電影中時空連續的觀念，反對蒙太奇的剪接至上主義，主張電影客觀記錄生活，電影的藝術在取景框中完成。

電影一經產生就充斥著娛樂性觀念。認為電影是一種商品，其基本的功能是取悅大眾，符合消費文化，純粹著眼於電影藝術形式是沒有觀眾的，沒有了商業價值，純電影根本就不能發展。美國好萊塢電影所強調的是夢幻論，觀眾在夢幻效果中達到心理上的新奇和滿足，娛樂電影也從中賺取大量的金錢。三〇年代在希特勒、墨索里尼統治下的德國和義大利，電影成為推行法西斯主義的教育工具，透過這種藝術形式傳達社會、政治、文化、思想、人生觀等訊息，具有極大的政治功利性。

二、電影藝術不同歷史時期的文化剖析

十九世紀三〇年代，在工業化技術發展的推動下，出現了製造活動影像的簡單機械，

如走馬燈、幻燈等。一八九六年，愛迪生和盧米埃開始利用電、視覺和光學的原理發明電影視鏡。盧米埃首創投射式電影，開始使用放影機和銀幕。二十世紀初，梅里愛將特技加入到電影中。一九〇四年，鮑特拍了《火車大劫案》出現了讓演員持槍對準觀眾的特寫鏡頭，電影的美學意識開始朦朧出現。一九〇八年，格里菲斯參加了愛迪生公司創建的「黑瑪利亞」攝影棚，開始當演員，後來當了導演。愛迪生注重拍攝娛樂性的場景，運用了古老的表演藝術，確立了電影初期的技術主義傳統，後來被美國的好萊塢電影發揚光大。盧米埃兄弟設計了攝影、放映、沖洗三用電影機，採用了每秒十六格畫面的放映速度，標誌著電影的誕生，二十世紀人類文化藝術出現了新的表現形式，對人類的生活帶來巨大的、難以估計的影響。

一百多年的電影發展史基本上是寫實主義和技術主義兩大傳統相互促進的歷史。寫實主義強調對眞實生活的再現，一切以眞實爲依歸，電影的娛樂價值居次要的位置，主觀的教育和宣傳意圖的貫徹對寫實是最大的傷害。寫實主義強調即興創作，給觀眾以眞實感，演員應回歸生活的原形，不能依靠製作後期的人工剪輯。從此流派中出現了自然主義和現實主義手法。盧米埃以表現現實生活的「活動的系列照片」的早期影片，使電影成爲供人們消遣的嶄新娛樂形式。在二十世紀前二十年，電影掌握在商人手中，仍未進入藝術領域，對社會生活尙未產生重大的影響。簡言之，那時的電影不過是再現生活場景的記錄器而已。直到第二次世界大戰之前，歐洲各國幾乎毫無例外地利用電影作爲娛樂的工具，強調技術主義，用蒙太奇手法來吸引觀眾。法國電影在一九一四年前是歐美電影市場的霸主，此後，美國的好萊塢電影異軍突起，商業電影甚囂塵上，寫實主義的電影幾乎到了消亡的邊緣。

一九一六年，美國的羅伯特．弗拉哈迪拍攝了反映北極因紐特人生活的影片《北方的納努克》，開創了記錄片中由被拍攝者主動配合拍攝的「創造地利用現實」。這種手法利用了生活中的人去表演他們的生活。三○年代，英國也出現了以格里爾遜、保羅．羅沙、巴西爾．瑞特爲代表的英國記錄片運動，拍攝了如《錫之歌》、《夜郵》、《煤礦工人》等記錄片。從此，記錄片反映眞實生活成爲流行方式，並且成爲一種宣傳手段，賦予了社會意義。結果電影很快成爲政府部門及商業公司運用的工具，大量的委託拍攝資金進入電影業，記錄片成爲電影早期發展的幸運之星。此外，電影聲音技術的發明促進了電影技術主義的強勢影響，其後的彩色膠片洗印更使在電影中人工製造的幻覺表現方式盡善盡美，同時也爲寫實主義電影提供了發展的條件。

三○年代法國的雷諾阿開創了新寫實主義，他在遵循以往詩意的寫實主義故事片風格的基礎上，一九三四年，他在眞實的外景地拍攝了《拖尼》一片，一九三六年拍攝了根據莫泊桑小說改編的《鄉村的一角》，影片拍攝沒有劇本，也毫無技術主義的製作痕跡。其後

《幻滅》（一九三七年）、《遊戲規則》（一九三九年）成爲二十世紀電影藝術的經典之作。《幻滅》一片中，作者大量運用了長焦距鏡頭、移動攝影和同一畫面的多次動作，將外部蒙太奇轉換爲鏡頭內部的空間調度，演員的表演和心理刻畫更爲生動和深化。《遊戲規則》一片中，採取了舞台劇的表現方式，固定了攝影機的深焦距長鏡頭，演員即興表演，情節隨時編排，影片揭示了法國社會的階層差異，各種心理狀態、道德觀念和社會禁忌，該片曾遭到法國政府的禁演。

技術主義強調故事情節的完整、發展線索的連貫和劇本剪接的周密設計，透過運用電影的一切前後期製作技巧，給觀眾創造一種現實生活的幻覺，在夢幻中接受製作者們的主觀意圖。美國的好萊塢是技術主義電影的搖籃和堡壘，是名副其實的「夢幻工廠」。

從一九〇三年到二十世紀末，好萊塢發展的歷程記錄了資本主義商業電影發展的全部過程。二十世紀二〇年代開始，好萊塢進入了全盛時期，它用技術製造完美的幻覺和人們模仿的樣本，造就一種視覺上享受的美好並帶有戲劇色彩的人生經歷。好萊塢著名導演希區考克稱「電影是把平淡無奇的片段切去之後的人生」。好萊塢商業電影的美學原則來源於「藝術象徵主義」理論，認爲夢幻是電影獨特的表現形式。技術主義電影的先驅是法國人喬治．梅里愛，他發明了用攝影機的快慢動作和各種鏡頭技巧組合成神話片和科幻片（一九〇二年《月球旅行記》）。他還將舞台劇搬到電影中，拓寬電影藝術的表現力，他充分運用藝術的虛擬性，調動一切的藝術手段為主觀的電影概念服務。一九一五年，美國導演大衛·格里菲斯在一部顛倒美國南北戰爭性質、污蔑解放黑奴的影片《一個國家的誕生》中，卻創造了影響一個世紀的「大片模式」。該片運用了當時能夠想到的所有電影技術和技巧，徹底背棄了戲劇表演的傳統手法，以若干鏡頭代替了固定不變的場景，用不斷變化的場景組成完整的時空和電影架構，以系統成熟的「蒙太奇方式」造就了一種前所未見的視覺效果。他奠定了電影作為獨特藝術門類的基礎，《一個國家的誕生》也是「好萊塢藝術稱霸世界的發端」。隨後他又拍攝了《黨同伐異》，確立了電影完全不同於戲劇美學的表現原則，突破了傳統藝術的「三一律」（時間、地點、人物行為的缺一不可）。

一九一五年，加拿大人麥克·塞納特建立了契斯通製片廠，出現了猶如工業化製造行業「泰勒制」一般的傳送帶式的製片過程，著重集體智慧和精密的分工合作。二〇年代，美國電影界出現了兼併浪潮，結果只剩下了米高梅、派拉蒙、華納兄弟、二十世紀福斯、雷電華、環球、聯美和哥倫比亞等八家公司，他們壟斷了美國電影的國內市場，打破了法國在歐洲電影市場的霸主地位。他們懂得觀眾的心理和市場的變動，他們的製片人和導演多是歐洲移民，帶來了世界各地的文化特色，也帶來了全球媚俗的審美價值，他們至今仍是世界電影的龍頭。電影商業化的直接結果是明星制度的建立，票房價值不在於電影的技術和藝術品質，而在於由哪些明星來主演，由此決定了「明星的製造」，這也是技術主義製造美的典型的重要組成部分。少女可以一夜之間「麻雀變鳳凰」，俊男可以不必艱苦學習表演藝術和戲劇理論而「一片成名」。明星的形象和氣質成為觀眾特定視覺和夢幻需求的符號，淑女、蕩婦、遊俠、騎士、罪犯、浪子、偵探、英雄，成為製片人出售給各種口味觀眾的商品。明星們的私人生活也成為出售「商品」之前的廣告組成部分。

一九一八年，德國在戰敗之後藝術思潮異常活躍，針對法國戲劇性電影的刻板，德國出現了先鋒派電影，強調要在純藝術領域造就一種重大的變革，即一種抽象的形態，就像透過聽覺傳達給我們的音樂感覺一樣。這種沒有故事情節，只有純粹的活動藝術形象的電影，曲高和寡，不得不與當時流行的超現實主義結合。以電影揭示佛洛伊德的心理分析和人性的內在弱點。三〇年代，義大利獨裁者墨索里尼為鞏固法西斯政權，十分重視電影業的作用，他大量投資興建了與好萊塢相匹敵的電影城，創立了電影實驗中心，實施嚴厲的電影審查制度，鼓勵拍攝宣揚軍隊的記錄片。此外，對羅馬傳統文明畸形崇拜，使墨索里尼也鍾情於極端唯美主義和形式主義的「書法派」影片。

一九二七年到一九四五年，電影有了聲音，有了色彩，具備了電影藝術所有的要素。出現了寬銀幕、變焦距鏡頭和高感光度膠片。三〇年代末出版了雷蒙．斯波迪斯伍德的《電影文法》，將蒙太奇理論化。電影開始吸收其他藝術的要素，藉用戲劇美學、小說美學，從音樂、繪畫中汲取營養，轉化為電影語言。

第二次世界大戰後，電影在技術上已經完全成熟，也擺脫了早期電影在聲音運用上的缺失，更掌握了運用色彩來渲染藝術效果。此時現代文藝的形式多樣化，電影迅速地吸收意識流小說和荒誕派戲劇等藝術形式，電影開始向現代藝術轉型。五〇年代中期，瑞典的伯格曼和義大利的安東尼奧尼開始突破電影傳統的劇情結構，全面追求現代性。他們突破了電影的舞台化情節結構；突破了理性的心理分析，反對把人物行爲表現爲動機明確而且富有邏輯性；強調多角度、多面向表現人和周圍的存在；有意地破壞傳統的表現技巧。於是，電影的現代性特點鮮明起來——非情節化的影片結構，非個性化的銀幕形象，非傳統式的鏡頭表現形式。如費里尼的《樂隊排練》是意念化電影的經典，戈達爾的《精疲力盡》描寫人的非理性的潛意識活動，奧遜．威爾斯《公民凱恩》向觀眾提供了多角度評價人物的傳記片，黑澤明的《羅生門》對同一事件加以不同敘述，讓觀眾自己去判斷。

一九五九年，法國電影雜誌《電影手冊》的一批崇拜好萊塢電影的編輯人員，下海拍電影掀起了一股「新浪潮」，《四百下》、《表兄弟》、《廣島之戀》等影片，透過蒙太奇手法打亂時空界限，用電影的風格替代內容，編導的自我表現大於集體的智慧，「作家電影論」一時風靡法國。「新浪潮」電影主張「反戲劇」、「反情節」，把現代主義文藝創作與現代哲學思潮（如沙特的存在主義、柏格森的生命哲學等）結合起來。

在經歷了六〇、七〇年代極端現代派各種手法的嘗試之後，八〇年代人們終於承認電影是一門敘事藝術，觀眾和消費者需要故事情節，電影市場開始面對各國中產階級的消費意識和資本主義商業社會帶給人們的迷惘，觀眾渴望在電影中得到感官的刺激和銀幕中的暫時滿足。蒙太奇手法在電腦特技的支援下，又死灰復燃，觀眾也厭倦了史詩題材和純粹藝術表現，關注電影描寫個人私事和人性的複雜性。傳統技巧又重新得以恢復，不再強調電影藝術是個人主觀意識和美學趣味的替代品，集體創作的意識重新受到重視。

九〇年代的電影是「大片」的時代，商業利潤的攫取是電影發展的唯一動力。好萊塢的模式橫行世界，在經濟全球化過程中，電影成爲推銷文化和商品的一流廣告。看一看奧斯卡金像獎的每一部獲獎片，哪個不是巨額投資，明星匯集，豪華包裝，絕對的模仿眞實的存在，電腦特技令人歎爲觀止，商業炒作叫人眼花撩亂。幾乎全世界各國都捲入了商業資本的狂潮中，電影無疑也成爲大眾文化工業生產的產品，成爲一種無深度的、快速消費並滿足人類感官快感的平面拼盤文化，大眾的世俗趣味成爲了社會文化審美的主流意識。在如此的文化氣氛中，電影也必然成爲利用現代科技和傳播手段給人們提供消遣的大眾文化形式。九〇年代的電影，無論是哪一個國家，不論是何種的文化形態，幾乎無一例外地厭煩對終極意義的哲學思考，遠離對絕對價值、人類道德和生命本質的追求，嘲笑以往世紀貴族化、理論化的文化規範，揶揄知識分子的智力優越感，忽視英雄的人格力量和悲劇精神的闡揚。大量的動作片、喜劇片、色情片、土匪片、恐怖片、歪曲了的歷史片、扭曲的自然主義片、荒誕題材片，像毒品一樣地在充斥著商業消費飢渴的社會中流行，因為商業社會也創造出來大批的無個性和藝術美學審美能力的大眾群體，他們是商品的奴隸，是商品的精通者；遺憾的是，他們是人類文化和藝術的「文盲」，他們是浮在燈紅酒綠的消費海洋中的餓鬼，他們用是否消費那一種文化形式，來決定電影和其他藝術的發展方向，他們在扼殺人類的文明和文化。當然，也有一批人類正統文化的傳承者，在苦撐危局，他們需要人類的覺醒和教育的支援，需要正義的價值的回歸，需要正人君子而不是商業利益培養的政客治理社會。

三、電視文化的社會意義

二十世紀二〇年代，電視機產生了。一九二七年，法國物理學家巴泰勒組裝成功了第一台電視機。一九二九年，英國倫敦透過電視系統試播無聲圖像成功。一九三〇年，英國廣播公司成功播放了人類史上第一部有聲電視獨幕劇《花言巧語的人》，揭開了電視劇藝術的序幕。此後，法國、美國、蘇聯相繼開播了電視節目。一九四〇年，匈牙利人彼得·戈德瑪發明了彩色電視。一九五四年，美國彩色電視開播。一九五八年五月，中國北京電視台（後來的中央電視台）開播。六〇年代末，錄影機大量投入生產。七〇年代以後，盒式錄影帶、閉路電視迅速發展。八〇年代中期，電視的數位化攝像、播出和製作開始運用，九〇年代，光玻纖維傳導技術又給電視傳播帶來一次嶄新的革命。

回想當年，德國電影理論家愛因漢姆在一九三五年〈預測電視的前途〉一文中這樣寫道：「無線電透過電視而成爲一種實況紀錄的工具。無線電只有當它爲眼睛服務的時候，才能使我們立刻看到我們周圍的廣大世界正在發生什麼事情（這不是它唯一的任務，也許還不是它最重要的任務）。我們看到鄰近城市的公民聚集在廣場上，外國的首相在發表演講，大洋彼岸的拳擊運動員在爭奪世界冠軍，英國的樂隊在表演，一位義大利的花腔歌手，出事的火車的殘骸仍在冒煙，狂歡的街頭上戴著假面具的人群，從飛機上穿過雲層看到阿爾卑斯山上的雪峰，穿過潛艇窗戶看到的熱帶魚，汽車工廠的機器，探險者的船在和北極的冰層搏鬥。我們看到維蘇威山上的燦爛陽光，而一秒鐘之後又看到在同一時候照耀著百老匯的霓虹燈。不必再用繁瑣語言的詳加描述，外國語言的壁壘也變得不復存在。廣大的世界親自走進了我們的房間。」

第二次世界大戰後，隨著通訊技術的發展，電視迅速進入每一個家庭，在社會的細胞中發生著劇烈的作用，包括改變了人們的生活方式、教育方式、社會交往方式，使人類迅速瞭解周圍發生的一切並同樣迅速地作出反應，使各種文化形式迅速在世界的各個角落傳播，使人類看到他們征服自然的能力在其他星球上顯現。電視在巨大的商業社會壓力之下，悄悄地占據著人們有限的生命時間，給人們以新的刺激和短暫的安慰。

電視正是利用了人們難以承受劇大的社會壓力帶來的孤獨痛苦的心理傾向，在社會大衆的心理中製造人爲的「熱門」事件，電視一旦與商業利益結合在一起的時候，話題、風潮、事件和社會傾向立即成爲電視炒作的焦點，那個被炒作的對象迅速地膨脹起來，迫使每一個靠電視來瞭解外部世界的人，每一個無償被電視台租用了你的視覺權利的人，不得不去注意到它，以跟上時髦的社會關注，不被別人視爲「落伍者」。歷屆奧運會、歷屆世界拳王爭奪戰，歷屆世界盃足球賽的實況轉播，一九六八年「登月事件」，一九七五年「越南統一事件」，一九八九年六月「中國六四事件」，一九九○年「東歐劇變」、「德國統一」、「蘇聯八一九事件」，一九九一年一月的「海灣戰爭」，一九九四年美國的「辛普森案件」、一九九七年「戴安娜王妃車禍案件」，一九九八年「馬來西亞騷亂」和「柯林頓性醜聞事件」，凡是涉及到地區戰爭、體育賽事、明星軼事、社會動盪、暴力情殺、色情醜聞、法庭辯論、奇聞軼事等，似乎是吸引社會大衆注意的主題，都會被電視設計成爲焦點，加以熱賣。

高度快速的現代傳播媒介，特別是電視網路，使得人類社會的相似程度不斷提高，無論是都市，或者鄉村，大衆議論的話題越來越接近，消費的傾向和選擇越來越集中，從衆意識幾乎成爲商業化過程中賺取利潤的幫兇。高度的社會化過程中，私有和消費分化決定的個人主義，成爲一對解不開的矛盾，急劇的社會變動和相對封閉的內心環境，使得「每一個社會成員難免會對周圍世界產生一種『熟悉的陌生』感，並進一步體驗到一種『熱鬧的孤獨』。這種陌生與孤獨的體驗顯然更加劇了人們固有的焦灼心態，甚至摧毀人們的自信心，造成嚴重的心理失衡。」眾人們只有在相互認同和相互模仿上，尋得自信心，擺脫焦慮和恐懼感，正像德國哲學家海德格論述的工業化社會人民不斷達到「日常生活的平均狀態」，而電視這種大眾文化樣式所傳播的內容，正好爲社會提供了可資模仿的標準樣本。在電視與商業的共謀之下，製造時髦、引導時髦，成爲文化的基本目的。

電視本身沒有善惡之別，但它進入社會之後的確改變了人類的生活和這個世界的存在和表現方式。目前，衛星電視發射網覆蓋著地球的整個表面，全世界百分之六十以上的家庭擁有電視機，百分之五十以上的人每天在電視機前消磨掉幾小時時間，數千個電視台將大量的電視節目訊號透過發射台、通信衛星和傳播電纜輸送到千家萬戶。人類在有電視參與的社會生活中，逐漸形成了與電視相關群體文化行爲模式、價值觀念、消費意識和生活方式。「不難看出，由於電視網路的極度擴張以及它的媒介特性所具有的特殊影響力，使得現代社會文化處於電視傳播的高度控制之下。現代都市生活的極度緊張與孤寂感使得公眾要在相互模仿中求得安慰，而他們一般把電視中反映出來的當作流行，當作規範。另一方面，高投入的電視組織使它只能是主流文化的傳聲筒，而且必須得到大眾的認同（無論是純商業性的電視組織還是非商業性的電視組織）。作爲現代文化的重鎭，電視總是在表現大眾的趣味，代表著大眾的追求，反過來又強烈影響著大眾，讓他們效法，讓他們模仿。可以說，電視的傳播眞正表現出『從群眾中來，到群眾中去』的精神，而這一來一去從兩個方向導致整個社會高度同一化。在電視的規範和引導下，全社會按照統一的模式穿衣、吃飯、娛樂、交往，保持著一致的關注焦點和標準的價值判斷，出現了一種前所未有的『大同』局面。這種『大同』局面顯然和現代意識中的個性化與文化多元化是格格不入的，要扭轉這種局面，或許只能從電視傳播本身的多元化入手。」

9

數位化時代的先聲

在數位化時代來臨的今天，人類交往方式又一次發生重大變化，人類將告別各種大眾化媒介製造的「娛樂場景」和消費體驗地，回到家中；告別大眾化「感官愉悅的大海」，回到個性化的「資訊之洋」。個人電腦成爲連接個性化個體的接點，數位化必將造就一個「大流通」的全面脫離自然界的「人造世界」——即玻普論述的「世界三」衍生出來的「世界四」（筆者創造的概念），在這個世界中，將以數位化資訊爲人類交往的基本手段，媒介革命將是第一步，隨之而來的就是全面的社會結構調整和文化革命。

第一節　大量生產的大眾文化產品

一、「商業——流通——獲利」決定的大衆文化

一九八六年諾貝爾和平獎得主伊利．韋塞爾在他領獎的開幕式上說：「人類近五十年來所取得的進步超過了以往二十個世紀。尤其是，希臘、拉丁的哲學家、猶太預言家以及中國或印度的幻想家儘管是同代人，卻沒有過任何直接的接觸，而現代研究人員藉著神奇的通訊技術，能身處異地而參加同樣問題的討論，或親臨討論現場，啊，要是設想有耶里米和畢達哥拉斯、老子和瑣羅亞斯德——還不要漏掉釋迦牟尼——參加討論會，該多麼有趣！」

而今，韋塞爾的設想已經實現了，電腦科技的發展使得「大流通」（big communication）遍及人類生活的各個領域，思想的交流迅速地超過了人類個體直接的交往。但是，這種「大流通」的代價是十分巨大的，它並不像人們期待的純粹交流，它是以金錢流通和利潤取捨爲流通的基本條件。今天的「耶里米」、「釋迦牟尼」、「老子」和「畢達哥拉斯」們透過網路聚集在一起，關心的將不是人類對自然、對宇宙眞諦和對人類生存的道德層次進行討論，他們關心的只有技術的進一步開發，市場的繼續占領，更多地生產商品，獲取利潤，更多地迎合大眾的消費心理和引導大眾的消費傾向。他們需要文化的

包裝，但是這種文化與「利潤炒菜鍋」裡的胡椒麵區別不大。當然，他們也會辯解：沒有商業的經營和利潤的支撐，哪裡會有流通管道和網路暢通的可能，哪裡會有純文化存活的餘地。他們認爲，大眾有世俗的文化需求，這就是基本的文化資源，是提煉利潤的基本原料，既然它是在「網路」、「市場」和「流通領域」中能夠「買得到的」，爲何不能再稍做加工，批量生產，然後再把它「賣出去」。

哪一種大眾構成了文化資源？文化生成的資源具有很強的大眾性，其中在我們時代起決定作用的是商業力量的操縱，基本關係是「控制」、「占有」和「獲利」。個人與他人的關係是可以交流和「溝通」，甚至可以「交換」，這就是商業的眞諦。文化生成資源的「大眾性」，說到底就是商業力量的決定作用。我們的世紀，作爲「個體存在的人」基本擺脫了以往世紀中爲基本生存權利而苦鬥的狀況，城市居民大量增加，中產階級儼然成勢，社會大眾成爲了商品的廣泛消費者。隨著經濟地位的變更，大眾相對富裕起來，而文化的擁有者——傳統的精英階層，一般爲傳統人文學科的知識分子，相對貧困下去。由於社會分工的細化和知識與商品的連帶關係，非人文學科的知識迅速地變爲各種商品，成爲滿足人類征服自然，滿足自身慾望的憑藉。一般反映爲所謂的「技術商品化」和「點子變金錢」。與此同時，閃爍著傳統道德和人文光輝的文化資源開始枯竭或備受冷落。

電腦和資訊傳播迅速變更了傳統知識基本的兩個功能——知識研究和傳遞。在此情況下，知識的本質也發生了本質的變化：大規模的知識移入電腦和網路，使知識成為可以運用的資料，可以交換的商品，可以隨意擷取的流通物。所有知識都必須轉化為電腦語言或將其數位化，任何無法變成數位代碼和參數而得以透過電腦網路傳遞的知識，都被摒棄於流通之外，都將被淘汰。這樣一來，人類流傳千萬年的那些不易數值化、電腦化的人文科學的命運著實令人擔憂。比如中國古漢語中保留下來的大量的古文化資訊，因為無法融入現代的資訊流通中，令今天的科技精英們莫名其妙，難以進入其簡約深奧的殿堂。歐洲文明之外的其他文化，由於沒有與現代科技銜接，同樣遭受被現代生活遺棄的命運。那些人類思維邏輯特有的道德倫理、哲學、藝術被排斥於數位化流通之外，靠著信念、信仰和感悟支撐的宗教在現代數位化場景中幾乎無棲身之所。

法國人類學家皮埃爾·布迪厄（一九三〇～）認為，社會再生產同時造成文化（教育）再生產，文化（教育）的再生產造成社會地位、場合、空間的再生產。對文化控制和流通是當今各個領域商業獲利的重要手段之一，大公司有自己的文化策略，產品追求所謂的「文化品味」，連生產農產品和養殖飼料的泰國「正大集團」也曉得在中國中央電視台開辦一個「正大綜藝」節目，附庸風雅，為該公司大作形象廣告。因此，文化的生產也成為了人們在商業社會的「場合」裡爭奪的資源。大眾是最大的文化商品的消費市場，廉價的文化速食能賺取大量的商業利潤。於是，文化順乎自然地進入了生產的過程，成為了一種特定的「製作」。文化人可以不顧文化樣式比如繪畫、音樂、舞蹈、戲劇、電影的基本審美規範，去迎合低級的審美趣味，甚至透過商業的炒作來創造一種標新立異的風格。文化的生產成爲一種資源的符號，成爲商家推銷產品的另一種廣告形式，變形成爲爭奪市場支配地位和流通渠道權威地位的途徑。

大眾文化的製造商和推銷商對文化並不感興趣，他們涉足文化領域是爲了商品的包裝、擴大再生產和商品的廣告效應。當然，投身商場者不乏有文化人，但是，他們已經是文化邊緣人，在心態上出現了微妙的不平衡感，他們有著系統的文化訓練和對文化規範的留戀，又要在商業競爭中恪守大眾文化的遊戲規則，在精神價值和商業價值的天秤上，他們爲了維繫商業流通的正常營運，會毫不猶豫地選擇後者。我們從布迪厄的文化資本概念中引伸出文化商品、文化市場、文化競爭等諸多的概念，由此來說明大眾文化的內在秘密。文化資本的象徵性功效存在於它的傳遞邏輯中，一方面，文化資本取決於社會和家庭的累積；另一方面，文化資本的增值取決於文化的迅速交流和傳遞。文化的傳遞特別是在大眾中的迅速傳遞，幾乎成爲了資本流通的最爲隱蔽方式，在物質和媒體中顯現的文化資本，如繪畫、文學作品、文化消費品，甚至體育競賽、歌星表演、好萊塢影片的衍生宣傳品。當左右大眾文化的文化資本增值時，掌握文化資本的集團或個人的社會影響力也隨之增長。

大眾文化黏附了龐雜眾多、紛亂無序，既相互敵對、又充滿共謀的不同語系。它是一種意識形態的蒙昧狀態，它給我們一種「眾聲喧嘩」、「撲朔迷離」的感覺。……引導我們朝著「新」的、「進步」的、「後現代」歷史前進。大眾文化已經凝結成爲一套「知識」，成爲一種生龍活虎的意識形態和話語霸權。……它已經以日常生活的意識形態和商業主義的透明邏輯創造了前所未有的沒有絲毫陰影的幸福白晝。

二、大眾文化與我們世紀的生活變遷

文化人類學的術語當中，「大眾」是傳播媒介所造成的不定型的群體。靠集會、會話、演說、觀賞戲劇、音樂、舞蹈、電影、電視和流行歌曲演唱會等傳播形式，聚集在同一場所，忽聚忽散，不受階層和身分限制的群眾。而那些依靠印刷製品（報刊、書籍）不必匯聚一堂的人們稱之爲「公眾」。由於教育的普及，傳播手段的更新，尤其是二十世紀二〇年代後日益發達的電子媒介，出現了現代傳播媒介支配和左右的「受眾」——「大眾」。伴隨著傳播形態的發展，大眾也在不斷的變化，其邊界越來越模糊。特別是廣播、電視普及以來，商業消費的同一性和階層界限的模糊化，迅速地使當今社會變爲了大眾社會。

大眾社會形成的根本原因是遍布全球的社會轉型和經濟迅猛發展，社會流動加劇，都市規模擴大，教育普及，社會階層鬆散。在本世紀初，美國商業大都會紐約的興起最能說明這一點。二〇年代，資本主義在全世界各地（除蘇聯以外）蔓延，隨之出現了各種文化背景之下的商業化都市，大眾社會也應運而生，歐美式的消費享樂文化成爲各國人民競相倣仿的對象。第二次世界大戰之後，美國的這種文化樣式伴隨美軍在西歐、東亞、東南亞的出現，迅速擴張。比如日本一九五九年皇室迎娶皇太子妃竟成爲電視普及的契機，使得一九五三年開播的日本電視文化一夜普及。同時，周刊雜誌紛紛問世，消費傾向深入人心，到一九六四年，東京舉辦了奧運會，高速列車新幹線的建成，日本幾大都會連接起來，大眾文化蔚然可觀。

大眾文化的概念產生於四〇年代的美國，本來是傳統社會學家和知識精英階層批判的對象。那時，大家普遍認爲，在美國社會，大眾將時間浪費在低級趣味的影視、書刊、連環漫畫、流行歌曲、色情雜誌、暴力節目等文化垃圾當中，人類基於理性和正義的宗教情懷之上的那些本該致力於社會變革的力量，在這些愉悅人們感官的垃圾文化中消解掉了。從此意義上講，大眾文化是具有維繫資本主義政治統治的目的，是社會大眾的精神鴉片。大眾文化靠文化產業的傳播、媒介的普及，而文化產業無意於提高大眾的教養，它們只追求市場的擴大，利潤的增長，並影響文學家藝術家，用利益驅使他們違心地製作迎合世俗和市場的商品，造成一種文化的同質性和整齊劃一性，外在的表現就是標準化的批量生產。到了六〇年代，美國新一代的學者開始爲大眾文化鳴鑼開道，他們諷刺那些指責大眾文化的批評者是歐洲精英主義的餘孽，墨守歐洲傳統教養文化的陳規，不能適應社會的發展和滿足大眾的文化需求。他們宣揚，大眾文化可以使原來局限於少數人享受的知識和文化藝術變成人民大眾的東西，大眾不單是文化的接受者，同時在文化的消費中也成爲了文化的創造者。

大眾文化的生產、傳播、接受和享用的方式和裝置是大眾媒介和大眾文化場景。媒介的發達取決於經濟發展和科技進步。生活水準提高，教育普及，勞動時間縮短，休閒時間增加，儲蓄增長，社會流動加劇，知識和教育的金字塔構造崩解，文化產品生產的成本下降，文化資本的流動加快。在這一過程中，大眾消費社會的共同感覺和時代的氣氛起了很大的作用。大眾文化本質上是一種資訊消費，是文化原料、文化資本、文化傳統、文化利潤、文化市場和文化觀念的自由組合和自由流動。在這一全方位的自由流動中，文化中的精英與大眾、中心與邊陲、傳統與前衛、整體與部分的價值界限逐漸分裂、流動、循環、交叉、混合，新興的、雜交的、新穎的大眾文化不斷地覆蓋整個社會，特別是九〇年代以後，電腦網際網路的普及，使大眾文化的世界性更爲突出，美國、日本、西歐的大眾文化風格和潮流能在極短時間內透過衛星電視、網際網路、VCD等媒介風靡全球。幾乎所有的人，在接觸大眾傳播媒介的一瞬間，就已經被大眾化了，成爲了大眾文化的消費者和參與者，這一點是任何人都無法逃避和否認的。

現代的工業消費社會正在對財富和利益的分配和割據給予根本性的重構，八〇年代以後，由於各地區經濟起飛，中產階級人數增加，不斷進入這一階層的廣大城市居民和大量的流動人口，成爲一支有消費能力的大軍，當中有「白領族」、「電腦族」、「廣告族」、「股票族」等，而對現實批判和價值理性創造的責任常常使得一些人文知識分子依然清貧，他們如果不想成爲工具式的技術專家，如果不想變成社會強大營利機器上的附屬零件，就得作好在金錢和利益爲導向的社會裡，接受被人拋棄和邊緣化的位置。他們的思想和批判意識，他們的正義感和對人類正確發展方向的引導，只能出現在成本低廉和印刷數量極少的書刊中。而絕對掌握社會大眾的媒介中充斥著時裝、美容、家具、高爾夫球、風水術、生意經、股市行情、選美資訊等，顯示出大眾對俗文化的強大購買力，顯示出社會的主要財富正在向大眾轉移。

三、大衆文化產品的基本特徵——「一些記憶中似曾相識的它們」

二十世紀電腦的生產可以說最能反映出大量生產的大眾文化基本特徵，那就是「滿足暫時的愉悅，追求永遠的更新」。大眾文化作用於人的方式類似於鴉片的「毒癮」，在感官愉悅中進入一種無法自拔的狀態中。我們很難意識到大量生產的大眾文化對我們的剝奪與傷害，因爲它是在透過我們感官容易接受的方式，如電視機、VCD機、錄影機、電影、流行音樂、印刷精美圖片火爆的雜誌等傳播大眾文化的「千嬌百媚」的媒介來實施，占據我們與大自然及家人朋友親近的大好時光。同時，用種種似是而非的快樂和滿足來充塞我們的感官，以致於我們無法去體驗真正的感覺和判斷，無法抓住觀念上的邏輯。

當我們把服裝看成是一種人際交往的大眾文化的傳播媒介時，不難理解在日益商業化的社會中，個人服裝要接受無數雙眼睛的評判，接受大眾文化流俗規則的磨練，個人早已不是眞正意義上的個體，而是他所處文化的點綴品和附屬品，成爲大眾文化一個不自覺的資訊傳遞者。工業化時代的生產表現爲大批量、高效率的機械複製。其產品的出處是以社會的「中心化機構」（工廠、企業、傳媒中心等）爲基地的生產和交換方式的時代。大眾文化受到文化工業的支配和制約，從男女外型、烹飪食譜、休閒方式、衣著時尚、語言習慣、政治觀念到日常的行爲方式，都無一例外地被電視、報紙、電影、廣告、網路所標榜，「只要我喜歡有什麼不可以！」，都會帶上商業的氣息，少女的打扮更會標上歌星藝人的品牌。這種大眾文化是少數人經過商業加工後的文化，在透過商業的消費，強加給社會大眾，成爲潮流文化。到現在該輪到哲學家、藝術家、作家和詩人寂寞了，因爲對時尚的抵禦，令他們比社會大眾更匱乏對商業消費的一般常識，他們會一夕發覺：那些他們文化靈感之來源的民間社會和被認爲是恒久文化資源的民間文化到哪裡去了？文化精英何時成了落伍者？

後現代主義在九〇年代的價值重建中產生重要的作用，而且成為大眾文化的重要內容。後現代主義在對知識的權力性、話語的慾望性、語言的暴力性的深刻揭露中，「撕下了一切的假面具」，建立了「商業的邏輯」和人性慾望的合法性。

大眾文化在市場上升起的旗幟上面寫的是「以做個白領眾人生的目標」，大眾文化為社會消費階層所標示的差異，是以對商品的消費能力來劃分的：億萬富翁——白領階層——工人階層——外勞階層——下崗人員——流動勞工——農民。消費的差異性代替了以往社會革命理論中的階級對抗，造成了一種習以為常的日常生活意識形態。當今世界白領的典型消費形象是：外出時有自己的車或乘計程車，工作場所在高級辦公大樓中，有自己的住房或能夠租用相當面積的住房，穿著和休閒的消費講求品味和格調，有能力出入於高消費的場所等。大眾文化給予大眾的承諾是，只要你把握機會，誠實地工作，你就有可能進入白領階層，累積相當的資產，這就是人生的奮鬥手段和目的。

以電視、報紙、電腦網際網路為主要媒介的大眾文化，具有強大的穿透能力。我們今天多少已經喪失了部分的閱讀能力和興趣。電視和電腦，每天對我們進行著不停的規訓和調度。在打開的電視機和翻開的印刷精美的報刊面前，我們的大腦像是一個電磁震盪了的接受裝置，不必經過你自己的邏輯判斷和思維轉換，甚至不必選擇理解的言語，連綿不斷的形象直接轟擊著我們的視覺神經，壟斷了我們的感覺方式。我們剛剛看完中東恐怖主義事件的報導，轉眼又能和全球幾十億人一起共享法國舉行足球世界盃的喜悅。但是，我們已經不注意我們周圍發生的事物，不注意我們所處自然的變化，不注意我們自己的衰老和精神的空虛。大衆文化的產品已經爲我們構築了程式化了的感覺、理解模式和社會認同。我們的眼睛在欣賞商業廣告時，實際上是被商家租用了，我們在消費大衆文化產品的同時，付出的最大的代價就是我們自己獨立的「思考」和我們感官獨特的功能。

大衆文化產品往往都自稱爲「精品」、「新品」、「新型號」、「新概念」。九〇年代全世界都出現了文化經典到精品的轉換過程，從這一過程中，我們可以清晰地看到大衆文化的生產資源和生產方式。經典是永恒的，精品可以用過了就扔掉；經典是理想性的，精品則是世俗性的；經典因過於高雅和賦予思想性，與常人保持著距離，精品則是體貼大衆，甚至將就大衆的標準，幫助你接近經典又不用費多大的力氣，或依賴多大的天賦。總之，精品、新品是大衆文化產品的重要特徵之一，它依循普遍效應和世俗的原則，是用平民的商業成本製造出大量的複製品，來廉價地模擬貴族性和事物歷經磨練的本質。大衆文化產品的精品化，造就了一個展示以往世紀人類文明艱辛成就的超級市場，在這裡，只要你有錢，一切都可以信手拈來，一切都不需要透過花費心血來體驗和創造，電子琴可以使你成爲作曲家，VCD伴唱機可以使你和歌手一樣的演唱，有一台電腦和進入網際網路，你可以任意下載任何的資料，並抄襲下來（甚至不用敲鍵盤，用滑鼠點一下就好了），你想使自己的公眾形象亮麗起來，簡單的很，用電腦合成就可完成。精品的本質是模擬和複製，目的是消費享受和為商業意識形態吶喊。不信的話，你就閉目想一想，在全球化的今天，權力、商業文化製作者和大眾文化市場是不是為了利潤和市場而緊密地結合在一起，他們每一天為我們、為你製造大量的充滿觀念、思想、感覺、形象、樣式、風格、資訊、時尚的消費品，拋向我們的內心世界，賺取我們的金錢，而我們對此常常感到有一種一切盡在掌握之中的自豪感和滿足感。但是，當夜深人靜之時，當萬籟俱寂之刻，我們對每一天消費精緻的、嶄新的、超凡脫俗的、有品味的大眾文化產品，是不是有一種「似曾相識」的感覺和悵然若失的思緒。

第二節 虛擬實境的意境

一、「機器人」創造的另一種「現實」

整個電腦發展的歷史，就是人類賦予電腦單一能力（計算能力）到具有多種機能（如邏輯判斷和使用語言等能力），逐漸趨近到具有人類的幾乎所有功能的「機器人」。電腦與人類的關係也從作為人們所處環境、現實的一部分發展到作為一個完整的環境、現實之外的另一種現實。單從人機界面的關係來說，人們最初接觸電腦只是一種操作和被操作的關係，後來，電腦有了較眾人性化的「人機界面」，人與電腦可以透過介面輕鬆地交流和溝通，當電腦營造出了一種環境和操作者必須進入的現實境界時，往往人們的感覺是並非與電腦這種機器打交道，而是在與一種「現實」在溝通和對話。

以往的哲學家曾經這樣地告誡我們，大自然是「世界一」，她是客觀存在的，我們透過主觀感受到她的眞實，即使沒有個體的主觀（每一個人的生命），她還是依舊存在，中國古人說「天道有常，不以堯存，不以桀亡」。而我們的感覺、思想以及對客觀世界的反應和判斷是一個主觀世界，也就是「世界二」。我們透過主觀意識，人爲地改變和創造世界，形成了與大自然截然不同的客觀世界，是「世界三」。那麼，今天數位化電腦所創造的虛擬現實意境是不是可以稱之爲「世界四」呢？這樣，呈現在我們面前的是自然、人、人造的客觀世界，再加上一個人造的虛擬世界。以往區分主客觀世界，尋求其中規律和關係的哲學，在處理這一問題時，就不那麼的靈光了。我們現在需要新的哲學意義上的解釋。「這是一部『創世紀』——人不僅創造了類似於他的『人』（就像上帝當初仿造他自己的形象創造了人），而且創造了一個類似於他所在現實的『第二現實』。一方面，人生存、體驗於現實的世界中，這個世界無疑是一個被位元大大改變了的原子世界（現實）。另一方面，人可以進入一個純粹由位元構成的第二現實之中，獲得一種人類以前從未有過的生存體驗。每一個人都可以如同古代神話之中的神靈，自由地往來於『天上』與『人間』的雙重現實之中。」

我們所講的「世界四」和「第二現實」就是所謂的「視覺現實」、「虛擬實境」(virtual reality)。又稱之爲「人工現實」、「人工世界」、「虛擬世界」、「虛擬狀態」或「電腦空間的視覺形式」(a visual form of cyberspace)。它是作用於人的一種單一感官(尤其是視覺)的資訊現實，其存在的方式是透過一定的條件，給人的視覺以強烈的刺激，在人的主觀世界中創造一種客觀存在的效果。特別是模擬現實的技術更能說明問題，它是電腦與介面設備——如護目鏡、觸覺手套等的結合，它給使用者提供一種身處由電腦產生的物體組成的三度空間世界的幻覺。這是一種三度的數位化構造，這種構造既是建築意義上的又是資訊意義上的，它營造出一個微觀與宏觀向度的景象。人類自遠古以來，就追求一種擺脫現實世界的束縛，自由地生活在一個理想世界的願望，人們創造了無數夢境一般的想像空間，在那裡讓自己的想像力自由的遨翔，這種衝動反映在個體身上就是夢境和文學的藝術想像，反映在集體和民族身上就是神話和宗教的起源。二十世紀的科學技術使得人類在技術上可以實現這種擺脫現實，而馳騁在「虛擬實境」的世界裡了。

人是能夠使用工具、製造和改造物品的動物，從他們打造第一個石斧，點燃第一堆篝火，縫製第一張獸皮，繪製第一幅岩石畫，想像第一個神話，都是爲現實世界打上人爲的痕跡，從這一意義上講，人類的進化過程就是要改造環境創造符合自身虛擬意境的「虛擬實境」環境。當人類透過「機器人」製造出徹底否定現實的物質形態，完全以數位化顯示一個世界的時候，人類眞正否定了現實，取代了那個客觀世界先入爲主的特定形態。「虛擬實境」成爲人類在食慾、性慾之外的第三種本能的衝動，那就是突破現實的想像衝動。如果人們在不同的歷史階段將想像的事物用各種藝術方式呈現出來，本身想像的世界就構成了一個與現實交錯的世界，成爲人們思維的交往模式。幾乎所有民族和歷史階段的藝術家創造的藝術品，無論是文字的、形象的、音樂的，造型的都不過是人類爲了透過自己的各種感官感受到多元化的資訊，希望生活在一個絢麗多彩、繪聲繪影、身臨其境、令人浮想聯翩的資訊環境中而作出的種種努力，是在主動的製造虛擬的現實意境，不過此時更多地依賴於人們自身的想像，而不是直接訴諸於人的感官。

人類渴望進入虛幻的、給人帶來永久幸福的而不致遭受痛苦的理想境界中。雕塑、繪畫、音樂、電影、電視都只能部分地作用於人類的感官，人要想追求全身心沈溺其中，必須以情感和感官關注的極大投入爲基本前提。人類在二十世紀藉助了科學技術的發展，儘可能地發明出滿足人類各種感官需求的技術手段，直至全方位刺激人類各種感官的「虛擬實境技術」的媒介技術，產生了「多重感覺的體驗」。使你完全沈浸在你自己製造的電腦世界，從你的房間到另一個城市，轉眼實現，太陽系近在咫尺，人體的深層構造盡在眼中。你可以藉助電腦觸覺器、視覺頭盔和神經網路感測器，加上一些特定的電腦軟體的幫助，運用你完整的感覺來探索人類想像力之外的從未涉足的領域。如果人類的道德不再起作用的話，你還可以透過虛擬實境技術，達成犯罪的慾望，甚至可以進行虛擬的替代性行爲。在這個似夢似眞，亦幻亦眞的現實中，你獲得的多重感覺經驗比起你在客觀現實世界中感到的觸覺和感覺更加深。「機器人」創造的「虛擬實境」，幾乎達到了「仿眞」、「逼眞」和「超眞實」的程度。

二、虛擬實境的文化剖析

自動化結束了文化和技術、藝術與商業、工作與閒暇之間的對立，而在以前的純機械時代，閒暇就是休息和不工作。在電子時代和資訊時代則恰恰相反，由於資訊流動帶來的對人各種才能的激發以及工作效率的提高，人們突然發現自己可能像藝術家一樣地擺脫單調的工作，最緊張的工作同時也是最悠閒的時候。電腦和網路技術所製造的虛擬空間，突破了客觀現實造就的種種限制，隨時隨地跨越知識和時空的各個領域，遊戲人生、遊戲工作、遊戲生活，輕輕鬆鬆地把一切主觀需要的東西握在掌中。這似乎就是古人追求已久的尋找逍遙樂境的理想，在西方基督教世界有聖經中的「伊甸園」，在伊斯蘭世界有「安拉的聖地」，在佛教世界有「極樂淨土」，在中國古代的傳說中有「仙境」和「世外桃源」。從哲學意義上講，這些都是人們幻想著能造就一種不受客觀束縛的、符合人們主觀意志的「虛擬實境」，是人們從客觀世界中選擇原形進行模仿，讓它們在主觀的組合之下形成虛幻的境界。

從當代「模擬實境」技術的效能來觀察，「虛擬實境」的表述有兩個方面：一、作爲原型的「現實」；二、作爲「現實」的仿製品。不論哪一種「現實」，都要把「眞」或「假」的標準引入關於「現實」的評判。作爲原型的現實是「眞實的世界」，而「虛擬實境」是虛幻的、是假的，即使模仿的惟妙惟肖，足以亂眞，但是假的畢竟是假的。收藏家不喜歡贗品，因爲收藏品的價值，不論是文化的還是經濟上的，都在於它的不可還原性和時空的不可逆性，模擬技術和仿造技術，對收藏家來說是天大的敵人。但是，在當今商業社會中，科學技術提供的電腦模擬各類現實活動，卻給人類帶來了莫大的利益和便利，人類需要不付出任何代價的體驗事態和特殊的場景，以利於掌握各種應對複雜情況的能力。人類最初的學習和以後出現的學校，都是用語言、文字、形象等方式將先人所體驗過的場景和事態記錄下來，或抽象爲理論和日常經驗，供後人應對。而今電腦技術直接模仿了場景和事態，你可以直接進入其中，體驗無數人在不同時空和歷史階段經歷過的事情。最普遍的就是電腦的模擬培訓系統，可以用於駕駛、醫療手術、考試、炒股票、經營房地產、演習戰爭，甚至用於反恐怖活動（當然相反地也極爲容易的用於犯罪）。

「虛擬實境」技術成爲了生活和職業訓練的演習場所。各種生活和人們處世的形式都已經模擬化、虛擬化了，但是，人們在這裡學到的確實是實實在在的處世技能。問題的關鍵是這項技術在人類的感覺的意義上消除了「眞」與「假」的區別。這對文化和藝術的影響卻不是正面的，文化和藝術創作的引人之處就在於它與創作者當時的心境、獨創能力和藝術的「唯一性」直接相關。如今，一幅繪畫作品居然能在分子水平上複製出來，而且可以成爲大量生產的產品，它對人的感官來說完全同於原作，只不過不是原作那幅畫而已。在人類能夠模擬外部世界的形態和事態之後，現代資訊技術又進了一步，直接模擬人的感覺。比如「電子觸元衣」，根據人體神經元的反射刺激原理，以數萬個微型電子感測器，透過直接與皮膚接觸，模擬出人身體感覺。感覺都能虛擬，一切還有什麼是眞實的呢？現實本身因爲不完全合乎人們的感覺口味，反而會成爲虛擬實境技術的淘汰物件，人們不再生活於自然和人類構築的現實之中，人們可以用主觀意志操縱技術，來實現虛擬的刺激和快感。

對於我們祖先生活了成千上萬年的自然和他們改造過的現實境界，爲什麼到了二十世紀後代子孫們竟然對這個現實境界不抱好感，刻意用技術將它排斥於人們的感覺之外。實際上，人類之所以成爲人類，在人類社會學上講，根本的標誌是製造工具，因爲有此，才能區別於動物，產生主觀意志，出現主客觀兩界。人類打造第一個石斧、保存第一個火種、編造第一個神話和繪製第一幅岩石畫，都是在創造「按照他們主觀意志存在的虛擬實境」。這個現實是打上人的主觀意志印記的現實世界。神話的意義在於人們虛擬了第一次創造自身的外在力量——上帝（人類自身創造力的投影），上帝即然完成了第一次創造，人完全可以模仿上帝進行第二次和更多次的創造。我們依照習慣，往往將自然界稱之爲「自然」，把客觀存在的事物稱之爲「現實」，漸漸地人類的創造物也成爲了現實的一部分和自然的一部分。現在的人們有誰是生活在絕對的「自然現實」當中，我們的孩子們，天生就認爲他們生活的環境就是「自然界」，就是「現實」。那麼，我們透過科學技術模擬和虛擬一切，憑什麼就不是「現實的」和「客觀的」（只不過是以我們感覺尺度無法直接把握的方式存在著的）。

三、「虛擬實境」——突破時空的力量

生活在兩千多年前的古希臘哲學家蘇格拉底和畢達哥拉斯都認爲，「理念」是對客觀世界的抽象，客觀世界是對「理念」的模仿，哲學是對萬物規律的描述，數學是對宇宙和諧秩序的模仿。今天，在電腦網路技術的背景下，這些可以稱之爲「觀念模擬」。觀念模擬可以使人超脫自然界的原型，在邏輯的體系中，遵循推理的法則，對各種觀念自由地組合形成新的原型化觀念，以此爲指導創造新的原型。數學演算、物理學定律、化學公式和機械原理等各類觀念性的知識體系，幫助人類創造了自然界從沒有存在過的物質和能夠產生新的物質的「原型母機」。數千年來，人類對自然界的模擬和控制，造福於人類，也製造了

一個嶄新的世界，這個世界是我們數百代人知識累積的結果，它模擬了各個時空人類生活的基本條件所賦予後代人們的啓示，用人類新創的物質形式保留下來，並不斷地躍升。如果從時間的向度來觀察，觀念模擬與對物質原型的形態模擬正好相反，對物質形態的模擬是「拷貝式」的，而觀念模擬則是先有觀念和設計思想，然後才有了運用物質進行的再創造，虛擬出從未存在過的現實。這必然涉及到人類思想界幾千年的唯物與唯心之辯。當今，理解這一哲學難題的關鍵概念是：在主客觀世界當中有一個不斷在變化的中間地帶，那就是「人造的現實世界」，它與主客觀世界的關係十分的複雜，可以對客觀世界模仿，依循唯物主義的法則；同時，又可以成爲人主觀世界的模擬對象，依循邏輯的法則；奇妙的是，它還可以成爲現實世界的模擬對象，依循「先精神後物質」的唯心主義法則。可見，在二十世紀再區分唯物和唯心兩界，是多麼的不符合現實。

對於新一代人，電腦和相關技術造就的「虛擬化時空」已經顚倒了人們認識世界的傳統邏輯順序。「虛擬實境」教育起來的人們，對客觀世界的認知是：一切不過是對電腦程式的模仿而已！現實的涵義和對人們感覺系統的作用形式，已經發生了翻天覆地的變化。傳統的現實在人們的頭腦中是過去式的、客觀性的、活生生存在著的。一切的電腦程式和「虛擬實境」技術創造的東西，是現實之外的「虛擬世界」。但是，對於新一代人來說，這個虛擬的世界就是現實的世界和現實的生活，過去和未來的一切，都不過是對電腦和「虛擬技術」的模仿。一切都是觀念的創造物，從建築到文化作品，從日用品到流行生活方式，似乎一切都有賴於人們頭腦中「虛擬」的觀念，人類的生產和生活基本的活動彷彿都是「虛擬化的創造活動」，自然界和現實已經失去了人類去模擬的「原型意義」，最眞實的反而是包圍我們的「虛擬世界」，因爲這個虛擬世界，每一天、每一刻都在變成眞實世界。今天的「觀念虛擬」就是明天的「眞實世界」。

區別「虛擬世界」和「現實世界」是十分困難的，人類發展到二十一世紀，主觀世界對客觀世界的改造已經到了驚人的程度，人的本質不僅有馬克思所說的是「各種社會關係的總和」，同時，還具有了新的涵義，能夠將客觀世界和主觀世界「虛擬化」，並逐步藉助於科技手段使之現實化的能力。這一點非同小可，就像人類當年會使用工具一樣是一次飛躍。電腦和網路日益使二十一世紀人類的生活帶有強烈的虛擬色彩，因爲在那個虛擬化的世界中，「複製式的模擬」和「觀念模擬」同時存在，集於一身。網路消費和使用信用卡可以說是模擬出入商場和銀行，網上的資料檢索似乎是流連於圖書館和資料室，而網上漫遊又是對旅遊行爲的絕佳模擬，發送E-mail是對郵政的模擬，每一次網路流通的行爲，都是對高速公路的模仿。我們將不得不付出大量的時間生活在由電子螢幕和電腦網路構成的時空中，這是一個由位元流通形式存在著的「電磁時空」，你說它是「虛擬的」，可它確實存在，它是一個超越人類一般感官的眞實的世界，如同人類一般以爲思維是主觀的，實際上思維可以用一系列人體神經的化學反應和電磁運動來模擬，看不見的「思維」也是客觀存在的物質運動。「觀念模擬」、「虛擬時空」、「虛擬實境」統統都是超越人類一般感官的眞實物質存在方式。

電腦網路是新時代的中心技術，它是勞動分工的主要驅動力。十九世紀經濟學家亞當·斯密認爲，創造性的力量和特殊的分工是經濟發展的關鍵動力。而今的創造性力量就是「觀念模擬」和「虛擬實境」的能力和技術。電腦網路是充滿活力，它賦予了人類發展自我和創造財富的能力，它把個體從企業、官僚體系、社會關係、民族差異、地理阻隔等桎梏中解放出來，允許他們與世界各個角落中的資訊和人士交流合作。讓我們看一看今後十年內，「虛擬實境」技術的巨大力量：在工業領域，主要製造業將利用這項技術來設計從汽車到家用電器的所有產品。在生物和醫療領域，所有人都可以體驗完整的感官能力賦予人類的感覺和歡樂。在藝術領域，人類可以更爲充分地發揮藝術的能力，可以更爲虛擬化地進入想像中的世界和人類經歷過的各種歷史時空之中。在教育領域，學生們可以在虛擬技術幫助下隨意進入宏觀大到宇宙星際、微觀小到分子細胞和原子結構當中，接近體驗萬物的更深層次的眞實存在。在休閒領域，人們可以透過電腦網路和電話線路分享虛擬實境的各種境界和感覺。你要昇華可以體驗上帝創造世界的感受，你要墮落可以在網上與你中意的女性做虛擬的「魚水之歡」，你要懷舊可以和祖先交談，你要憧憬可以和幾個世紀後的人類共舞。這就是虛擬實境的力量——顚倒眾生、顚倒時空、顚倒邏輯、顚倒現實的世界和主觀的精神。

第三節　網路和電腦統治下的新一代

一、數位化技術將「複製」出新的時代

網路和電腦營造的是超越人類感官的數位化流通世界，是以數學和數理邏輯爲核心的知識，其源頭是古希臘的哲學和數學。那時，幾乎所有的自然科學知識和哲學理論都對數學敬若神明。西方的中世紀，占統治地位的神學也對數學心存幾分敬畏，利用其論證宇宙的和諧和上帝的偉大力量。文藝復興以來，在數學和哲學邏輯的基礎上，近代的自然科學充分發展，並迅速轉化爲實用技術。這些以科技爲代表的知識呈現出幾何數量級的增長，涉足人類的所有領域，並在改造人類生活環境的同時，自身迅速地擴張。現代科技到了資訊時代，簡直就是扮演了「造物主」的角色，但是它絲毫不關心人類的道德和社會文化價値的趨勢和「造物」所帶來的一系列問題，它「成爲一種單純使生活和世界迅速旋轉起來的力量，至於人在這種旋渦中有什麼感覺，這種飛速變化對人來說意味著什麼，那不是一個科技問題。」

現代高科技是以進入人類感官難以觸及的神秘領域爲發展起點的，而普通人卻仍然生活在感官世界裡。當科學技術在感官以外的超微觀或超宏觀的領域中創造出一套現實的存在時，除非透過教育使人理解，否則不難想像人們用近乎神話的眼光來看待各種高科技產品。神話是對人類想像力的讚美，而今科技的無所畏懼正使得人類的創造性發生極大的問題——人類究竟要幹什麼？電腦和網路的發展令這一問題更加突顯出來，電腦專家尼葛洛龐蒂對未來人與電腦相比時說道：「就智慧而言，我們將是一種比較次要的生命形式，機器能夠比我們更有智慧，但只要機器沒有自己的意志，那可能並不是一件糟糕的事。」

目前，要製造出來比人更有智慧、判斷力和意志力的機器人，在技術上有很大的難度。然而，在生物遺傳工程領域，成果既驚人，又令人恐怖。它如果與電腦和網路技術結合在一起，發展的趨向不能不令人憂心忡忡。一九五三年，英國康橋大學的沃森（James Walson）和克里克（Francis Crick）在《自然》雜誌上發表文章宣布，他們發現了去氧核糖核酸（DNA）的天然結構，這種生命的基本分子中包含著決定生物遺傳特性的遺傳密碼，巧合的是其基本單位也用了電腦傳輸資料的數量化單位「位元」。幾百個基因的相互組合可以構成像細菌一樣的簡單生命，而用十萬個以上的基因組合，就可以製造出像人類一樣複雜的生物。

生物工程學家不是治病的醫生，也不是傳教士，更不是關心人類發展前途的哲學家，他追求的是徹底改造生命或創造生命。九〇年代以來，美國政府開始資助一項耗資三十億美元的「人類基因圖譜工程」，目標是在不遠的將來把人體中全部基因（約十萬種）的位置和組合方式描繪出來。如果實現了這一目標，科學家們就完全可以根據自己的意願和好惡來實施改造人類或創造物種的計畫了。一九九八年四月，由英國生物工程學家將「複製技術」引入無性繁殖，創造出「複製羊」的事件，立即引起了世界科技界和政界的軒然大波，其內在的震撼力不僅在於生物學上的，直逼人類的生存本質。試想，「複製人」一旦出現，人類社會如何界定「他」（「她」）的政治權利和社會行為。當數位化技術使人體的「神秘性」隨時可以展示於天下，並且隨意可以複製的話，人眞是進入了一個「自己毀滅自己的時代」，但願二十一世紀不是這樣的時代。

當遺傳生物學家闖入「上帝造人」領域的同時，網路和電腦專家也把人工智慧推到了極至，數位化的機器人在二十世紀七〇年代之後，已經逐漸地進入到人類社會的各個領域，代替人們的工作。這些機器大量地根據仿生學原理製造出來，更使十八世紀法國的機械唯物論者拉梅特利的理論——「人是機器」重新抬頭。人工智慧工程師和遺傳生物學家聯手把人類定位爲：應該藉助生物和電腦技術改良和升級的機器，當人的潛能被開發殆盡之時，乾脆淘汰他們。現代電子技術開始和生命技術結合，設想在人腦中植入晶片調動人腦的神經元像電腦一樣的運行和工作，或者把人腦組織的數學模型和「複製體」移植到機器當中。聽起來和寫起來眞有點令人毛骨悚然！如果沒有道德和法律的約束，沒有基本的科技規則制約，二十一世紀的科技無疑將扮演天使和魔鬼的雙重角色。

在這個科技至上和數位化的社會中，人類不僅將失去了自由，還失去了對周圍環境選擇的自主性。由於商業的推波助瀾，不是由於政治或社會觀念對科技體系的誤導，而是技術需求在引導著社會。數位化技術的發展最終會找到完全控制或者模擬人類思想和行爲的技術。因爲，人類的行爲和思想歸根到底決定於生物化學的運作基礎。對人類大腦施加影響就可以消除或改變人的記憶，令人產生幻覺，人類的情感也完全可以用模擬現實技術或醫學藥物來控制和調節。在二十一世紀，人類的生理和心理特質在很大程度上是人工創造的，而不再是大自然和我們的父母遺傳基因賦予的。一旦使用生物技術開始對人類進行有機化學層次的改良，那麼整個過程就不會停止下來，直到人類變爲其他物種爲止，人類將用達爾文、孟德爾等生物學家發現的遺傳變異理論，對自身做一次變異性的實驗。也許你會說，二十一世紀的「社會民主」會阻止這一趨勢的發生。事實上，科技社會中，知識的壟斷和專斷傾向越演越烈，大眾的命運不是在自己手中（有誰見到過，爲一項科技發展計畫而進行全民公決的），社會大眾的命運是在素不相識的高科技專家和那些絕對按照邏輯辦事、追求效率、不考慮人類生活基本目的的政府官員手中。

二、主宰二十一世紀初期的新一代

在本世紀六〇年代，美國出現了一場文化運動，一些抱定堅定的個人生活信念、向世俗社會的傳統生活方式挑戰的知識分子，開創了全方位觸動社會文化形態的「嬉皮士運動」（本書緒論和第五章中均有論述）。參與這一運動的成員，相對於那些因循守舊的芸芸眾生來說，是反叛了社會。但是，從自主選擇的意義上看，他們比商業社會中隨波逐流的消費大眾要理智得多，他們使用了極端的形式來反叛商業資本主義對人性的壓抑。一九九六年五月美國《時代》周刊發表了一篇回顧六〇年代嬉皮士運動對社會發展產生影響的文章〈我們把一切都歸功於嬉皮士〉，這位六〇年代從事反戰、八〇年代組織「電腦駭客大會」的五十九歲電腦專家斯圖華特·勃蘭德在文章中指出：「忘掉反戰抗議，忘掉長頭髮，六〇年代的那一代人留下的眞正遺產是電腦革命。」，「乍入電腦網路的人們常常發現網際網路絕非是一個由技術專家統治著，由沒有格調和靈魂的人們出入其中的殖民地，網際網路是一個具有鮮明個性的文化陣營。」相聚於其中的是六〇年代人「大有出息的後輩」。網際網路成爲反抗既有的社會秩序和文化價值的「新大陸」，在這個「國度」裡，文化的基礎是「六〇年代的社群主義（communalism）和自由主義政治理念」。事實證明，上述的兩個主義正是現代電腦革命的基礎，因爲個人電腦和網路的出現是對電腦傳統發展秩序的空前挑戰。

自從一九五九年美國明尼蘇達州的CDC（Control Data Corporation）公司製造出第一台商業主機型電腦（mainframe computer），資訊的處理就依循著一種用「中心化機構」控制資料的法則來運作，電腦主機成為政府、公司、企業和銀行壟斷性處理資訊資料的設施。在壟斷資訊權力圈之外，對多數人來說，主機型電腦猶如一個科學的壁壘森嚴的殿堂，不是任何人可以登堂入室的，僅就那些複雜的操作程式和繁瑣難記的各項命令，外行人就會眼花撩亂，不得要領，更何況要在嚴密的控制之下，尋門而入了。電腦大師尼葛洛龐蒂將這種主機型電腦的中心控制特性和對資料的壟斷性，比擬為中世紀的基督教會。「三十年前，使用電腦就好像駕駛登月小艇一樣，懂得機器操縱魔法的人眞是寥寥無幾。當時的電腦語言極為粗陋，甚至毫無語言可用（只有許多撳動的開關和閃爍不停的指示燈）。依我看，科學家曾經下意識地想保護電腦的神秘性，就好像中世紀黑暗時期的僧侶，刻意要維護自己的獨尊地位，或像當時的某些人要獨自把持神奇古怪的宗教儀式一樣。」同樣，持無政府主義立場的嬉皮士們稱主機型電腦為「中心化控制的化身」，而最早想進行改革的無疑是對其實施叛逆行為的「駭客」（hacker）。一九八四年，美國學者史迪夫·利維出版了《駭客：電腦革命的英雄》列舉了從六〇年代以來出現的三代駭客各種致力於消除中心化主機型電腦的資訊壟斷和控制。經過他們努力不懈，個人電腦終於登場了，變為社會大眾容易掌握的資訊通道。

利維將駭客在電腦技術方面的行為方式稱為「駭客倫理」，內容包括：進入電腦的權利應當是不受限制的，而且人人應享受這一天賦人權；一切的資訊不能商業化，應當是免費的；在電腦上你能創造出藝術和美感；電腦能改進你的生活。第二代電腦駭客發明和製造了個人電腦，這些非學院派和專業技術人員的駭客是反文化類型的核心——創辦蘋果公司的史迪夫．沃斯涅克和史迪夫．喬蔔斯同是六〇年代的嬉皮士，他們在早期攻擊社會時，曾發明了盜打電話的設備——「藍盒子」，他們的合作者李．費爾森斯坦設計出第一台攜帶型電腦。六〇年代的大學生們遵循著「打開、打進去、再退出來」的口號，對許多學說和學術領域都進行了獨行俠式的攪局，這就是後來在電腦領域的「駭客行為」，由於他們做事認眞、反叛並且有決斷性和判斷力，很快他們反社會的行為與商業的開拓機會結合在一起，一旦他們走上社會進入商業領域，他們往往年紀輕輕就有財有勢，開始從八〇年代起用電腦網路的方式，構築理想中的社會秩序。當作為二十世紀末資本主義中樞神經系統的電腦網際網路出現的時候，激進的「路德左派」（Luddite Left）反應強烈，他們反對「微觀宇宙和網路傳輸世界」（microcosm and telecosm），反對電腦網路和電磁通訊的環球化連接。美國的未來學者托夫勒預言，九〇年代新技術將突飛猛進，隨之反技術主義也會甚囂塵上。八〇年代中期，美國各界談論最多的莫過於科學技術的災難，電影和文學作品中充斥了「魔鬼終結者」一類的形象和電影《未來世界》預示的「電腦和機器人恐怖症」。

二十世紀的文明是培養「盜火者」的文明，從政治上啓迪民智，流布「一人一票」式的選舉民主政治；倫理上徹底打破宗教規範的道德，解放人類的自然性；科學技術上征服自然，延長人類的觸及空間的能力，改造物種，甚至改造人類自身；商業上讓驅利盈利成爲堂而皇之的正當行爲。電腦網路影響下的社會，新一代時時刻刻在扮演衝擊舊社會傳統秩序，不斷「盜火」給社會大眾的角色。八〇年代成長起來的青年，特別是受過高等教育的，將電腦技術特別是個人電腦技術，帶進了社會的各個領域，引燃了資訊革命的大火。八〇年代中期到現在，新一代人特別是「電腦蟲」們，在網際網路上的各個接點上，引導了全球數位化「大流通」的浪潮，他們的人數目前在全球超過了七千萬，而且平均年齡在三十三歲左右，躊躇滿志，銳氣十足，對一切既有的秩序都抱著要沖決顧忌的膽識。人們不能不相信網路改造了九〇年代的人類社會，而且將引導二十一世紀初葉的人類發展趨向。

三、資訊文明需不需再「啓蒙」？

由無數個個人電腦造就的網路世界和數位化虛擬實境的境界，標誌著人類文明的又一場革命即將全面來臨。電視作爲統治人類視覺和聽覺的媒體霸主，在經歷了五十多年的滄桑後，在數位化多媒體電腦和虛擬技術的挑戰之下，將要退出歷史舞台。電視浪潮的消退，標誌著大眾文化趣味的變更，大眾文化的本質「平均化」和消費性將出現大幅度的分化。過去，社會大眾在較少選擇餘地之下，被動地透過視覺、聽覺接受資訊，消費的各種物品也不過是大眾媒體盈利商品的大量生產複製。而電腦既是接受資訊的平台，又是個人創造和反饋資訊的工具，它使得原本在電視、錄影機、VCD機、立體音響消費中，閒置起來的大腦和雙手重新開始工作，調動了人的閱讀能力和思考能力，使人對自己的興趣少了些盲從，多了些主動的選擇，對知識的興趣不斷隨著電腦的升級而更新。甚至人們的身體和精神也擺脫了臃腫和懶散。總之，個人文化又重新抬頭，在網路中許多人尋找到了失去的自我，重新恢復了青春的活力。就像重新儲存了大量食物和淡水的航船要去遠航尋找精神上的新大陸一樣。

在網路世界中，平民百姓也可以擁有向全世界不同文化和地域發表自己的見解和思想觀點的機會。任何人都可以透過網頁、郵件收發、網上論壇和網上聊天室等方式，將自己推銷給全人類的網民，你總會找到知音。如果你的思想能得到大眾接受，你會成為知名度很高的網上觀念領袖。這一切無須任何組織批准、檢查、修改、甄選，網際網路為人們思想的自由流通和多元化創造提供了條件和舞台。但是，網際網路的出現在加快人類觀念進化過程的同時，也會為異端的傳播打開方便之門。資訊傳播的無政府狀態，會帶來一系列問題，電腦螢幕前長大的新一代人，如何形成道德和社會規範的自覺意識，值得我們深思。尤其是在減少了人類之間直接交往的時代，間接的網上交往的意義究竟是什麼？

美國哲學家邁克魯漢在六〇年代提出了「地球村」的概念，其主要的意義在於說明發達的傳播媒介和交通使得地球變小，如同一個村落，更重要的是：人類的交往方式以及人的社會和文化形態隨之發生重大的變化。交通工具的發展曾經使地球上原有的村落都市化，人與人直接由街坊鄰里之間的直接交往變爲透過各種媒介的間接交往。而電子媒介帶有反都市化的作用，配合著交通更爲發達，城鄉之間的中心——邊陲結構逐漸解體，城市在社會方面的集權功能受到削弱，人的交往方式可以重新回到個人之間的直接交往。這一理論風靡六〇、七〇年代，而後備受嘲笑和冷落，因爲當時的「電子媒介」的代表——電視，並未顯示出消除城鄉距離的作用，反而加劇了都市化媒體的優勢，強化了像電視台、廣告公司、傳播集團一類的中心化機構的集權和壟斷。直到近幾年，邁克魯漢的理論派上了用場，他的預言驚人的準確。九〇年代，網際網路的飛速發展，流通媒體的數位化，使得「電子媒介」的主力越來越偏向於電腦網路。網路中的個人電腦，正以勢不可擋的力量摧毀電視這一大眾傳播媒介造就的中心——邊陲結構，以及這種結構在資訊和文化導向上的絕對壟斷地位。無數分散的、可以自由選擇視覺、聽覺、思維方式和閱讀內容的個人電腦操作者，構成了人際關係上新的意義上的「無數村落」，這是在「數位化高速公路」連接之下的沒有距離的村落，只有在數位化的資訊傳輸中，人類生活的地球才能成爲一個「巨大的沒有任何距離的村落」。我們正在面臨著一個「資訊沙皇」退位，「個性主義」高漲的新時代，到處都流行著這樣一個學術術語「解構中心主義」，無論文學、藝術、哲學、宗教、政治，甚至國際關係中也要強調「多元化」和新結構的「多邊外交」。數位傳輸的基本單位「位元」(bit) 就是這樣地將每一個網上電腦使用者輸入的思想和資訊分解爲大量的數位信號串，透過數據機變成一連串頻率不同的電磁訊號，透過線路傳輸到遠方，透過最簡單的數位化組合，人類又開啓了一個變化萬端、非常複雜的時代——數位化時代。我們的讀者都有幸感到這一時代的到來和它那生機蓬勃的脈動。它令人欣喜，也會給我們帶來幾分惆悵。

吳伯凡先生在《孤獨的狂歡——數位化時代的交往》一書的「結語」中像預知未來的雛燕爲我們鳴叫了下一個世紀的未來，其中多少有些傷感和悲音。

這是一個沒有壓抑的時代，所以是一個一切都變得稀鬆平常的時代，一個最爲壓抑的時代。這是一個我們可以最大限度與他人和世界交往的時代，因而是一個最大限度的限制我們與他人與世界直接交往的時代——它使我們不出門而知天下事，使我們「坐地日行八萬里」，它透過這種方式把我們軟禁在家裡。人與人的交往簡化和抽象成「機」與「機」的交往。

這是一個用手指奔跑而不是用腳奔跑的時代。「數位時代」也就是「手指時代」。我們成天用手行走在「資訊高速公路」上，浪跡在一個虛擬的世界裡，逐漸遠離眞實的泥土路。電腦一方面使我們獲得了青春的活力，另一方面又以巧妙的方式遠離大地和塵土，讓我們毫無痛感地截去了下肢或使下肢癱瘓。

這個時代就是「資訊文明」的時代。它的文化底蘊何在？對大眾來說，需要不需要再度「啓蒙」？對「啓蒙時代」我們並不陌生，狹義的啓蒙通常指十七世紀英國哲學家洛克最先提出的思想，在十八世紀的法國進入了高潮，到十九世紀德國哲學家康德和黑格爾手中達到了思想的巓峰，形成了「啓蒙運動」。而近代啓蒙運動的核心是理性至上萬能，提倡科學、反對宗教，強調「人」的尊嚴和地位。中世紀宗教權威的消失，是和古登堡印刷技術的出現密切相關的。在機械化的印刷技術出現之前，用拉丁文手抄的聖經只有教堂中的主教和神父可以讀懂，大眾產生透過這些代言人才能聽到上帝的聲音。當印刷技術使每一個人都有可能讀到聖經的時候，個人的見解自然千奇百怪的出現了，教堂的權威自然而然地下降了。

我們將要面對的「資訊文明」時代是對傳統啓蒙運動的規範再一次「啓蒙」（或稱之爲「破除」）。因爲，啓蒙運動的思想基礎是理性主義。而近代理性主義實際上帶來的是以理性爲特徵的封閉式的思想體系，它試圖用理性來解釋一切，規範一切。這種思想架構是有中心的、金字塔式的。在人類物質層面的反映就是大工業時代所崇尚的規模、制度、層級。工業文明的輝煌和啓蒙時代的理性背景是同出一源的。網路技術也產生於工業文明當中，網際網路起初是服務於軍事目的，爲戰爭機器和軍事工業的有效運轉而設計的。

其結構，是中央控制式機器網路的指揮系統。隨著具體的試驗過程深化，人們發現大範圍只有分散式的（distributed）、連帶切換式的（packet switching）才能達到系統運行的最高效率，同時也是最經濟的方式。網際網路發展到了今天以及明天的趨向，顯示出了完全與工業時代相反的思維模式。

在「資訊文明」時代，以工業文明爲特徵的壟斷和權威將受到嚴厲的挑戰，社會的結構將更加扁平化（本章專有論述），各種中間環節將逐漸消解。網路技術帶來的全方位的開放特性，使全社會每個人的個性和才能幾乎可以充分地施展。網路技術成爲打破權威和壟斷的利器，成爲搗毀各式各樣「中央控制」和「精神權威」的先鋒。正像印刷技術使宗教權威不復存在一樣，網路技術也在逐漸改變著傳統的金字塔式的社會、政治、經濟、文化結構。這種資訊時代更深層的「全開放」、「去中心」觀念，從大文化意義上來看，是對西方近代「啓蒙運動」的再度啓蒙。對於中國的國民來說，這個時代來得太突然了，我們在還沒有更全面地達成十九世紀「啓蒙運動」所規範的「科學」、「反迷信」、「理性」、「民主」、「法制」的一系列觀念的時候，而今馬上又要面對著「資訊文明」時代的新的觀念和規範的再度啓蒙。這就像中國走入近代化、現代化以來的「雙重主旋律」（救亡與啓蒙）一樣，我們又一次面對著「雙重啓蒙」。

10 今日的餘暉和明日的朝霞

我們一直認為大自然的變化是宇宙的客觀規律所決定，現在我們對這個世界和人類角色的看法需要作大幅度的調整了，因爲我們進入了必須對自然的變化負責任的時代。經過多年的錯誤之後，我們終於開始認清：社會與經濟的持續繁榮有賴於對於環境的保護和生態的維持，照顧地球像對待我們的生命一樣，人類才有更爲長久的未來。

第一節 資訊時代的到來與文化

一、全球資訊網引發的問題

二十世紀五〇、六〇年代在工業化國家中形成資訊高速公路是一次巨大的進步。而到了九〇年代建立電腦網路和資訊高速公路成爲各國發展的新興熱門重點。原因就在於人類發展中始終都在追求著「速度」，以縮短人際交往的時間和距離，無論是商業還是軍事，不管是消費或是生產。物流需要迅捷的海上、空中航線、陸路通道和商業銷售網，人流需要迅捷的交通，意識流需要迅捷的媒體傳播手段，資訊需要迅捷的網路。全球資訊基礎設施的大規模建立，意味著人類交往模式和生活方式又將發生新的改變，文化價值在其中究竟會發揮什麼樣的作用和受到什麼樣的影響？如本書所言，二十世紀是商業文化主導的世紀，資訊時代的發展無疑首先受到商業社會基本規律的制約。

在以往傳統的市場中，資訊產業的興起，立即產生三個方面的影響：

1.資料、語言、圖片和文字的數位化逐漸消除了電信、電腦、新聞媒體和消費性電器之間的界限，導致有關企業之間產生不計其數的聯合、兼併和重新分工。他們在新定義的全球資訊領域中像感覺靈敏的動物，迅速察覺到有利可圖的商業機會和風險。

2.不同形式的資訊傳遞的基礎設施（包括電纜、電話、行動電話和衛星通信）之間的競爭在加速成長。這種發展在工業化國家以高科技開發爲產業改造先導的政策鼓勵下，以及新興工業國家和發展中國家認識到資訊產業關係到今後在國際經濟全球化中的地位之後，顯得更爲爭先恐後，加快了這項產業開發和應用的速度，也相應地降低了使用成本，成爲人類生存必不可少的基本手段。

3.全球資訊網將會越來越多地把各種網路連成一片，從而使網路和媒體之間的合作，如數位化的語言、資料、文字、圖片和聲音，如河湖江水般的奔流而匯入大海。數位化是以共同標準實現不同網路互換傳遞的基本條件。

全球資訊網比網際網路具有更大影響和更爲深遠的作用。而目前的網際網路是這種基礎網路設施的原型和樣本，並驅使它在全世界範圍內推廣。全球資訊網今後的發展將依循著從已開發國家集中的地區逐漸向全球擴散的方式。同時，在各國和各地區，將以不同的文化形式，遵循相同的數位化規則各方面發展。

全球資訊網勢必隨著不同的經濟發展程度和科技水準在世界各地以不同的速度發展。這將導致那些弱勢經濟和弱勢文化的國家充滿了憂慮和不安，因爲具有極大穿透力的資訊傳遞帶來的是西方商業強勢文化的價值觀和文化觀念，這些對於仍然處於物質生活水準相對落後的國家和民族而言，往往是規範化的技術觀念尚未學到手，墮落的文化形式乘虛而入，大行其道。最簡單的例子莫過於：在西方電腦廣泛運用於文書處理，日常交往；而在發展中國家，人們更多將它視爲玩具，首先是用於玩電子遊戲，其次是看VCD（當然大部分是西方帶有色情和暴力成分的影片），然後是文書處理，用於網路技術和技術開發的，對個人和家庭來說眞是微乎其微。所以，這些國家和民族的政府在管理層面上必然要考慮一個問題：參與進入全球資訊網對維持本國和民族穩定，堅持傳統文化和道德觀有什麼樣的影響。這是一個多麼尷尬的兩難境界，不按照西方的發展模式，必然要在物質和科技的層面（器物文明）上落後。但是，直接接受西方的發展模式和器物文明方式，又帶來「制度方面」的震盪和對傳統「國民性」的顛覆。唯一比較保險的方式是從開放商業發展的機會和廣泛運用商業規則來處理社會轉型中的問題，一九九七年開始發生在東亞的金融危機，就是資訊社會發展中東方傳統規則無法適應西方商業規則的典型例子。

資訊時代的物質條件決定了任何人不論其性別、種族、信仰和道德水準如何，都可以在任何時候、任何地點從事資訊的傳遞，思想的交往，特別是從事商業貿易活動和社會經濟利益的交換。這使得人類以往數十個世紀建立起來的交往規則和法律基礎受到嚴峻的挑戰。在二十世紀末，為了規範全球化的資訊交往和由此產生的一系列社會問題，有必要對透過國際協定和國際組織的干預形式來管理資訊的流通，特別是商業和金融的資訊化操作。全球資訊網的發展前景取決於幾個因素：

1.世界各國不會在同一時間放寬對全球資訊網的限制或者使其私有化，各國現代化的速度參差不齊，這將導致資訊流通的速度在全球範圍內減慢，並突顯出各地區發展模式的差異。

2.在大多數已開發國家，低成本數位化服務的技術設備將在今後十年內全面投入使用。西方各國「資訊流通」將迅速實現「全球化」。但是，也會給已開發國家帶來巨大的文化衝擊，非數位化傳播方式和物流方式衍生的文化現象將如何保存下來，個人如何發揮具有個性的「原創力」，值得思考。

3.商業利潤驅使下的「知識經濟」要求「知識落差」，要求最新智慧性知識和利潤秘密的阻斷和「推遲流通」，而這恰恰與「資訊時代」基本規則相違背。目前，透過智慧財產權的保護和資訊網路的「防火牆」來控制。但是，從總體發展趨勢看，規則的制訂不能以已開發國家的商業利益爲唯一的標準。

無論如何，全球各地區文化、政治、宗教和倫理價值觀念的差異性，將限制著全球資訊網的全球化和標準化。這並不是說文化和價值觀的衝突從商業利潤和自由貿易的角度說來，好像是十分荒謬的。因爲在商業、科技、利潤、貿易、知識經濟的背後不可否認的存在著不同意識形態和宗教文化的政治動機，存在著「強勢文化」對「弱勢文化」的控制和利潤的攫取，存在著「資訊網路帝國主義」的征服和壓迫。有些人可能認爲這是危言聳聽，有些人可能迷戀於奇妙的網路技術發展和西方技術主義創造的「技術話語的解釋系統」。但我還是希望這些人在稍稍清醒之時，想一想你的國家、民族、文化、歷史在世界上的地位和尊嚴。今後十年內，全球資訊網給人類生活帶來的將是一場革命，在社會經濟、政治、軍事、文化領域將出現翻天覆地的變化，不未雨綢繆行嗎？不做哲學層次的思考行嗎？只停留在技術專家的層面，做一些西方定下來的數位分析和追求貿易和工業發展的數位指標行嗎？

二、「電信社會」是「商業社會」之後的下一個文明模式嗎?

全球資訊網只是「電信社會」到來的標誌之一。「電信社會」是一種由於現代電信的獨有特性而得以出現的新現象，這些特性包括資訊流通的高速度、資訊的容量、物流與資訊的交互性、聯網性以及對人類互動方式和文化行爲無所不在的潛在影響力。「電信社會」是強大的建立在利益共享基礎上的「無實體社會」(虛擬空間社會)。它突破了地理和國界的約束和限定。這些沒有固定地緣和實體空間位置的「虛擬空間社會」的擴張和增長，對人類地理意義上的社會和文化產生了巨大的影響。並透過不可阻擋的「物流方式」對傳統的文化、道德、政治、軍事，甚至國家主權觀念提出強有力的挑戰。「電信社會」將把每一個可以想像出的、有共同興趣的人們和團體透過網路的方式聯繫在一起，包括球迷、棋迷、退休老人、商人、文學愛好者、收藏家、股票族、學生和網迷們。一個熱門事件也可以透過媒體和網路結合的方式將特定的一群人匯集起來。最重要的是，這些參與者可以在「無實體社會」中任意地跨越國界，而不受任何國家的國內法和國際法所約束，電信社會眞是名副其實的「超國界的虛擬空間實體」。

1. 資訊的擁有和快速的流通：電信社會受到新的必要性的支配。其中要素爲連接性、流通管道、速率、安全性和資訊容量。今天，我們只是從商業立竿見影的成果來分析這些必要性帶來的影響。從這種角度看來，電信社會代表著形形色色效率極高的市場和這些市場對人類經濟的巨大推動力。電信社會首先動搖了傳統經濟和金融機構的地位，並迫使他們重新組合。如銀行在資訊網路產業的支援下獲得了新生，傳統工業在資訊技術的改造下實現轉型，外太空技術在衛星通訊的網路資訊技術促進下與其他各領域科學成果結合等。電信社會開創了許許多多的新業務領域，如網路銀行、遠端服務業務、預約訂購、資訊商業化、物化形式的重新數位化等。當流通工具跨越幾個電信社會時，資訊的提供和利用成為人際交往中新的商業機會。電信社會實際上仍然遵循著傳統商業的等價交換定律。在實際運作中，形成了以資訊單位爲基礎的「貨幣形式」，其價值根據某一電信社會特有的交換值來確定。他們實際上正在避開各國政府對貨幣的政治和財政控制，形成一個以資訊單位爲交換基本價值的內部市場。不能進入電信社會的人，實際上已經被剝奪了「資訊權」，成爲「資訊窮人」，將無法面對二十一世紀的電信社會經濟，起碼是失去了資訊擁有和快速流通的強大工具。

2.「電信社會」的社會屬性：電信社會資訊流通具有強大的穿透力，社會心理和公眾輿論極易受到影響和誘導。資訊流通在網路支援下很容易變成「心理流」和「物質流」，走出無形的「虛擬社會」進入有形的物質社會，產生作用。可以預見的是，傳統的政治爭鬥、政變、叛亂、騷動在電信社會中不會銷聲匿跡。電信社會雖然沒有直接的軍事力量，但是，它可以迅速透過資訊流動的方式產生軍事效能，比如地區性衝突中武器的訂購和使用，高精密軍事技術的轉讓，恐怖活動的技術和資訊支援，武裝團體和叛亂集團依靠資訊流動而迅速遷徙、組合和集結。最恐怖的是，未來「地區主義」在核武能力具備之後的「核技術」流通，將透過電信社會基本屬性提供給任何一個國家和團體以核技術支援，將對人類的安全造成難以形容的威脅。

電信社會的虛擬空間形式中也必然是新型犯罪的滋生地。進入電信社會的成員都有獲得商業利潤和享受資訊流動便利的機會，同時，也都面臨著種種危險，也都存在種種犯罪機會的誘惑。在網路上，銀行存款被人盜領，家庭資訊失竊之後帶來的詐騙、兇殺屢見不鮮，貿易欺詐和不公平競爭完全會在電信社會的資訊通道中出現。確立「虛擬空間社會」中的警察和法官制度刻不容緩。這也提醒人民在無國界空間形式中，個人權利和國家主權的重要性。

在確立「電信社會」社會屬性以及他們自己的價值方面存在激烈的全球競爭。所有這些將導致一批新型企業家和新型職業的形成；會有新型的服務、新的就業機會產生；會有新型的銷售、交易、製造方式以及控制使用資訊的新方法出現。「電信社會」還會創造出新型的教育體系，全面提高教育的效率，提倡知識的電腦化和掌握一門技藝的「速成」，「虛擬大學」會遍地開花，各種跨國界的「速成教育」和適應各種教育需求的網路學校也將應運而生。在網路教育之下成長的新一代，將比他們的長輩更加熟練地使用各種各樣的網路，適應電信社會的屬性，需要更多的技術，在速度、成本、服務品質等方面尋求最佳的連接路徑和資訊流通方式。

三、「電信社會」決定的資訊時代的特徵

在「虛擬空間形式」的社會——電信社會中進行社會交易和互動行爲的結果，必然導致制訂符合全球各區域人民和政府共同利益的規則，這實際上是從「非實體化的社會形式」回到「實體化社會」中來。這在哲學意義上講，是對所有的網路運作行爲，以某一領土統治權力承認的身分，將「電信社會互動行爲」的任何結果都重新領土化，確定國籍、確定身分和劃分利益範圍。

1.「雙重的社會存在觀」：電信社會將使產業界和政界發生一場革命，使許許多多的傳統管理程式受到削弱。爲了防止無政府主義局面的出現，我們需要新的、更爲靈活的主權觀念，需要承認在「電信社會」中存在著巨大的「超領土、超實體的社會存在」。與之相應，要對這個社會形式確立新型的「主權價值觀」。在這個虛擬的空間形式和社會結構中，要保留領土、領地和範圍的結構和觀念。因爲，這種結構是保護參與電信社會的世界各國各民族人民，擁有基本的生存權利，在各種秩序之下從事電信社會的行爲互動，並能迅速

鎖定在非實體的空間形式中進行犯罪的個人的從屬國籍和所處位置，確定在行為糾紛時參與各方的權利和義務，以及所承負的責任。在資訊時代，「社會」實際上具有雙重存在意義，即領土意義上的社會存在和超越領土意義上的社會存在。特別是非實體空間形式的社會存在，使得「全球性的超級資訊」和「全球流動的文明繁衍形式」成為可能。這將需要各種新的法律、新的政治制度、經濟體制、社會組織和文化價值觀念來規範新的「高度流動化」和時刻在變遷之中的「超國界的世界秩序」。比如金融秩序，資金如果不受控制和管理，在電信社會互動模式之下，可以被一些類似索羅斯「量子基金」那樣的投機者，隨意操控，引導流向，超越國家的控制能力，形成巨大的金融威脅和經濟危機。一九九七年下半年在東南亞開始，隨即遍及整個東亞的金融危機，充分說明了對電信社會流動方式進行有效管理的重要性。

2. 資訊時代的國際規則：電信社會對政治、經濟和國家主權的衝擊，正在創造一種「新型的行為遊戲」。它的遊戲場景、規則、參加者、獎品、作弊方式、裁判標準、遊戲方式、遊戲技巧、潛在的發展方向、可能出現的災難和難以控制的局面，全是人類從未遇到過的，是嶄新的。在我們還沒有充分理解和研究這種社會的遊戲規則並相應作出準備之前，我們已經莫名其妙地深深陷入這場遊戲當中了。人類不得不接受電信社會存在的現實，不得不面對這一社會存在帶來的各種現象和規律，同時，也艱難地在傳統「領土社會」

存在方式、處理行爲的模式與新的「電信社會超領土性」之間，尋找一種行之有效的平衡。我們的下一代或許尋找到了面對新型社會的哲學觀念的合理解釋，能夠在文化觀念上應付這種全面的變化。我們能做到的：

1. 創造一門新學科，研究處理領土與超領土之間關係的理論和策略，在文化上承認電信社會的客觀存在和日益增長的實力。

2. 對領土存在方式的社會和非領土存在方式的社會之間的互動和交易方式，以及這種方式對世界各民族、文化和生活方式的影響，有一個清醒的認知。

3. 逐步制訂一系列全球性的協定和規則，共同面對和規範電信社會網路中的交往模式和通行規則，尤其是涉及到全球範圍的交往行爲。

4. 電信社會各種網路體系和空間存在形式的同時交互快速的運作，是一個十分複雜的課題，特別是複雜網路化的電信社會與傳統的領土社會中的權力關係將發生複雜的互動效應，甚至產生混亂，需要採取明確的權力定位方式和劃分權力實施範圍的措施來防止和減少衍生的問題，處理出現混亂時對人類生活秩序造成的巨大負面影響。

二十一世紀的政治家和社會管理階層，要認清兩大社會之間的關係和互動形態的特點。特別不能忽視的是，超越國界和空間形式的、世界範圍內的網路社會中的利益集團之間的相互結盟，電信社會中的新型政治集團和超越傳統社會形式的各種聯盟。這些實在的和在電子空間形式下的聯盟關係，會給現代民主政治和國際關係帶來什麼樣的影響？二十一世紀的商人理應認識到，廣泛多樣的電信社會本身就是巨大的購買力和難以窮盡的市場，這種新型的供需關係勢必徹底改變二十世紀商業社會的面貌。二十一世紀的人民更要注意到，電信社會擁有更大的統治和控制力量，因爲它具備巨大的政治操縱能力。那些掌握電信社會關鍵政治技能的人們和集團，時時刻刻在考慮著任何攫取利潤、誘導購買傾向和利用人們的知識對再生產的繁衍能力的機會，達到控制和剝削他人的目的。政治民主、經濟平等、社會公正的理想，很可能被單純資訊流動的規則所侵蝕，人類面臨的全球性問題，可能會在不關心現實實體社會存在，只沈溺於「電信社會」虛擬網路中的人和集團的引導下，日益嚴重。

我們的讀者或許都可以在有生之年看到，我們將經歷一個更爲多變、更爲四分五裂、更有諸多潛在發展方向、兩大社會存在相互衝突並自相矛盾的局面。二十世紀還沒有處理好傳統社會的一系列問題，二十一世紀又創造出「電信社會」的新的問題。這也許是上帝賦予人類的「原罪」，也許是佛陀所講的「苦海無邊」，也許是阿拉要用聖戰不斷去消滅的「魔鬼」。

更可能的是，人類發展和走向「自由王國」的新路徑。

第二節 「生態文明系統」的建立

一、生態文明——未來世紀人類強大的精神動力

二十世紀這一百年，在機械世界觀主導下，工業文明和衍生的商業文化，在全球範圍內展開了具有深遠影響的物質革命。給人類帶來了生活方式的變革和巨大的社會福利，同時，也給人類生存環境造成了難以彌補的傷害。這些惡劣的後果直接戕害到人類的道德、政治、文化、經濟、社會生活和人類精神的各個領域。七〇年代以後，在全球範圍內興起的各種社會文化運動，如綠色和平運動、婦女運動、環境和生態保護運動、民族平等運動、第三世界爭取發展權利運動。這些運動雖然目的不同，宗旨各異，都帶有一個共同特徵：就是對人類生存方式的擔憂和對全球性危機即將發生的預感。八〇年代以後，思想界逐漸引導人們發現，人類各種危機的根源，在於征服自然的科技掛帥的「機械世界觀」。「我們時代嚴重的全球性問題——從核武器的威脅和有毒化學物質到飢餓、貧窮和環境惡化，到對地球賴以生存體系的破壞——凡此種種都是幾個世紀以前才開始統治世界的西方工業思想體系所產生的直接後果。」

在反對工業主義思想體系的各種文化運動當中，生態運動是一個強大的主力。它透過人類在對生存環境惡化的憂鬱中產生出生態意識，將各種文化運動的主旨匯聚成一個追求

整體自然和諧的整體思潮。隨之而起的生態學研究也給人類描繪了一個新世界的美好前景。生態世界觀有三大思想原則：

1. 世界是相互關聯的複雜網路組成的有機整體。

2. 世界是變化著的有秩序的整體。

3. 人類的存在價值包含在自然整體的非人爲的、自組織的進化過程之中。

二十世紀的文化從哲學意義上講，是工業文明的技術運行方式在社會組織和結構方面的反映。馬爾庫塞認爲是以技術爲手段的新的社會控制形式，它維繫著並且再生產著資本主義。從國際關係格局來看，世界各地區對以歐洲、北美爲中心地區的結構性依附。多斯桑托斯的「依賴理論」認爲，這種依賴結構有三：殖民地依附；金融——工業依附；技術——工業依附。從文化意義上講，技術與文化的轉移一體進行，技術的外在壓制和文化的內在征服同時傳入物質和文化弱勢地區，割裂了文化環境中的價值觀念、思維趨向與經濟發展的關係，導致文化衝突、社會分化和政治動盪。「將西方和外國模式納入傳統技術的合法地位中，必將導致傳統技術的崩潰。由於技術深深紮根於社會文化組織之中，傳統技術的崩潰往往引起地方社區的瓦解，使其失去文化特性，反而加重了對西方文化的依賴。」

從人類與技術之間的關係來看，人類生存的物理前提受到人類的物理破壞，人類的身體適應能力在短期內無法適應由於技術發展導致自然環境的急劇變化，自然物理結構的變化，超過了人類健康生存的自然限度，產生了大量環境變遷性疾病和人類破壞力，威脅人類生存，甚至引發了人類種群遺傳結構的不利變異，潛移默化地在人類生命中編製了自我毀滅的程式。從對人類的精神世界的影響來看，現代技術從體力和部分的腦力勞動中解放了人，給予人類更多創造性活動的機會和時間。同時，大批生產人造物品的過程，也是消滅人類技能性創造能力的過程，減少了人類使用大腦和雙手的機會，人類的精神也在和自然物質疏遠、和自己智力疏遠的過程中，逐漸萎縮，產生單調、枯燥、煩悶、空虛、失落的感受。

二、環保運動——二十一世紀的先鋒思潮

二十世紀六〇、七〇年代，在西方從能源和資源保護運動中發展出來了「環保和平運動」。而今，這一運動已經進入了政黨組織領導的形態，如英國的地球之友和生態黨，法國的綠黨——生態黨，德國的綠黨整體派、綠黨生態派、綠黨和平派、綠黨激進派，義大利的環境聯盟和綠色群島，比利時的生態價值黨、生態綠黨，紐西蘭的價值黨，加拿大的生態黨，日本的綠黨，以及歐洲的洲際綠色組織生態聯盟和生態歐洲、世界綠色和平組織等，成爲影響二十一世紀前途的政治力量。這些組織各有反核、維護生態平衡、保護動物、主張男女平等、強調人類的精神價值等特殊的目的，但是在最終的精神指導方面都遵

守著生態文明的觀念，逐步彙成了一股巨大的「環保思潮」。

環保思潮中對人類生活方式將產生重大影響的有幾種：

1.生態系統觀點：它是整個環保運動的思想基礎，認為我們生存的周圍環境，無論是生命有機體、自然環境、還是社會組織，都是無機物和有機物構成的生態系統。「所有這些系統的特殊結構都是由他們的組成部分的相互作用和相互依存產生的；當一個系統在理論上或者在實際上被分割成孤立的組成部分時，這個系統的特性便遭到了破壞，儘管我們還能分辨出任何一個系統的個別部分，但是，這個整體的性質總是不同於它的各個部分的相加之和。」人類應當參與生態系統的偉大循環過程，自覺維護這一平衡過程的穩定性，而不能以人為方式破壞或干預自然界的循環過程。

2.地球生態系統有限性觀點：國際思想智庫——羅馬俱樂部一九七二年發表的《增長極限》報告中，針對人類社會對自然界的資源開發、環境破壞和工業化道路，提出了三個重要的觀點：「第一，技術解決（廣義上講，就是在本質上，從現有的經濟、社會和政治實踐限度內進行解決）不可能創造出一個可持續社會；第二，已經被工業化和正在工業化的社會作為目標（而且經常很容易達到）的快速增長，具有指數性質，它意味著長期累積起來的危險可能突然產生災難性的後果；第三，由增長引起的問題存在於一種相互作用之中，也就是說，解決一個問題並沒有解決其餘的問題。」以上三點從人類經濟增長的限度，社會制度的限度和技術手段的限度統一起來，考察它們與生態系統的相互作用。根據目前西方國家提供給我們的生產方式與生活方式對地球資源的消耗和對環境的破壞趨勢和速度，可以預見的是在幾個世紀內，地球人類的居住地和生存機會將極大減少，甚至維持所有生命存在的地球生物圈和生物鏈都可能斷裂和瓦解。若按照目前這種破壞生態環境的社會發展模式來估算，人類若能再延續兩百年算是多了。我們對那些本來可以在地球上繼續生存幾十億年的後代子孫，二十世紀的人類目光太短淺了，智慧太低下了，太沒有宗教式的大生命情懷了。爲了讓人類繼續生存（當然是長久地生存），二十一世紀的人類必須放棄西方已開發國家在二十世紀創造的發展模式——工業化、商業化的高速經濟增長；必須放棄過度擴張人類物慾的生活方式，重新尋求一種與自然界生態平衡的生存方式。

3. 生態平衡的經濟觀點：經濟是存在於自然生態系統和人類社會系統中的子系統。要建立既保護生態環境，又滿足人類物質需求的經濟。「建立在生態原則基礎上的經濟並不意味著放棄生活品質，它的意思是，人們支援那些滿足他們的需求，並且和自然環境和諧一致的產品。」

這種經濟首先是生態環境可以承受的「穩態經濟」，它與目前西方國家不考慮社會成本和環境成本，一味追求國民生產毛額（GNP）增長的病態經濟相對立。已開發國家追求國民平均生產毛額高速增長，是透過過度消耗本該屬於後代的廉價資源和大規模破壞生態環境來獲得的。國民平均生產毛額並不代表著經濟福利和社會公平分配的綜合指標，而往往表現爲貨幣形式的社會成本和生態環境代價。實際上在商業社會和資本橫行的經濟結構中，國民平均生產毛額往往還代表著少數富裕階層享用高消費奢侈品的大幅度增加和貧富距離拉大；生存環境惡化帶來的健康水準下降和支出更多的醫療費用；過量消耗自然資源和人類對治理環境付出更大的代價。二十世紀下半葉，西方已開發國家一直追求這個只顧生產數量的指標，並打著「國際經濟全球化」、「貿易平等」和「突破關稅壁壘」的幌子，掀起了持續數十年之久的追求經濟增長率的狂潮，迫使東歐、東亞、南美各地重演西方工業化的慘劇，加速了全球生態環境的惡化。

4.轉變消費社會的觀點：消費社會不僅是對資源的巨大浪費，而且是對人類自主性精神的壓迫。西方消費社會就是透過刺激浪費性消費來維持和擴大浪費性的生產。透過控制消費將消費者引入迷戀和依賴人造物和奢侈商品的歧途，使人陷入瘋狂消費，無法認識自己眞正的需求，人類成爲單純的消費機器。整個二十世紀的商業資本主義擴張過程中，過量生產、超前消費、刺激賒購、分期付款等方法，提供了大眾消費的可能，商業廣告推波助瀾地引導消費趨向。於是病態的生產創造出病態的需求，病態的需求反過來推動病態的生產，逐漸全球化的市場就成爲這個惡性循環的加速器。對企業家和商人來講，只要有需求，不論其社會道德或生態影響，就加速生產。而被商業大眾文化吊足了胃口的消費者對廣告引導的商品，有一種極端占有的渴望，搶購時時成為一種社會的風潮和時尚。「我們已經變成了消費我們曾經生產的產品的機器，我們已經成了壓迫我們自己的東西。」

5.國際關係公正的觀點：已開發工業化國家的財富累積是靠幾個世紀的殖民掠奪和二十世紀不平等貿易，殘酷剝削廣大第三世界國家為基礎的。而今，西方已開發國家（八國集團）聯合主宰世界市場，導致非西方工業化發展模式的國家繼續貧困化。「在目前國際分工體系中，第三世界國家的工業和農業，都為國際銀行的外援和信貸所控制，所以，它們的生產首先是為了工業國家的需要；它們被迫廉價出售其產品，反過來又高價購買工業品，從而導致大規模債務。為了支付這些債務，第三世界國家不得不增加出口，這又只能是支付飢餓工資；同時，它們的購買力也保持著日益下降的趨勢。因此，大規模貧困變成了一種完全以外國為目標的經濟的基礎。」

在這樣強者占盡先機的國際經濟分工格局之下，是不可能有公平發展可言的，也無法保證全球的生態平衡。只占世界人口五分之一的已開發國家，正消耗世界資源的三分之二，而剩下的五分之四的人口，消耗的資源不足三分之一。已開發國家越是快速地把自然資源轉化為商品，發展中國家和人類的後代從自然界中得到的資源就越少。資源的公平分配和限制性使用，本身就構成了國際關係公正的基本要素。

6.人類精神價值至高無上的觀點。環保運動從本質上看，是有精神原則指導的開創新型文明的運動。它有著現代科學生態理論和「天人合一」的哲學基礎，有著對以往世紀人類對自然犯下罪孽的反思，有著「一種個人感覺到他與宇宙相聯繫的意識」。這種意識，或多或少地來自於傳統的宗教觀念，來自於東方的佛教、道教、儒家思想，來自於人類在物質極大滿足之後對精神生活的渴望，來自於對自然界的敬畏和與生俱來的崇拜。「以現實的角度來看，神秘主義，至少是頭腦清醒的神秘主義，意味著深刻地發動人類心靈上爭取解放的力量，這是一種毫無超脫凡塵之意的現象。」

三、生態文明的深層文化思考

當代人類工業和商業文明已經顯示出走到盡頭的跡象。許多學者將未來可能出現的文明類型統稱爲「後工業文明」、「第三波文明」、「資訊文明」、「數位化文明」、「生態文明」等。若從人類與自然界互動關係的層面來看，以人類生存依賴物質手段爲尺度衡量，我們經歷了採集狩獵文明、農業文明、工業文明、商業文明，未來如果人類幸運的話，會進入生態文明的形態。

而要使這一文明形態成爲現實，人類就必須超越工業和商業文明中占據主流的價值觀，思考引導人類正確發展的主流意識。在新的生態文明之中，主流意識應當是「生態人道主義」。

它與工業文明的「科技征服自然」的科技人文主義的主流意識是截然不同的。過去兩百年來，西方科技至上的人本主義價值觀，指導人類去征服和改造自然，從而造成人與自然界的對立，人類在精神深處也出現了主客體的「二元分裂」，理性與情感、物質與精神、個人與社會全面的分割，人性成爲一種爲物質生存而充分展現獸性扭曲狀態。這種工業和商業發達的結果，培養起以個人爲中心、物質利益爲本位的自我中心主義文化——個人主義文化。它在各種社會行爲中的衍生必然出現：極端個人主義、集團中心、極端民族主義、地區中心主義、國家中心、西方中心論，直至人類中心主義。強化了將他人、異族文化、客體、自然界、其他生物和物種作爲征服和奴役對象的價值觀。

生態人道主義不是以人類爲中心，而是以大生命的自然體系作爲關注的對象。它要求人類重返自然界的體系之中，放下征服者的身段，尋找自己應有的在自然生物圈有機聯繫網路中的位置。這種回歸，需要繼承農業文明時代形成的「自然人文主義」傳統（在東方特別是中國古代，這種文化發展到了極致，而且留下了浩瀚的典籍、理論和思想智慧）。這個自然人文主義傳統意識到了「天人一體」、「民胞物與」、「萬物並育而不相害」、「萬道並行而不相悖」，「你來自塵土，歸於塵土」，「六道輪迴、萬法歸一」。當代生態人道主義在繼承這些合理傳統的同時，對人類與自然的關係有了更爲全面和深刻的認識。依照全球生態學、系統論哲學、自然辯證法和自組織理論的觀點來理解，整個「大生命系統」（包括地球和與地球直接相關的宇宙星系）是由物質轉換、生命轉移、能量流動、資訊（包括生命資訊）流通、相互依存、互爲因果等多種多樣的運動形式相互作用而形成的有機統一體。任何事物的存在與轉化都離不開與他物聯繫和對整個系統的依賴。自然界多樣性統一的本質，突出地表現爲「地球生物圈現象」。它是幾十億年的時間累積中進化的有機系統，每一種生命和物質存在形式的進化和變化，都對其他形式的生物和物質存在狀態產生影響，「大生命」的形式正是在這種此消彼長，整體均衡的狀態下，達成穩定的存在和進化。

人雖然有自我意識和改造自然的能力，但人類脫離不了「大生命」網路的普遍聯繫，他是生物圈中微小的一個環節。即使當今人類已經開始超越地球生物圈的範圍，進入近地宇宙空間，但是，人類的基本生存依然離不開地球生物圈提供的基本特性。他們在太空船中依然要按照生物基本的性質和參數來製造類似地球生物圈的相對封閉的小環境。人類是地球生物圈的一個「子系統」的事實是根本改變不了的。人類不是至高無上的生命形式，必須放棄從十六世紀「文藝復興」以來倡導的「人類中心主義」和偏狹的「人本主義」。地球生物圈的整體生存利益高於人類的任何利益，人類必須以地球生物圈的健康生存來約束和制約自己對自然界的行爲；必須善待資源、保護環境、控制人口增長、維持生態平衡。

人類與其他物種的地位是平等的。但是，人類在地球生物圈以至「宇宙大生命體系」

中又是特殊的組成部分，那就是人類是具有區別主客體的智慧生命形式，是自然進化過程中產生的一個新更高的「自組織層次」。生態學認爲，自然進化每產生一個新的更高的自組織層次，它就以自身特有的活動形式，對原有的系統和相互聯繫的生命存在形式及物質關聯形式進行新的改造，並以自身產生效能和能量轉化方式，爲大生命系統的均衡循環提供積極的動力。早在史前「寒武紀」，有機生命形式的出現對無機界產生作用就是如此，人類的出現對地球生物圈和宇宙的作用也是如此。人類的特殊性在生態人道主義的哲學意義上就是——這種特殊的智慧生命形式，能夠超越自身物種的局限性，透過生命的自我調整和理性的反思來關心所有生命物種和其他物質存在形式的利益，負擔起地球生態環境的管理者和維護者的使命，承擔著地球生物圈樣本向宇宙太空拓展進化的引導者和組織者的使命。人類不是宇宙的中心和地球生物圈的中心和救星，但是，人類對自然界的平衡存在有主觀能動作用，人類在新的世紀中仍然是有所作爲的，這是人類命運充滿著光輝前景之所在。生態人道主義是「生態規律（眞）、生態倫理（善）和生態美（美）相統一的價值觀。它是人類在全球生態危機局勢下解決人和自然關係問題的指路燈塔，它將引導人類安全地度過當代歷史重大轉折關頭而進入生態文明」。

第三節　二十一世紀文化的先聲

一、對二十世紀主流價值的顛覆

人類群體觀念和行為之間的互動以及在社會環境變遷之後的變化，就是文化的轉變。在歷史上，思想和行為互動的方式，每個地域、民族、國家和宗教都有所不同，每一代人都在變化。但是，以往的世紀變化是緩慢的、局部的、比較封閉的。二十世紀最後的二十年間，由於電腦的發展和資訊網路技術的廣泛運用，出現了一個全球範圍內相互作用的資訊互聯衍生變化的狀態，人類的價值觀念變化加速，範圍擴展。根據本書緒論中對文化的定義，文化被看作是人類和社會發展的一個重要的因素。廣義上的文化並不僅限於純文學、藝術、音樂、繪畫和哲學宗教，還表現為科學和技術的創造方式、人類對自然環境的控制、人類對社會、自然存在的感受以及對生存環境的認同感和對未來世界發展的憧憬。

區別民族差異的衡量標準根本上在於文化，而不是地理環境和自然資源的多寡。社會發展的主要因素是人類的價值觀念、行為的動機和創造的驅動力。歷史決定了有的國家追求外在的物質征服，創造工業、發展科學技術並形成商業消費的社會；有的國家全面的學習上述國家的發展模式，改造自身的文化，追求「現代化」；還有的國家抵制西方的發展模式，尋找另外一種發展道路。無論是哪一種選擇，都是社會群體的文化特徵所決定的。

文化差異和衍生的誤解、相互輕視與敵視，的確是決定政治、經濟、軍事衝突的深層原因。筆者在一九九三年六月出版的《諸神的爭吵——國際衝突的宗教根源》一書中，提出了文化和文明差異決定了東西方價值觀念之間的矛盾衝突。中國社會科學院美國研究所所長王緝思先生認爲，「辛旗在《諸神的爭吵——國際衝突的宗教根源》一書中寫道：『西方基督新教商業資本主義創造的文明與世界其他宗教背景的文明相互衝突，仍然是諸神爭吵的主調。』這一結論下在亨廷頓發表文明衝突論之前。」

文化對當代國際政治的作用歷歷可見：奉行西方價值觀的伊朗國王巴列維下台後，隨之而來的是伊斯蘭原教旨主義的抬頭；伊拉克對科威特的戰爭也有著深刻的因西方近代殖民擴張留下的隱患；斯里蘭卡的內戰；印度與巴基斯坦圍繞克什米爾邊界問題的衝突；拉丁美洲「光輝道路運動」與印加帝國文化的關係；撒哈拉以南——非洲之角的莫桑比克、安哥拉、利比里亞的各種衝突；愛爾蘭天主教和新教徒之間的衝突；俄羅斯和中亞地區的民族衝突；巴爾幹地區的宗教戰爭，……這些都基於歷史上形成的價值觀念和文化體系問題。正如本書在第六章和第七章中提及的，西方工業化國家在第二次世界大戰後占據主流地位的文化價值觀念，從六〇年代開始一直在發生轉變，從嬉皮士運動、新時代運動和早期的環保運動，到七〇和八〇年代，轉變的浪潮直逼西方商業化資本主義的核心價值，環境運動和社會福利運動爲其外在的形式。九〇年代，所有的西方國家都無法迴避這種變化的影響。

這些變化所顯示的趨勢就是對二十世紀主流價值的顛覆。

遭到強烈質疑的觀念有：

1.自然界動物「適者生存」法則在人類社會的運用，利己主義盛行和強者獲得合法的特權。

2.社會無形的綜合力量在協調人與社會的關係，個人不必主觀追求對社會的責任和貢獻。

3.解除貧困的最好方法是「一部分人先富裕起來」，先富裕者自然會將錢財分給窮人。

4.科學可以一勞永逸地解決所有有關人類和社會的問題。

5.科學研究的是「事實」和「因果」，這些才是現實的，至於價值、哲學是主觀的東西，對社會的發展作用不大。

6.只要是營利的東西，就可以生產出來，到市場上銷售，至於社會道德成本不必考慮。

7.效率是第一位的，實現效率的途徑是使每一台機器、每一個企業、每一個人充分發揮出最大的生產力。不必考慮個人之間的差異性，將所有的生產要素都數位化管理。

8.透過統計人們生活和娛樂所支出的費用和獲得的利益，並考慮個性上的差異和種族宗教背景，就可以掌握所有人類族群的所思所想，就可以透過商業消費的導向來控制他們。

9.地球上有取之不竭的資源，只要我們利用科技去開發，並迅速透過「知識經濟」將其附加價值提高，投入市場，就能得到回報，提高繼續開發的能力。

10.一種經濟模式和政治制度勝過其他所有的體制，世界上所有的民族和國家都應無條件地接受這種體制的規範。

11.人類的幸福在於物質生活的滿足，只要擁有最新、最有效和最能滿足人類需求的產品以及營造奢華的環境，人類就會感到有成就感。

12.自然環境有自我修復的能力，不必爲自然環境的改變而擔心。

13.人類文明進步的顯著標誌是建立了巨大的城市、有更高的建築、更多的工廠、更迅捷的電腦網路、更生物化的農業、更多的高速公路網、更豪華的超級購物中心和更多可供各種人選擇的各類商品。

近二十年，全世界各國都有一些知識分子在思考進入二十一世紀人類新的價值觀念。列舉如下：

1.人類與自然的關係：人類是地球上生物圈中的自我維持和自我進化的自然大系統中的一個有機組成部分。

2.人類的兩性關係：傳統的觀念是男性居於社會的支配地位和實行等級制。權力和財富高度集中於男性，是促進政府和企業利益並保持持續發展的必要條件。新的價值觀認為，男女平等不僅是政治參與權力，社會地位平等，也應當是社會分工和經濟地位的平等，甚至在兩性關係的方式上也應當是平等的模式。

3.競爭與合作：人類的精神價值理應高於商業和經濟的競爭，合作的基礎應當是承認各自的差異，並認識的到差異是自然界和人類社會固有的狀態和基本的價值，要用個性和多元文化沖淡那種追求利潤和權力的現代工業化和商業化的價值觀。

4.分裂與完整：工商業社會的思想形式是基於科技對原子世界的認知，是不斷的在宏觀和微觀兩個層次上擴展和深究，對各層次的瞭解是分裂式的，由此在觀察社會中認為物質和環境是分離的，人與人是分離的。新的價值觀認為，人與人、人與自然之間的關係是完整的，互補相宜的，他們彼此有密不可分的聯繫性、共性和一體性。

5.累積與持續：傳統的工業社會文化中，物質財富的累積被看作是成就的標誌，很少有人去關心能源、原材料的消耗和資源成本之間的關係。新的文化觀念認為，商業價值創造的結果是人類自然環境的徹底破壞，其代價是給人類的持續發展和生存帶來威脅。人類社會發展的累積，應當是精神價值和文化觀念的累積，人類的持續發展也應從人類的長期健康生存和自然為一體的角度來看待。

6.價值與信念：思想、價值、信念，並不能說因爲不直接與效率和商品的生產、消費直接相關，而屬於空洞無用之物。相反，它是人類生存和歷史發展的重要催化劑，不僅產生人類改善物質生活條件的「器物文明」、調整人類政治關係的「制度文明」，更重要的是塑造人類基本的「人性」，爲社會和文明的發展指明方向。當全球相互影響的資訊社會迅速向人類走來的時候，價值和信念的作用就是：保存人類近萬年文化文明發展的精神成果；保持人類的「人性」的基本本質；保證人類能夠在地球上生存得更爲長久。

二、對二十世紀文化的哲學反思

毫無疑問，二十世紀是西方文明強勢的世紀。西方文明若以物質的攫取和對自然的征服來衡量，的確走在了全人類的前端。但是，人類的命運從來也沒有像西方基督教文明所帶來的後果這樣，面對一個天大的問題：人類和地球以及所有的生命形式是何種的關係！以往數千年，人類是在不能控制的自然歷史過程中演進的，而今知曉並開始影響這個過程，無數的物種和人類自身的未來都受到人類的意志與行爲支配。現代化猶如一架加速時光運轉的機器，所有人在它面前似乎都很快的忘記過去、忘記歷史、忘記傳統，而沈湎於這架機器運行時千奇百怪的喧囂聲和五光十色的景象裡。這種狀況就像猶太教的一個故事中所講的：遠古祭祀時，祭司的一舉一動都有著特定的象徵意義，參與祭祀的人都能一目了然，他們知道何時該做什麼樣的禮節。後來，傳統淡化了，祭祀與祭者仍能循規蹈矩進行儀式，但是他們對爲什麼做這些已經無從知曉。再後來，祭祀也不再舉行了，大家只剩下對祖先如此這般的記憶而已。

本世紀六〇年代，美國加州大學伯克利分校的一位教中國歷史的猶太教授列文森曾寫出一本《儒教中國及其現代化命運》的專著，書中斷定，儒家的傳統已經失去了生命力，成爲「博物館文化」。他在做出這種悲觀結論時，並沒有否定中華文化和幸災樂禍的心理。他是在深深地擔憂自己猶太教傳統如何接受現代化挑戰之中來研究儒家文化的。列文森的憂慮代表了西方知識分子對世界傳統文化的普遍憂慮，七〇年代，世界各國的知識分子在西方現代化、工業化、商業化大潮之下，紛紛悲觀地解釋基督教、伊斯蘭教、猶太教、印度教，乃至希臘哲學傳統的現代命運。近二十年，歐美學界一次次掀起重新評價各種現代化理論的熱潮。大多數思想家開始否定橫行半個多世紀的西方文明優越論——代表現代化的西方科技、管理方式以及各種新興的學術理論，必然要取代世界各大古老文明的精神傳統，而將全世界濃縮爲一個統一規格的物質文明。他們重新看待淵遠流長的人類文明傳統，認爲蘊涵在其中的價值觀念，仍然是人類健康發展並保持信心的燈塔。九〇年代初，德國哲學家雅斯貝爾斯所稱的「軸心時代」觀念逐漸成爲主流思潮。這種思想認定：南亞的印度教和佛教，中東的猶太教和後來出現的基督教及伊斯蘭教，希臘哲學以及東亞的儒家和道家，既然是人類共同的精神遺產，就必然是現代文明的重要組成要素，傳統文化的價值絕不能單一地用是否促進現代化這個功利的標準來衡量。

在傳統文明的價值體系中，擺在第一位的是人要有自我向善的意識，要過有尊嚴的一生。然而，在慾火遍燃，消費至上，以不犯法爲最高道德原則的二十世紀，「向善」的價值難以維持。在西方膚淺的商業主義消費文化決定下，「個人存在的價值和成就感，表現爲擁有的財富和支配的金錢，表現爲對人的自然性充分的發揮和對傳統價值的藐視」。人類那些存在了幾千年的基本價值萎縮了，包括信仰、同情心、追求眞理的熱情和扶危濟困的勇氣。過度的個人主義使自私行爲和放縱地消費成爲人生輝煌的標誌。一九九二年，彙集世界五十三個國家一百多位各學科理論家的知識團體「羅馬俱樂部」出版了分析世界困局性問題的《全球革命》一書，其中寫道：「在工業化國家，精神價值受到物質主義腐蝕，而發展中國家的精英階層也受到傳染。有些國家產生價值困惑的危機，是因爲其主要宗教很難在不失原教旨的情形下適應這個變形的世界。……放縱無度、自私自利、物質至上等現象，使道德變得一文不值。然而，人們已經對這些徵候感到困擾，從來沒有像今天這麼多的座談會、研討會和學術活動以價值觀作爲主題。這顯示在一個舊價值體系瓦解之前，多麼迫切地要建立一個新體系，一方面提供給個人及社會安身立命的生活基礎；一方面提供世界新秩序的遠景，引導人類邁向有秩序的未來。」羅馬俱樂部的思想家們還引用了中國先秦哲人老子《道德經》中的名言，表達他們對重建人類新世紀價值觀念時，一定要奠定的那些永恒的基礎：

信言不美，美言不信。
善者不辯，辯者不善。
聖人不積，既以為人，己愈有；即以與人，己愈多。
天之道，利而不害；聖人之道，為而不爭。

他們所渴望的，正是西方商業資本主義文化中最爲稀少的：責任義務與權利的均衡，家庭生活，尊重老人，容忍寬容，愛惜生命、自然界與人類的和平。

三、東方智慧和新世紀的曙光

西方工業文明難道眞要靠中華文化的價值觀念去再創新機。六十年前，如日中天的西方商業資本主義的現代化浪潮，曾在世界各非資本主義的文化統治地區遭到頑強的抵抗，那是在西方現代文明優越的物質壓力之下，不同民族和不同文化的集體危機意識的反彈。

在此背景下，戰敗的德國出現了納粹主義，俄國有大斯拉夫式的社會主義，中東有穆斯林教團掀起的文化復興運動，印度有甘地的民族主義，日本有反對西方文化的泛亞細亞主義和青年軍閥的軍國主義，中國有國粹主義和農民革命。本質上講，這些本土精神文化的張揚不過是爲民族主義和抵制基督新教商業資本主義文明的強勢壓力，充當了復興民族、躋身世界列強行列的急先鋒。這種帶有強烈民族本位色彩的思潮無一例外地選擇吸收了基督新教商業資本主義的「器物文明」，希望以此抗衡列強，同時又能夠牢固保持本民族的文化特色。

時過境遷，當民族獨立已經不再是世界發展的主題時，基督新教商業資本主義文化之外，傳統的幾大思想體系在西方現代化精神走入死胡同而無法自拔之際，顯出了眩目的光芒，給精神頹廢的人類帶來了一線生機和希望。誠然，西方基督教商業資本主義文化自宗教改革和科學革命以後，「上帝」和「理性」這兩個最高的價值觀念都透過新的闡釋有了新的意義。如將人類現世的勤奮工作和清苦的修行理解爲上帝的意志，這有助於商業資本主義的興起；把各種科學的專業精神理解爲基督教的「天職」，促進了科學技術的發展。近代許多科學家都接受一條基本信念：上帝創造的宇宙是有法則、有秩序的，而人的職責是運用「理性」去發現宇宙的法則和秩序。從牛頓到愛因斯坦都是如此。同樣，在政治、社會領域內，自由、人權、公平等價值觀念也因爲「上帝」和「理性」的支援而具有了實在的意義。相當長一段歷史時期內，基督教文明中「外在超越」的價值體系，不僅沒有因爲

「工業化」現代文化的發展而崩潰，反而是西方式現代化的一個極為重要的精神源泉。

科學、民主、個性解放、平等這一系列現代價值觀念都是從基督教文化中孕育生成的。當這些價值觀念被物質文明俘虜之後，「上帝」變成為它們首當其衝的敵人。科學使基督教成為神話，「平等」和「民主」引導個性擺脫「上帝」的主宰。個性的充分解放很快走向了極端，尼采終於喊出了二十世紀文化中有關價值觀的最強聲音——「上帝死了」。沒有了「上帝」，西方文化生命價值的終極關懷變得那麼渺茫。

西方開始環顧他們曾視之為「邊陲」、「守舊」、「野蠻」、「不民主」的那些文化形態，驀然回首：中華文化所建構的那一整套相當複雜、深邃的人格發展學說與主體人性的價值體系，在世界文明中，有著獨特的價值和地位，比其他文化形態更具有現實的生命意義。猶太教思想認為，個人人格的達成，可以直接透過信仰和耶和華的恩寵來實現；印度教的思想認為個人「眞我」的獲得，可以直接求助於看破紅塵的修行，回歸「梵天」，而不需要任何的社會實踐。中國的道教也要求把人際關係切斷才能找到個人精神內在的、完滿的自足。惟獨中華文化中的儒家認為，個人完滿人格的達成，不能離開群體大眾的人格的不斷昇華。這不但貫穿於中華傳統的教育、倫理思想當中，也浸透於日常生活習慣裡。若從存在主義的立場來看，這是一個民族存在的感受，是一種歷史的選擇和群體的決定。這一決定最初是圍繞著孔子及其弟子的本身人格發展而提出來的，後經歷代志士仁人在大開大合的歷史經驗中體驗、倣仿逐漸形成了共同的人格力量，使其學說有了強大的生命力。這種生命力源於集體，而與「神」沒有任何的關係。

這種個人人格和集體密切的關係，使其始終關注於人（自己和他人）的協調，並以看待「人」的眼光審視、關懷自然萬物。這種精神所代表的是一種涵蓋社會和自然的人文主義（類似於本書所講的「生態人道主義」）。它與西方那種反自然、反神學的個人式的人文主義有較大的差異，它提倡天人合一、萬物一體、民胞物與。這種人文主義是積極入世的，力求以一種聖人的理想模式改變自己，也影響別人。它鼓勵人們（特別是有知識的人）以人格的力量去參與現實政治，並保持對一切不符合價值理念的東西加以批判，以人格的偉力和道德理想去轉化現實政治。這便是人格完善的方法：內聖（自己修養）——「外王」（以人格完美來影響社會）。這是儒家的眞諦。陳來教授在《多元文化結構中的儒學及其定位》一書中將這些精華的核心價值概括爲：「強烈的道德理想，積極的社會關切，穩健的中庸精神，嚴肅的自我修養，……人道主義、理性態度、傳統憂患的整體性格，……強調陰陽互補和諧與永久變易的自然主義，以及天人合一的宇宙觀念，它的實踐精神表現爲士君子人格的挺立和培養。」

當然，並不是說儒家思想的價值觀念是解救西方現代弊病的唯一良藥。儒家文化在中國自身的作用也是毀譽參半的。在中國歷史和現實中始終存在著以儒家面目出現的兩股勢力：

1.企圖以道德理想轉化現實社會和政治體制。這股勢力的影響力遍及社會各階層，但常常失敗，然而精神不死，傳統從未斷絕，成爲中華仁人志士生命力的表現。

2.政治化的儒家，不擇手段地攫取權力，然後堂而皇之地運用儒家學說干預學術文化，控制社會，扼殺人性，維護統治階層的各種利益。無論對儒家作何評價，它的確成爲中華文化的重要組成部分，而且它的人格理論確實已經影響到二十世紀全世界一批知識領袖，形成自八〇年代以來持續不斷的知識分子群體自我批判思潮，以及重構人類文明價值體系需要綜括各大文明之價值觀念的嶄新論斷。以自身人格修養爲起點的批判思潮造就的知識分子，開始對二十一世紀具有了強烈的責任感和歷史意識，他們希望透過點滴的社會改良工程，實踐人格的理想，創造一種人類與自然同體的文化氣氛。

人類應當瞭解當今世界處於怎樣的危機之中，危機與每個國家、民族和個人都有利害關係。二十一世紀的全人類要在採取一致的外在行動解除危機的同時，加固內在人格的根底，來解決環境、社會、人類肉體和精神面對的威脅。個人是構成社會的元素，個人的行爲和價值觀可以決定社會倫理和走向。人類精神品質的提升，有賴於每一個人內在人格的不斷向上、向善地成長。許多偉大的宗教多少世紀以來一直試圖用最純粹的精神力量達到這一目的，雖然培養了千千萬萬的偉人、聖人、善人、好人，但他們與神的親近甚於對人類和自然的親近。當世紀末的人類認清：個人人格的完善離不開群體的協助，也必須回饋給群體和社會，而且要回饋給生養人類的自然界。這時人類才是眞正地懂得了何謂「社會」，何謂「生命」，何謂「人類生存的意義」。

人類只能在兩條路之間選擇一條：不是接受征服自然，導致滅種的命運；就是學習「天人合一」、「世界大同」的生存之道。

參考書目

E．拉茲洛著，李吟波等譯（1997），《決定命運的選擇》。三聯書店。

H．H．阿納森（1986），《西方現代藝術史》。天津人民美術出版社。

M．W．瓦托夫斯基著，范岱年等譯（1982），《科學思想的概念基礎——科學哲學導論》。求實出版社。

上海社科院哲學所美學研究室（1983），《美學與藝術講演錄》。上海人民出版社。

中國電影家學會（1986），《電影藝術講座》。中國電影出版社。

中野實著、于小薇譯（1991），《革命》。經濟日報出版社。

丹納著，傅雷譯（1983），《藝術哲學》。人民文學出版社。

尹鴻（1998），《世紀轉折時期的中國影視文化》。北京出版社。

文化：中國與世界編委會（1987），《文化：中國與世界（第一輯）》。三聯書店。
文化：中國與世界編委會（1987），《文化：中國與世界（第二輯）》。三聯書店。
文化：中國與世界編委會（1988），《文化：中國與世界（第五輯）》。三聯書店。
毛磊等（1990），《中西500年比較》。中國工人出版社。
王化君、顧孟潮（1991），《建築・社會・文化》。中國人民大學出版社。
王守昌、車銘洲（1983），《現代西方哲學概論》。商務印書館。
王偉明、王德廣（1997），《視覺藝術》。江蘇文藝出版社。
王緝思（1995），《文明與國際政治——中國學者評亨廷頓的文明衝突論》。上海人民出版社。
王嶽川（1992），《後現代主義文化研究》。北京大學出版社。
王嶽川（1995），〈世紀轉型中的尼采〉，《尼采文集》。青海人民出版社。
王嶽川編，周國平等譯（1995），《尼采文集——查拉斯圖拉卷》。青海人民出版社。
王嶽川編，周國平等譯（1995），《尼采文集——悲劇的誕生卷》。青海人民出版社。
王蘇波（1993），《惡魔的徘徊——對二十世紀戰爭的回顧與反思》。成都出版社。
包亞明譯（1997），《文化資本與社會煉金術——布林迪厄訪談錄》。上海人民出版社。
卡爾・博蘭尼著，黃樹民等譯（1989），《巨變——當代政治、經濟的起源》。台灣遠流出版。
司馬雲傑（1990），《文化社會學》。山東人民出版社。
史徒華著，張恭啓譯（1989），《文化變遷的理論》。台灣遠流出版。
史學理論叢書編輯部（1991），《當代西方史學思想的困惑》。中國社會科學出版社。
尼采（1994），《權力意志》。商務印書館。
尼葛洛龐蒂著，胡泳、范海燕譯（1996），《數位化生存》。海南出版社。
布迪厄（1988），《教育社會學研究與理論手冊》。格林伍德出版社。
布雷頓（1924），《超現實主義宣言》。
布魯諾斯基（1986），《文明的躍升》。台灣景象出版社。
弗·威·約·封·謝林著，魏慶征譯（1996），《藝術哲學》（上下）。中國社會出版社。
弗羅姆（1975），《理性的掙扎》。台灣志文出版社。
甘陽（1989），《中國當代文化意識》。香港：三聯書店。
石之瑜（1995），《後現代的國家認同》。台灣世界書局。
伊麗莎白·迪瓦恩（1997），《二十世紀思想家辭典》。上海人民出版社。
列寧著，中國中央馬、恩、列、斯著作編譯局譯，《列寧全集》，第四卷，人民出版社。
米切爾（1986），《婦女的地位》，轉引自《何謂女性主義》。紐約PANTHEON BOOKS。

米利特（1995），〈性政治學理論〉，《現代外國哲學社會科學文摘》，第六～八期。
米歇爾·波尼爾尼亞托夫斯基著，齊沛合譯（1981），《變幻莫測的未來世界》。世界知識出版社。
米蘭·崑德拉（1993），《小說的藝術》。三聯書店。
老子著，《道德經》。
西里爾·E·布萊克（1996），《比較現代化》。上海譯文出版社。
佛里德里克·傑姆遜著，唐小兵譯（1986），《後現代主義與文化理論》。陝西師範大學出版社。
佛洛伊德（1984），《精神分析導論》。商務印書館。
佛洛伊德（1985），《佛洛伊德傳》。台灣志文出版社。
何家棟（1997），〈文化不自覺的典型文本〉，《戰略與管理》，第五期。
何夢筆（1996），《網路、文化與華人社會經濟行爲方式》。山西經濟出版社。
伯那德·巴伯著，顧昕等譯（1991），《科學與社會秩序》。三聯書店。
余正榮（1996），《生態智慧論》。中國社會科學出版社。
克里夫頓·丹尼爾（1998），《二十世紀大博覽》。吉林人民出版社。
克雷蒙·格林伯格著，張心龍譯（1993），《藝術與文化》。台灣遠流出版社。

吳伯凡（1998），《孤獨的狂歡——數位時代的交往》。中國人民大學出版社。
吳國盛（1997），《科學的歷程》。湖南科學技術出版社。
吳錫民（1996），《溝通的探索——西方文學與文化論稿》。廣西師範大學出版社。
宋太慶（1996），《二十一世紀白皮書——全球戰略》。貴州民族出版社。
宋瑞芝（1994），《外國文化史》。湖北教育出版社。
李小兵（1996），《現實主義——西方行爲的根源》。黑龍江教育出版社。
李亦園（1992），《文化與行爲》。台灣商務印書館。
李安東、段懷清譯（1997），《現代性的地平線——哈貝瑪斯訪談錄》。上海人民出版社。
李河（1997），《得樂園．失樂園——網路與文明的傳說》。中國人民大學出版社。
沈國明等（1998），《國外社會科學前沿1997》。上海社會科學院出版社。
沈驥如（1998），《中國不當「不先生」——當代中國的國際戰略問題》。今日中國出版社。
貝爾（1966），〈社會規律：當代實用指南〉，《美國學者》，秋季號。
車銘洲、王元明（1988），《現代西方的時代精神》。中國青年出版社。
辛旗（1993），《中國歷代思想史——魏晉南北朝隋唐卷》。台灣文津出版社。
辛旗（1993），《諸神的爭吵——當代國際衝突的宗教根源》。四川人民出版社。

辛旗（1996），《文化新視野——看世界、論中國、說台灣》。華藝出版社。
亞里斯多德著，《自然學》（古希臘）。
孟繁華（1997），《眾神的狂歡——當代中國的文化衝突問題》。今日中國出版社。
季羨林、張光磷（1997），《東西方文化議論集》（上下）。經濟日報出版社。
季羨林等（1994），《東西方文化研究》。北京大學出版社。
帕森斯著，梁向陽譯（1988），《現代社會的結構與過程》。光明日報出版社。
彼得·柯文尼、羅傑·海菲爾著，江濤、向守平譯（1995），《時間之箭——揭開時間最大奧秘之科學旅程》。湖南科學技術出版社。
房龍著，衣成信譯（1996），《人類的藝術》。中國和平出版社。
杭之（1991），《一葦集》。三聯書店。
林毓生（1988），《中國傳統的創造性轉化》。三聯書店。
邵牧君（1984），《西方電影史概論》。中國電影出版社。
金重遠（1991），《炮火中的文化——文化與第二次世界大戰》。浙江人民出版社。
阿倫·布洛克著，董樂山譯（1998），《西方人文主義傳統》。三聯書店。
阿爾·戈爾著，陳嘉映等譯（1997），《瀕臨失衡的地球——生態與人類精神》。中央編譯出版社。

艾爾文·托夫勒著，劉炳章等譯（1996），《力量轉移——臨近二十一世紀時的知識、財富和暴力》。新華出版社。

保羅·肯尼迪著，何力譯（1994），《爲二十一世紀做準備》。新華出版社。

姜汝眞（1997），《中國傳統文化的歷史闡釋與現代價值》。山西教育出版社。

柳鳴九（1994），《從現代主義到後現代主義》。中國社會科學出版社。

胡福明（1994），《中國現代化的歷史進程》。安徽人民出版社。

苗棣、范仲離（1997），《電視文化學》。北京廣播學院出版社。

埃德加·莫林等著，馬勝利譯（1997），《地球·祖國》。三聯書店。

孫小禮（1997），《科學技術與世紀之交的中國》。人民出版社。

孫立平（1992），《傳統與變遷——國外現代化及中國現代化問題研究》。黑龍江人民出版社。

孫振華（1990），《生命·神祇·時空——雕塑文化論》。浙江美術學院出版社。

泰勒（1871），《原始文化》。倫敦出版社。

眞諦萊（1929），《義大利全書》。羅馬。

馬丁·海德格爾著，孫周興選編（1996），《海德格爾選集》（下）。上海三聯書店。

馬守良（1996），《大轉折時期的社會心態》。浙江人民出版社。

馬克思，《政治經濟學批判》。人民出版社。

馬克思、恩格斯著，中國中央馬、恩、列、斯著作編譯局譯，《馬克思恩格斯全集》，第一、三、四、三五卷，人民出版社。

馬克斯·韋伯著，于曉、陳維綱譯（1987），《新教倫理與資本主義精神》。三聯書店。

馬爾庫塞（1981），〈單向度的人〉，《法蘭克福學派》。上海人民出版社。

馬爾庫塞（1987），〈當代工業社會的攻擊性〉，《哲學譯叢》，第六期。

高亮華（1996），《人文主義視野中的技術》。中國社會科學出版社。

崔之元（1994），〈制度創新與第二次思想解放〉，《二十一世紀》，八月號。

張廣智、張廣勇（1990），《史學，文化中的文化——文化視野中的西方史學》。浙江人民出版社。

張頤武（1994），〈現代性的終結——一個無法迴避的課題〉，《戰略與管理》，第三期。

從日雲（1996），《西方政治文化傳統》。大連出版社。

梁守德等（1997），《1996：國際社會與文化》。北京大學出版社。

莫舍·魯因著，倪孝銓譯（1983），《蘇聯經濟論戰中的政治潛流》。中國對外翻譯出版。

許紀霖（1996），〈文化認同的困境〉，《戰略與管理》，第八期。

[illegible]道明、沙似鵬（1990），《中國電影簡史》。中國青年出版社。

[illegible]以（1987），《近代中國的變局》。聯經出版。
陳凡（1995），《技術社會導論——一種對技術的社會學研究》。中國人民大學出版社。
陳先達（1995），〈關於文化研究中幾個問題〉，《高校理論戰線》，第一〇、一一期。
陳剛（1996），《大眾文化與當代烏托邦》。作家出版社。
陳嘉映（1995），《海德格爾哲學概論》。生活．讀書．新知三聯書店。
傑克．斯佩克特著，高建平等譯（1990），《藝術與精神分析》。文化藝術出版社。
喬治．薩杜爾（1957），《電影藝術史》。中國電影出版社。
喬治．佩迪（1938），《革命的過程》。紐約哈伯出版。
斯特林．席格烈夫（1996），《龍的帝國——華人在太平洋區的巨大影響力》。台灣智庫文化。
陳啓懋（1996），《跨世紀的世界格局大轉換》。上海教育出版社。
萊因哈特．本迪克斯（1962），《馬克斯．韋伯——一個知識分子的畫像》。紐約杜布林代．安克書店。
費爾南．布羅代爾著，顧良、張慧君譯（1997），《資本主義論叢》。中央編譯出版社。
米洛斯．尼科利編，趙培傑等譯（1989），《處在二十一世紀前夜的社會主義》。重慶出版社。

雅科伏列夫著，任光宣、李冬含譯（1989），《藝術與世界宗教》。文化藝術出版社。
黃仁宇（1991），《資本主義與二十一世紀》。聯經出版。
黃仁宇、勞思光等（1992），《現代中國的歷程》。華視文化。
黃高智等（1991），《內源發展——質量方面和戰略因素》。中國對外翻譯出版。
黃鳳炎、張戰生（1988），《反思與超越——馬克思的思想軌跡》。工人出版社。
甯騷（1993），《非洲黑人文化》。浙江人民出版社。
愛因漢姆（1986），《電影作為藝術》。中國電影出版社。
詹明信（1997），《晚期資本主義的文化邏輯》。三聯書店與牛津大學出版社。
路易·多洛（1987），《個體文化與大眾文化》。上海人民出版社。
雷蒙德·保羅·庫佐爾特等著，張向東等譯（1991），《二十世紀社會思潮》。中國人民大學出版社。
維克多·埃爾（1988），《文化概論》。上海人民出版社。
趙鑫珊、李毅強（1997），《戰爭與男性荷爾蒙》。百花文藝出版社。
劉夢溪（1996），《傳統的誤讀》。河北教育出版社。
樊亢（1991），《資本主義興衰史》（修訂本）。北京出版社。
瀛洲譯（1997），《後現代性與公正遊戲——利奧塔訪談、書信錄》。上海人民出版社。

社（1996），《後現代政治意識》。台灣揚智文化。

鄭繼兵、楊侖（1992），《艱難的歷程——中國百年的現代化追求》。黑龍江人民出版社。

鮑曉蘭（1995），《西方女性主義研究評介》。三聯書店。

戴維·格里芬著，馬季方譯（1995），《後現代科學》。中央編譯出版社。

謝和耐著，耿升譯（1997），《中國社會史》。江蘇人民出版社。

薩伊德（1978），《東方主義》。蘭德姆出版社。

薩繆爾·亨廷頓著，李盛平等譯（1988），《變革社會中的政治秩序》。華夏出版社。

羅馬俱樂部著，黃孝如譯（1992），《第一次全球革命》。台灣時報文化出版。

羅榮渠（1996），〈走向現代化的中國道路〉，《中國社會科學季刊》，冬季號。

嚴峰、韓玉芬（1993），《TV風景線——電視與電視文化》。中國人民大學出版社。

顧昕（1992），《中國啓蒙的歷史圖景》。牛津大學出版社。

讀書雜誌編輯部，《讀書雜誌》，一九九七年一月至十二月號。

龔書鐸等（1990），《民族文化虛無主義評析》。中國人民大學出版社。

讓——弗朗索瓦·利奧塔爾著，車槿山譯（1997），《後現代狀態——關於知識的報告》。三聯書店。

國家圖書館出版品預行編目資料

百年的沉思：回顧二十世紀主導人類發展的文化觀念／辛旗著. -- 初版. -- 臺北市：生智，2002〔民91〕
面； 公分. -（WISE系列；5）
參考書目：面
ISBN 957-818-369-0（平裝）
1.文化 2.文化史 －20世紀
541.2 91000298

百年的沉思——
回顧二十世紀主導人類發展的文化觀念 WISE系列5

著　　者／辛旗
出 版 者／生智文化事業有限公司
發 行 者／林新倫
執行編輯／吳曉芳
登 記 證／局版北市業字第677號
地　　址／台北市新生南路三段88號5樓之6
電　　話／(02)2366-0309　2366-0313
傳　　真／(02)2366-0310
E-mail／tn605541@ms6.tisnet.net.tw
網　　址／http://www.ycrc.com.tw
郵政劃撥／14534976
戶　　名／揚智文化事業股份有限公司
印　　刷／鼎易印刷事業股份有限公司
法律顧問／北辰著作權事務所　蕭雄淋律師
初版一刷／2002年3月
定　　價／新臺幣350元
ISBN／957-818-369-0

總 經 銷／揚智文化事業股份有限公司
地　　址／台北市新生南路三段88號5樓之6
電　　話／(02)2366-0309　2366-0313
傳　　真／(02)2366-0310